国家级一流本科专业建设配套精品教材

旅游目的地管理

(第二版)

主　编 ◎ 李雪松　郭弯弯
副主编 ◎ 张晓露　陈秀珍

中国旅游出版社

再版前言

在全球经济一体化和区域旅游合作不断深化的背景下，旅游目的地管理作为推动旅游业发展的关键领域，正面临前所未有的机遇与挑战。随着旅游活动的多样化和旅游市场的国际化，旅游目的地管理在促进地方经济发展、保护文化遗产、提升旅游体验等方面发挥着至关重要的作用。本教材自第一版出版以来，受到了广大师生和业界同人的广泛关注和好评。在此基础上，我们对教材进行了全面的修订和更新，以期更好地适应新时代的教育要求和旅游业的发展趋势。

全球旅游目的地管理正面临技术革新、消费者需求变化和环境可持续性要求的挑战与机遇。随着数字化转型的加速，旅游目的地管理者正在利用大数据、人工智能和移动技术来优化游客体验，提高运营效率，并实现更精准的市场定位。例如，通过智能旅游平台，游客可以轻松获取目的地信息、规划行程并享受个性化服务。同时，消费者对旅游体验的需求日益个性化和多样化，促使旅游目的地不断创新服务和产品，以满足不同游客的期望。此外，环境可持续性已成为全球旅游目的地管理的核心议题，管理者正寻求通过绿色旅游、生态保护和社区参与等方式，实现旅游业的长期可持续发展。这些挑战和机遇共同推动着旅游目的地管理向更高效、更智能和更环保的方向发展，为旅游业的未来发展描绘了一幅充满潜力的蓝图。

在《旅游目的地管理（第二版）》中，我们致力于构建一个与国家教育现代化和文化和旅游产业发展同步的先进课程体系。本教材深入贯彻了"中国教育现代化2035"和"十四五"国家级规划教材建设实施方案，通过科学规划课程内容，充分利用现代信息技术，创新课程形式，增强了教材的思想性、科学性、民族性、时代性和系统性。同时，本教材积极响应习近平总书记对学校思政课建设的重要指示，坚持以习近平新时代中国特色社会主义思想为指导，全面落实立德树人的根本任务，构建了以核心价值观为引领的课程体系。在守正创新的基础上，我们鼓励创新思维，推动传统旅游业态、产品和服务的全面升级，以适应旅游业的快速发展和市场变化。

本教材推动文化和旅游的深度融合，延伸产业链，创造新价值，催生新业态，以实现旅游目的地的多元化和可持续发展。教材内容反映了2024年全国文化和旅游产业发展工作会议精神，强调了激发文化和旅游消费潜能、发展数字文化和旅游业态、促进产业深度融合的重要性。在全球化背景下，本教材融入了国际旅游市场的最新动态和发展趋势，拓宽学生的国际视野，培养具有全球竞争力的旅游管理人才。

本教材由云南财经大学旅游与酒店管理学院李雪松教授担任主编，主要负责教材的整体规划、内容编写、质量控制和最终审稿工作。郭弯弯担任第二主编，张晓露、陈秀珍担任副主编，主要负责协助教材结构的规划、参与部分章节的编写、初步审校稿件工作。具体分工如下：第一章由李雪松、陈秀珍撰写，第二章由李雪松、高如愿撰写，第三章由郭弯弯、胡娇撰写，第四章由李雪松、张晓露、胡锦秀撰写，第五章由李雪松、汪玉洁撰写，第六章由李雪松、陈秀珍、庞祖儿撰写，全书的案例由郭弯弯、高如愿、胡娇编写，知识链接由张晓露、胡锦秀、汪玉洁编写，同步思考由汪玉洁、庞祖儿编写。

在编写过程中，我们参阅并借鉴了国内外专家、学者的相关研究，谨向所有相关作者及单位表示诚挚的感谢！特别感谢中国旅游出版社的段向民、张芸艳两位编辑，是她们的严谨专业精神和不懈努力，使得本教材更加完善、准确。在此，对她们的专业素养以及为提升本书质量所做出的贡献表示由衷的感谢。

我们衷心希望广大师生和业界同人能够给予本教材宝贵的意见和建议。我们将持续倾听并吸纳各方反馈，不断优化和更新教材内容，以适应旅游业的快速发展和教育需求的变化。愿《旅游目的地管理（第二版）》能够伴随每一位读者，共同探索和成长于这个充满机遇与挑战的旅游新时代。

编　者

2024 年 8 月

前　言

旅游目的地是旅游活动的集中发生地，旅游目的地管理是基于清晰的旅游战略和规划，对区域内的组合要素进行协调与整合，创造经济、社会和文化效益的过程。旅游目的地管理相关研究始于20世纪80年代，加特雷尔于1988年出版了目的地营销领域的开创性著作《会展与旅游局的目的地营销》，劳斯于1995年出版了《旅游目的地管理：问题、分析与策略》。进入21世纪，旅游目的地管理的新著作、学术文章及专业报告大量涌现，引起了业界对旅游目的地管理的更多关注。作为旅游管理本科专业的重要课程，旅游目的地管理具有较强的基础性、专业性和实用性，是国内资深旅游专家认为的旅游管理专业最重要的五门必修课程之一。

与已出版的同类型教材相比，本书具有以下特点：

（1）内容全面，体系清楚。本书较为全面地介绍了旅游目的地管理的相关理论和方法，并以一个逻辑清晰的体系呈现出来，是对旅游目的地管理知识体系的一次全新梳理。

（2）深入浅出，可读性强。本书具有直接、简明的特色，既突出了重要的知识点方便教学，又方便读者掌握要点拓宽思路，较好地实现了理论性、知识性、可读性的统一。

（3）信息量大，材料翔实。本书内容丰富、信息量大、案例深刻、针对性强，融理论性、知识性、实践性、趣味性于一体，有助于加深读者对理论知识的理解。

本书由云南财经大学旅游与酒店管理学院李雪松担任主编，负责全书提纲的拟定、撰写及统稿工作。吴江涛、黄锦宇、何少琪、陈诚负责编写全书的案例，张诗颖、张梦碧、倪爱、杨燕负责编写全书的知识链接。

在编写过程中，我们参阅并借鉴了国内外专家、学者的相关著作，谨向所有相关作者及单位表示诚挚的谢意！中国旅游出版社的段向民、李志忠在本书课程理念定位、栏目及版式设计、审稿等方面做了大量工作，在此对他们付出的辛勤劳动表示衷心的感谢！

由于作者水平有限，难免有不妥之处，敬请读者不吝赐教。

编　者

2017年3月

目　　录

第一章　旅游目的地管理导论 …………………………………………………… 1

　　第一节　旅游目的地概念 …………………………………………………… 3
　　第二节　旅游目的地分类 …………………………………………………… 9
　　第三节　旅游目的地演化 …………………………………………………… 12
　　第四节　旅游目的地管理 …………………………………………………… 17

第二章　旅游目的地角色构成 …………………………………………………… 26

　　第一节　旅游目的地游客 …………………………………………………… 27
　　第二节　旅游目的地居民 …………………………………………………… 35
　　第三节　旅游目的地企业 …………………………………………………… 41
　　第四节　旅游目的地政府 …………………………………………………… 46

第三章　旅游目的地公共服务 …………………………………………………… 57

　　第一节　旅游公共服务概述 ………………………………………………… 58
　　第二节　旅游公共信息服务 ………………………………………………… 62
　　第三节　旅游安全保障服务 ………………………………………………… 75
　　第四节　旅游交通便捷服务 ………………………………………………… 80
　　第五节　旅游便民惠民服务 ………………………………………………… 85
　　第六节　旅游行政服务 ……………………………………………………… 89

第四章　旅游目的地开发 ………………………………………………………… 98

　　第一节　旅游目的地规划 …………………………………………………… 100
　　第二节　旅游目的地形象 …………………………………………………… 105
　　第三节　旅游目的地营销 …………………………………………………… 112
　　第四节　目的地节事旅游开发 ……………………………………………… 118

第五章　旅游目的地管控 ………………………………………………………… 130

　　第一节　旅游目的地竞争力 ………………………………………………… 131

第二节　旅游容量管理 …………………………………………… 139
第三节　旅游目的地危机管理 …………………………………… 143
第四节　旅游目的地可持续发展 ………………………………… 150

第六章　主题旅游目的地管理 …………………………………… 160

第一节　城市旅游目的地 ………………………………………… 161
第二节　乡村旅游目的地 ………………………………………… 165
第三节　海滨旅游目的地 ………………………………………… 168
第四节　森林旅游目的地 ………………………………………… 172
第五节　遗产地旅游目的地 ……………………………………… 177
第六节　温泉旅游目的地 ………………………………………… 182

第一章　旅游目的地管理导论

本章导读

旅游目的地不同于一般的地理区域，它能吸引旅游者，为旅游者提供接待设施和旅游服务，满足旅游者的旅游体验需求。旅游目的地管理具有特殊性，对其进行有效管理需要进行系统专门的学习。本章从理解旅游目的地的概念入手，对旅游目的地进行了类型划分，阐述了旅游目的地的演化过程，介绍了旅游目的地管理的基本原则和内容框架，是学习旅游目的地管理的基础。

【学习目标】

1. 认识旅游目的地的概念和特性；
2. 了解旅游目的地的类型划分；
3. 理解旅游目的地时间与空间演化；
4. 掌握旅游目的地管理的原则及基本内容。

【导入案例】

世界旅游目的地的八个特征

世界旅游目的地应该具备如下八个方面的特征。

1. 品牌建设：全球化

世界旅游目的地的品牌建设应具有世界性特征，具体体现在如下四个方面。其一，品牌辨识度高，品牌形象突出、个性鲜明，品牌建设的各个环节、各个阶段均充分彰显其资源、地域和文化特色，在全球范围内具有极强的辨识度。其二，品牌知名度高，在全世界范围内被广泛认知，在同类型旅游目的地中处于世界前列，为全球旅游者和潜在旅游者所熟知。其三，品牌美誉度高，在全球主要目标市场中被高度认同、欣赏和信任，在全球旅游业界获得较高赞誉。其四，品牌忠诚度高，在全球拥有一定规模的高忠诚度顾客和行业合作伙伴。

2. 市场结构：多元化

世界旅游目的地的客源市场应具有多元化特征，具体体现在如下三个方面。其一，客源地域的多元化，即不仅能够吸引本地区、本国、本区域游客，而且对全球其他区域的游客具有较强的吸引力，尽管在一定时期内区域性客源可能居于主体地位，但跨洲的客源应占有相当比例，且不断增长。其二，游客组织的多元化，旅游产品、线路安排、服务管理、接待设施既能满足团队游客需要，更能适应不断增长的散客旅游者的需要。其三，游客目的的多元化，除了吸引一般观光游客，世界旅游目的地还能吸引度假、养生、会议、商务以及各种特种旅游者。

3. 业态发展：多极化

世界目的地的业态发展应呈现多极化特征。各种世界旅游目的地，大体可分为两大类，即资源吸引型和城市依托型。城市依托型旅游目的地本身就是多业态支撑的，而在资源吸引型中，不管是海滨海岛型、山地自然型、历史文化型或者是生态与民族并重的复合资源型旅游目的地，在其从区域性旅游目的地向世界旅游目的地发展的过程中，一般都会以观光为基础吸引，以景区门票为发展起点，通过丰富休闲度假旅游、生态旅游、文化旅游，拓展民俗艺术、娱乐表演、商务会展、疗养保健等产业形态，最终构建出相互补充、立体互动的多极化产业发展体系。

4. 旅游服务：精品化

世界旅游目的地的旅游服务应体现精品化特征，具体有如下四个重要支撑。其一，精益管理。精益管理要求管理的各个环节、各个方面都采用"精益思维"，即以最小的资源投入，包括人力、设备、资金、材料、时间和空间，创造出尽可能多的价值，为游客提供新产品和及时的服务。其二，精致产品和精心服务，即能够向旅游者提供最精致的旅游产品和最精心的服务，从而使游客获得便捷、愉快、独特的旅游体验。其三，精准营销。所谓精准营销就是在精准定位的基础上，依托现代信息技术手段建立个性化的顾客沟通服务体系，充分利用各种新式媒体，将营销信息推送到比较准确的受众群体中，从而既能节省营销成本，又能起到最大化的营销效果。关键在于如何精准地找到产品的目标人群，再让产品深入消费者心里，其中新媒体的应用极为重要。其四，精确标准。不管是精益管理、精致产品、精心服务，还是精准营销，实际上都是建立在产品标准化、服务标准化、管理规范化的基础之上，而且都需要广泛采用各种新技术。

5. 综合效益：最大化

世界旅游目的地的综合效益应实现最大化效果，具体体现在如下两个方面。其一，其旅游发展不仅取得良好的经济效益，成为本地区经济发展的重要支柱，而且能为促进当地社会发展、文化保护、社区发展、生态保护做出重要贡献，在经济效益、社会效益、生态效益三个方面均有突出表现。其二，其旅游发展中，经济效益、社会效益、生态效益相互促进、有机协同，形成良性的互动和循环，从而确保该旅游目的地长远的可持续发展。

6. 社区发展：包容性

世界旅游目的地的社区发展应体现包容性特征。世界旅游目的地的发展通常都建立在充分关照当地民众需求、确保其生活质量不断提高的基础上。一般而言，唯民富、民享、民乐之地，方可成为真正具有持久竞争力的世界旅游目的地。因此，世界旅游目的地一般均采用包容性增长（Inclusive Growth）的理念，倡导公平合理地分享经济增长，使得旅游收益以较为公平的方式惠及广大民众，使其生活质量、幸福指数和生活满意度不断提高，从而最大限度地消除当地社区的被排斥感和不公平感，使尽可能广泛的社区群体公平受益，并和旅游目的地管理者拥有共同的发展愿景，保持协调一致的发展步调，共同推进旅游目的地的旅游发展和社会经济全面进步。

7. 区域带动：辐射性

世界旅游目的地应具有较强的区域带动辐射作用。旅游业本身具有极强的流动性、带动性和辐射性，因此不管其自身体量大小，世界旅游目的地对所在区域社会经济发展的带动作用都是极为明显的。世界旅游目的地不仅能带动当地社会经济的全面发展，而且这种带动性还将辐射到更大范围，促进所在区域的旅游发展、经济发展以及产业结构、基础设施等更加完善。

8. 综合管理：一体化

世界旅游目的地的综合管理应呈现一体化特征，具体体现在如下两个方面。一是在社会管理方面，世界旅游目的地一般建立了良好的利益相关者协作机制，除了紧密的公私伙伴关系（Public-Private Partnership，PPP），更构建了政府—企业—社区深度合作、多方协商的良好机制。二是在行政管理方面，世界旅游目的地通常都在不同层级政府、政府不同部门间形成良好的协作关系，构建权责对等、分工合理、沟通通畅、运行高效的管理体制。

第一节 旅游目的地概念

一、国外学者对旅游目的地的界定

国外对旅游目的地的研究始于20世纪70年代，最初它被认为是一个明确的地理区域。美国学者冈恩于1972年提出了"目的地地带"的概念，即旅游地是一个具有大量取悦旅游者的旅游活动地理区域，组成要素包括吸引力综合体（Attraction Complexes）、入口（Gate-Way）、进出通道（Corridor）、服务中心（Service Center）、区内连接路径（Linkage）和外部环境（External Environment）等。

英国学者布哈里斯1993年提出，旅游目的地是一个特定的地理区域，被旅游者公认为一个完整的个体，由统一的目的地管理机构进行管理的区域，并提出一个框架模型（见图1-1）。

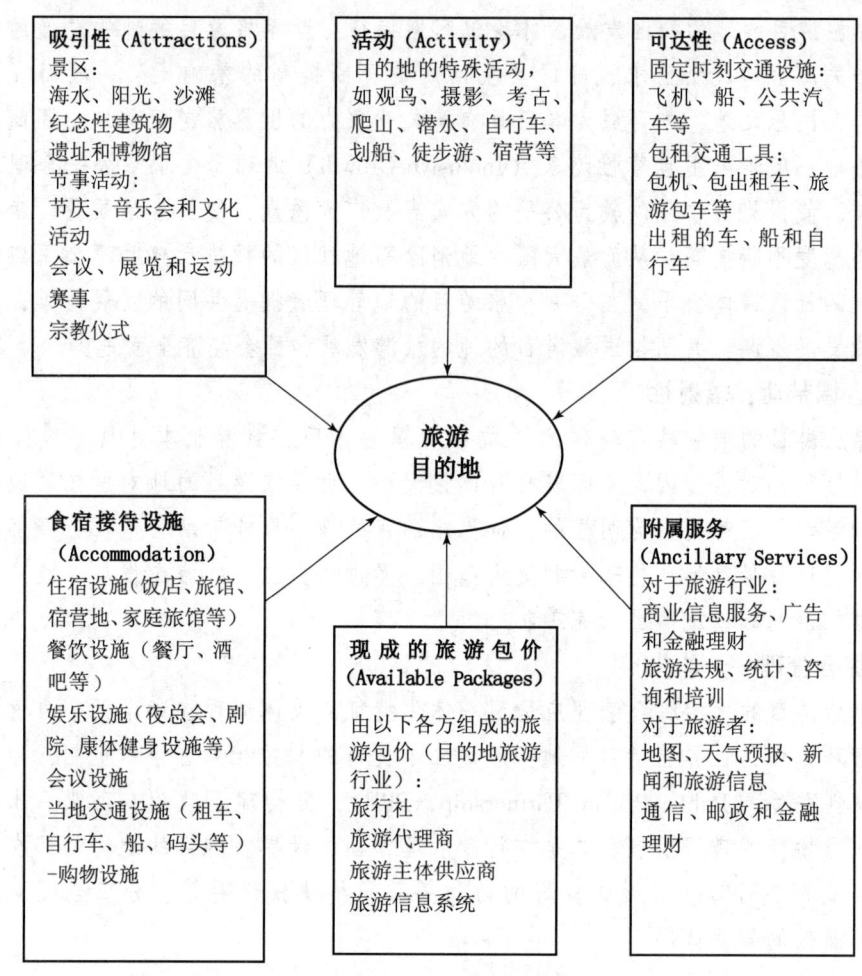

图1-1　旅游目的地模型

英国的学者克里斯·库珀（Chris Cooper）和约翰·弗莱彻（John Fletcher）认为，旅游目的地是旅游体系中一个重要领域，是满足旅游者需求的服务和设施中心。从地理空间角度看，旅游目的地是一个考察旅游的影响和作用的基地。旅游目的地把旅游的所有要素都集中于一个有效的框架内，是旅游活动中最重要和最有生命力的部分，也是游客接待的载体。旅游目的地及形象能吸引和驱使旅游者前来访问，进而激活整个旅游体系。旅游目的地是一个内涵非常深刻而丰富的集合体，不同的文化、经济、环境组成了世界上形形色色可供选择的目的地。旅游目的地通常由以下核心部分组成：旅游吸引物，以住宿、餐饮、娱乐、购物品零售为主体的旅游接待设施，当地的交通体系和进入通道，各类辅助性服务设施和组织机构。这些设施和服务的组合可以为旅游者提供完整的旅游体验。

二、国内学者对旅游目的地的界定

国内学者对旅游目的地的研究始于20世纪80年代。郭来喜（1982）较早对旅游目的地进行了定义，提出旅游地是具有一定经济结构和形态的旅游对象的地域组合。保继刚（1993）认为一定地理空间上的旅游资源同旅游专用设施、旅游基础设施以及相关的其他条件有机地组合起来，就成为旅游者停留和活动的目的地，即旅游地，旅游地在不同情况下有时又被称为旅游目的地或旅游胜地。

国内学者魏小安和厉新建（2003）对旅游目的地构成要素进行了总结，提出旅游目的地构成要素包括三个方面内容：（1）吸引要素，即各类旅游吸引物，以此为基础形成的旅游景区是第一产品；（2）服务要素，即各类旅游服务的综合，旅游地的其他设施及服务将以第二产品的形式影响旅游者的整个旅游经历，并与旅游吸引物共同构成整体吸引力的来源；（3）环境要素，它既是吸引要素，同时也是服务要素的组成部分，形成了旅游目的地发展条件，其中的供水、供电、排污、道路等公用设施系统和银行、医院、治安管理等机构，以及当地居民的好客态度等构成"附加产品"，并与旅游吸引物等共同构成旅游目的地整体吸引力。

董观志、张巧玲（2008）认为，旅游目的地是以一定旅游资源为核心，以综合性的旅游设施为凭借，以可进入性为前提的旅游活动与旅游服务地域综合体，它是旅游者停留并开展旅游活动的核心载体。旅游目的地这一概念主要包括三层含义：一是具有一定规模、相对集中的地域空间范围；二是对一定的旅游资源已经开发利用，具有显著的旅游吸引功能；三是具有内部联系紧密的综合性旅游产业结构与相对完备的游乐和接待服务功能，从而使旅游业在该地域经济结构中占有相当的比重。

从国内外学者对旅游目的地的表述可以看出，旅游目的地概念界定至少要包含以下三层含义：一是旅游目的地要具有吸引力，这种吸引力表现在目的地特有的旅游资源和开展的各种活动上，是旅游者产生旅游需求的原动力；二是具备开展旅游活动的各种设施，包括旅游设施和交通；三是提供方便旅游者活动的各种服务，包括旅游服务和其他服务。

知识链接：旅游目的地的其他定义

国外学者

（1）1992年世界旅游环境中心对旅游目的地做出定义：乡村、度假中心、海滨或山岳休假地、小镇、城市或乡村公园；人们在其特定的区域内实施特别的管理政策和运作规则，以影响游客的活动及其对环境造成的冲击。

（2）1995年雷珀指出，旅游目的地是旅游者到此旅游，目的是体验对其具有吸引力的经典的具有特性的地方。

(3) 戴维德森和梅特兰德认为，传统意义上的旅游目的地可被认为是有着良好基础设施的地理区域，如一个国家、一个岛屿或是一个城镇。

(4) 里奇和克劳奇指出，旅游目的地是影响当地各功能提升的一个直接因素。

(5) 鲁宾斯认为，旅游目的地包含旅游者需要消费的一系列产品和服务。

国内学者

(1) 崔凤军认为，旅游目的地是具有统一的和整体的形象的旅游吸引物体系的开放系统。

(2) 张辉把旅游目的地定义为：拥有特定性质的旅游资源，具备一定旅游吸引力，能够吸引一定规模、数量的旅游者进行旅游活动的特定区域。旅游目的地必须具备的三个条件：一是要拥有一定数量的、可以满足旅游者某些旅游活动需要的旅游资源；二是要拥有各种相适应的旅游设施；三是该地区具有一定的旅游需求。

(3) 张立明、赵黎明提出，旅游目的地是对应于旅游客源地、旅游过境地而言的，它不同于一般的旅游地或旅游景区，是具有独特的旅游地形象、完善的区域管理与协调机构，能够使潜在旅游者产生出游动机并做出旅游决策，实现其旅游目的的区域。

(4) 林峰认为，旅游目的地是一个非常有用的区域经济概念，但从旅游作为一个游憩及游憩接待的系统而言，目的地概念包含了一种系统结构与系统工程的理念思路。

(5) 邹统钎认为，旅游目的地是一个感性概念，它为游客提供一个旅游产品和服务的合成品，一个组合的体验经历。旅游目的地中最核心的要素有两点：一是旅游吸引物；二是人类聚落，要有永久性的或者临时性的住宿设施，游客一般要在这里逗留一夜以上，一般的景点留宿不应该是旅游目的地。

(6) 杨振之在区分"旅游目的地"与"旅游过境地"的基础上，认为旅游目的地除了是一种地理空间集中，还形成了旅游产业发展的格局。

三、旅游目的地相关概念

与旅游目的地相关的一些概念，如客源地、长住地、出发地、过境地、集散地等，容易与旅游目的地混淆，对它们的了解有助于加深对旅游目的地概念的把握。

（一）客源地

旅游客源地是指具有一定人口规模和社会经济能力，能够向旅游目的地提供一定数量旅游者的地区或国家。旅游客源地首先是一个地域概念，即由一定规模的人口在特定的社会经济结构下所构筑的地域。地域范围按行政区划分为县、市、省（州）和国家，虽然它们在地域面积、人口规模和经济发展水平上存在差异，然而其共同之处是能够产生一定数量的旅游者。其次，它又是一个空间概念，即相对旅游目的地而言存在一定的空间距离。距离的远近会对客源地旅游者选择旅游目的地产生影响。从目的地与客源地的关系出发，又对应形成了客源输入地与输出地的概念。从总体来看，有些目的地是比较单纯的客源输入地，有些客源地是比较单纯的客源输出地，但多数情况是一个目的地本身既是客源的输入地，同时也被其他的目的地视为客源的输出地。

（二）长住地

长住地即旅游者长期居住的地方。从旅游营销的角度来看，旅游者的长住地可以视为潜在的客源地。

（三）出发地

出发地一般在交通枢纽地，是旅游者出发前汇聚的地点，与长住地、客源地可能是同一地。对于团队旅游，分散的旅游者聚集到交通枢纽地，形成团队后由此出发，形成出发地概念。例如，出国旅游团队从北京、上海、深圳出发，旅游者可能并不是这些城市的居民，北京、上海、深圳就成为出发地。

（四）过境地

旅游过境地是相对于旅游目的地提出来的。一般来说，旅游目的地含有直接吸引旅游者前往游览的吸引物；而旅游过境地是指在长线旅游产品中，旅游者在到达或离开主要旅游目的地的过程中所经历的地方。在旅游过境地，旅游者或单纯过境，或作短暂停留并参与消费，或顺访某些景点并参与消费。旅游目的地与旅游过境地，在线路上分别处于"主角"与"配角"的地位，它们之间存在相互博弈的利益关系。如果把整条旅游线路比作一个舞台，为了共同演好一幕剧，需要"主角"与"配角"齐心协力，但是，"主角"与"配角"之间的竞争也不容置疑，这些在实际中就表现为旅游地之间的联合和竞争的关系。

（五）集散地

旅游者在出游时，不外乎以下四种行为模式：第一，直接奔赴一个旅游目的地后便径直返回客源地；第二，沿途游览交通线附近的一串旅游目的地，然后沿原路返回或直接返回；第三，环线式旅游，从客源地出发逐一周游环线型目的地后返回客源地；第四，集散地式旅游，旅游者先到集散地，再分流至目的地。旅游集散地兼具运输通道和旅游目的地的一些特点，但和二者有本质区别，不是包含关系。传统的旅游流是"旅游客源地—运输线（Transit Route Region）—旅游目的地"，在上述的第四种行为模式中，旅游流是"旅游客源地—交通连接—旅游集散地—多个目的地"。随着区域旅游点—线—面的发展趋势，旅游集散地的地位和作用应和旅游目的地一样放到同等的位置上来考虑和研究。旅游集散地的建设要强调休闲功能，而不是观光功能，要强调服务价值，而不是资源价值。

四、旅游目的地特性

（一）吸引力特性

旅游目的地的吸引力特性是其核心魅力的体现。它通过独特的自然景观、丰富的文化体验、高品质的服务、完善的设施以及积极的社区参与等多方面因素，共同构成了对游客的强烈吸引。这种吸引力不仅让游客在旅行中获得愉悦和满足，而且促进了目的地的知名度提升和旅游业的持续发展。

（二）地域辐射性

旅游目的地的地域辐射性指的是其对周边区域产生的正面影响，包括经济带动、基础设施改善、文化传播和社会结构优化等。这种辐射作用能够促进区域一体化发展，提高区域整体的吸引力和竞争力，从而带动周边地区的经济增长和社会进步。

（三）类型多样性

旅游目的地的类型多样性体现在其能够满足不同游客的需求和偏好。从自然景观到历史遗迹，从文化体验到休闲娱乐，旅游目的地提供多样化的旅游产品和服务。这种多样性不仅增加了旅游目的地的吸引力，也有助于分散游客流量，减少对单一景点的压力。

（四）价值多重性

旅游目的地的价值多重性指的是其对不同群体具有不同的价值和意义。对于游客，它提供了休闲和娱乐的机会；对于当地居民，它是经济收入和就业的来源；对于政府，它是推动地区发展和提升国际形象的工具。旅游目的地的多重价值使其成为多方利益的交会点。

（五）相互替代性

旅游目的地的相互替代性指的是在旅游市场中，相似或具有可比性的旅游目的地之间存在竞争关系。游客在选择旅游目的地时可能会考虑多个选项，并根据个人偏好、成本效益和可获得性等因素做出选择。这种替代性促使旅游目的地不断提升自身的吸引力和竞争力。

（六）发展周期性

旅游目的地的发展周期性反映了旅游业的波动性和季节性特征。旅游目的地可能会经历开发、成长、成熟和衰退等不同阶段，了解并适应这些周期性变化，有助于旅游目的地进行有效的规划和管理，以实现可持续发展。

（七）资源共享性

资源共享性在旅游目的地中体现为旅游者和当地居民在旅游资源、设施和服务上的共同使用与利益共享。这不仅包括对自然景观、文化遗迹等旅游吸引物的共同欣赏，还涵盖了交通、住宿、餐饮等设施和服务的共用，以及医疗服务、安全保障等基本服务的共享。这种资源共享有助于构建和谐的旅游环境，推动旅游目的地的可持续发展。

第二节 旅游目的地分类

不同类型旅游目的地的形成，从内因上看，是由旅游资源的性质与功能所赋予的；从外因来看，是旅游者爱好与需求、旅游经营者的开发建设意图等因素相互作用而形成的。冈恩将旅游目的地分为 3 种类型，即都市型（Urban）、放射型（Radical）和扩展型（Extended）；日本旅游地理学家山村顺次将旅游目的地分为温泉旅游区、山岳高原旅游区、海岸旅游区和都市旅游区 4 种基本类型；吴必虎将各种旅游目的地概括为城市型目的地（Urban Destination）与胜地型目的地（Resort Destination）两种基本类型。以下将从不同角度对旅游目的地进行划分。

一、按旅游功能划分

从旅游目的地的资源性质和特点出发，以满足旅游者旅游活动为标准，可以分为观光旅游目的地和度假旅游目的地两种不同类型。

（一）观光旅游目的地

观光旅游目的地是资源性质和特点适合于开展观光旅游活动的旅游地，主要有自然观光地、城市观光地、名胜观光地等类型。观光旅游目的地是观光旅游的空间依托，也是一种传统的旅游目的地，它在旅游活动中占有重要地位。

（二）度假旅游目的地

度假旅游目的地是旅游性质和特点能满足旅游者度假、休闲和休养需要的旅游地，主要有海滨度假地、温泉度假地和乡村旅游度假地等类型。度假旅游地注重度假设施建设和周到服务提供。

二、按空间尺度划分

按空间尺度划分旅游目的地可以分为目的地国家、区域性旅游目的地、城市旅游目的地和景区旅游目的地四种类型。

（一）目的地国家

旅游目的地国家是从世界旅游空间范围的跨国旅游来划分的，一般由多个区域性旅游目的地组成。旅游目的地国家应与世界主要客源地建立便捷的国际航空交通，并具有向区域性旅游目的地分散客流的功能。

（二）区域性旅游目的地

区域性旅游目的地是从一个国家空间范围来划分的，依托国内航空港以及铁路中转交通，包括多个旅游城市和若干个旅游景区。良好的进入条件、方便的客源分流体系是区域旅游目的地的主要特征。

（三）城市旅游目的地

城市旅游目的地是从一个特定旅游区域空间范围来划分的，是由多个旅游景区所组成的。城市旅游目的地不但具有参观、游览和休闲功能，同时还具有完备的以住宿为主体的接待体系。

（四）景区旅游目的地

景区旅游目的地是依托景区形成的最小单位的旅游目的地，其划分明确，面积不大，具有目的地应具备的旅游吸引力、旅游接待设施和旅游服务功能。

三、按结构形态划分

旅游目的地在其构造方式上可以是板块型的，也可以是点线型的。

（一）板块型旅游目的地

板块型旅游目的地是旅游吸引物紧密地集中在某一特定区域，所有的旅游活动在空间上都围绕这个特定区域展开，都是以这个旅游目的地的服务设施以及旅游体系为依托的。

（二）点线型旅游目的地

点线型旅游目的地是旅游吸引物分散于一个较广泛的地理区域内，在不同的空间点上各个吸引物之间的吸引力是相对均衡的，没有明显的中心吸引点。它通过一定的旅行方式和组织将这些不同的空间点上的吸引物以旅游线路的形式结合在一起，旅游者在某一空间点只停留一段时间。

同步案例：哥伦比亚河历史风景道改造

哥伦比亚河历史风景道位于美国俄勒冈州北部，曾是太平洋西北海岸第一条现代公路。自建成以来，哥伦比亚河历史公路获得了多项美誉。此外，作为一条修复工程较为成功的双车道、慢行乡村集散道，哥伦比亚河历史公路入选为《公路灵活性设计》中的典型案例，在全美推广。

哥伦比亚河历史公路1922年建设完工，公路全长119千米，促进了沿线区域社会经济飞速发展。20世纪30年代，由于部分路段废弃（日后成为游径），加之州际84号公路兴建，大量的交通流转移到高等级的公路上，加速了哥伦比亚河公路的衰落。20世纪80年代，人们开始考虑对公路进行修复。经过调查、规划和改造，哥伦比亚河历史公路最终建设成为风景道。

哥伦比亚河历史风景道体现了对文化资源、历史资源和自然资源的重新整合利用。从通行公路转变为风景道旅游目的地的过程中，哥伦比亚河历史公路的空间结构逐渐发生变化，原有交通功能要素向旅游吸引物要素转化，道路可利用空间逐渐由中心向外扩展。哥伦比亚河历史公路的修复过程清晰地反映了空间结构的变化过程。

车行道：车行道的主要功能是满足旅游者道路游憩体验的需求。车行道是可以进行自驾车观光、徒步和自行车游憩的场所，修复工程将历史上被破坏的路段全部通过游径连通，使其成为连续的旅游吸引物，突出强调游客的连续游览体验。

路侧：路侧是安全设施和旅游标志系统集中布局区域。为了还原历史场景，路侧设施按照历史照片进行还原，基本保留了历史上的构筑设施，使其成为既具有安全功能，又具有观赏性质的风景道元素。

视域带：哥伦比亚河历史公路沿哥伦比亚河的河岸布局，路侧的自然景观非常迷人。在进行视域带设计时，非常重视景观的作用。通过借景的手法，使水面、峡谷、森林等自然风光成为风景道自身的旅游吸引物。

辐射带：辐射带覆盖哥伦比亚河历史公路的周边区域。重要的旅游吸引物有哥伦比亚河谷，以及一些国家森林。在旅游接待设施的利用上，充分重视周边俄亥俄州各临近城镇的服务产业资源，使当地的旅馆、餐馆等成为风景道游客的旅游接待设施，使风景道通过市场需求的调节扩展为辐射周边的旅游经济带。

问题： 如何理解依托风景道形成的点线型旅游目的地具有连续性、外推性、开放性和整合性等特征？

四、按资源类型划分

按旅游资源的主要类型，旅游目的地可以划分为城市旅游目的地、乡村旅游目的地、海滨旅游目的地、森林旅游目的地、遗产地旅游目的地、温泉旅游目的地等。

（一）城市旅游目的地

城市旅游目的地是开展城市旅游的区域。城市旅游的主体是国际游客、国内游客和本市居民，客体是组成城市的各类物质和非物质要素，包括自然、文化、产业、建筑、居民、事件等各类景观。

（二）乡村旅游目的地

乡村旅游目的地是开展乡村旅游活动的区域。它是一个空间概念，与城市相对，是从事农业生产为主的劳动人民所住的地方，不仅包括乡野风光等自然资源，还包括乡村建筑、聚落、民俗、文化、饮食、服饰、农业景观和农事活动等。乡村旅游目的地的特色是乡土性和地域特征，要让旅游者体验到与城市不一样的生活。

（三）海滨旅游目的地

海滨旅游目的地是依托风平浪静、气候温和的海岸线，开发以自然风光为重点，兼顾人文景观，注重旅游配套设施建设，可以开展各种度假疗养、风景观赏、水上娱乐等旅游活动的区域。

（四）森林旅游目的地

森林旅游目的地是森林旅游活动依托的区域。它是在特定的森林地域为旅游者提供游览观光、度假休闲、狩猎探险、健身疗养、科普教育等多种旅游产品和服务，具有使旅游者放松、怡情、猎奇、求知、健身等多种功能，可以满足人们回归大自然、追求人与自然和谐、享受自然乐趣的愿望。

（五）遗产地旅游目的地

遗产地旅游目的地是以遗产资源为旅游吸引物，满足旅游者欣赏遗产景观，体验遗产文化，开展遗产旅游活动，配套相应旅游接待服务设施的区域。遗产旅游包括自然遗产、文化遗产以及自然文化复合型遗产。

（六）温泉旅游目的地

温泉旅游目的地是以温泉资源为核心载体，可以开展观光娱乐、康体保健、休闲度假、商务会议、科普教育等一系列与温泉相关的休闲活动的区域。

第三节　旅游目的地演化

旅游目的地一直处于不断的变化之中，遵循一定的时间、空间演化规律。国内外学者试图运用经典理论来解释旅游目的地的演化规律，如加拿大学者 Bulter（1980）提出旅游地生命周期理论；Pearce（1995）对带状旅游核心—边缘空间结构进行了分析；Weaver（1998）分析了核心—边缘空间结构对主岛屿与从属岛屿在旅游发展过程中的影响；卞显红（2002）提出城市旅游空间成长及其空间结构演变主要经历单节点、多节点到链状节点三个过程，并对演变机制进行了理论探索；张玲（2005）根据旅游地发展规律，提出旅游空间结构由单体景点旅游空间结构、旅游景区空间结构向城市旅游空间结构演化的模式。

一、目的地时间演化

加拿大学者 Bulter 提出的旅游地生命周期理论，把旅游目的地的演化划分为6个阶段：探索阶段、参与阶段、发展阶段、巩固阶段、停滞阶段、衰落或复苏阶段。

（一）探索阶段

其特点是旅游目的地只有探险型游客，且数量有限、分布零散，与当地居民接触频繁。旅游目的地的自然和社会经济环境未因旅游而有所改变。

(二) 参与阶段

旅游者的人数逐渐增多，当地居民开始专门为旅游者提供一些简易设施。旅游季节逐渐形成，广告也开始出现，旅游市场范围也已界定出来。

(三) 发展阶段

一个庞大而又完善的旅游市场已经形成，吸引了大量的外来投资。旅游者人数继续增长，在高峰时期甚至超过常住居民人数。交通条件和服务设施得到极大的改善，广告促销力度也极大增强，外来公司提供的大规模、现代化设施已经改变了目的地的形象。旅游业的快速发展使其部分依赖于外来劳动力和辅助设施。

(四) 巩固阶段

目的地经济发展与旅游业息息相关。这一阶段游客增长率已经下降，但总游客量将继续增加并超过常住居民数量。为了扩大市场范围，延长旅游季节，吸引更多的远距离游客，广告促销的范围得到进一步扩大。当地居民对旅游者的到来已产生反感。最初的接待设施已显陈旧，已不再是人们向往的地方。

(五) 停滞阶段

在这一阶段，旅游环境容量已达到或超过最大限度，产生许多经济、社会和环境问题。游客数量达到最大，使得旅游市场在很大程度上依赖于重游游客、会议游客等。自然或文化吸引物被人造景观所取代，接待设施出现过剩。

(六) 衰落或复苏阶段

在衰落阶段，旅游者被新的目的地所吸引，只留下一些周末度假游客或不住宿的游客。大批旅游设施被其他设施所取代，房地产转卖程度极高，本地居民介入旅游业的程度又恢复增长，他们以相当低的价格去购买旅游设施。此时原来的旅游目的地或者成为所谓的"旅游贫民窟"，或者完全与旅游脱节。另一种可能是旅游目的地在停滞阶段之后进入复苏期，有两种途径：一是创造一系列新的人造景观；二是发挥未开发的自然旅游资源的优势，进行市场促销活动以吸引原有的和新的游客。

在衰落或复苏阶段有五种可能性：

（1）重新开发旅游目的地很有成效，使游客数量继续上升，旅游目的地进入复苏阶段。

（2）限于小规模的调整和改造，使游客量以较小幅度继续增长，复苏幅度缓慢，注重对资源的保护。

（3）重点放在维持现有游客量，避免其出现下滑。

（4）过度使用资源，不注重环境保护，导致竞争力下降，游客量剧减。

（5）战争、瘟疫或其他灾难性事件的发生会导致游客量急剧下降，而且很难恢复到原有水平。

同步案例：巴厘岛旅游目的地时间演化

巴厘岛，被誉为"诸神之岛"，是印度尼西亚群岛中的一个璀璨明珠。这个热带天堂以其壮丽的自然风光、丰富多彩的文化传统和深厚的宗教底蕴而闻名于世。从20世纪初的未被发掘的秘境，到成为世界著名的旅游胜地，巴厘岛的旅游目的地演化历程是旅游地生命周期理论的生动体现。

巴厘岛的旅游发展始于20世纪30年代，当时荷兰殖民政府开始推广巴厘岛作为热带度假胜地。随着1963年巴厘岛国际机场的建成，这个岛屿开始向世界敞开大门。几十年来，巴厘岛经历了从一个小规模的旅游点到国际旅游热点的转变，吸引了全球数百万游客。

1. **探索阶段**

最初，巴厘岛的旅游主要吸引了一些寻求异国情调和文化体验的西方游客和艺术家，他们被岛上的自然美景、传统舞蹈、手工艺品和宗教仪式所吸引。

2. **参与阶段**

随着旅游业的初步发展，岛上开始出现更多的旅馆和餐馆，主要集中在南部海岸的库塔（Kuta）和乌布（Ubud）地区。这些地区逐渐成为旅游活动的中心，提供基本的旅游服务。

3. **发展阶段**

到了60年代和70年代，巴厘岛的旅游业迎来了快速发展期。新建的酒店和度假村如雨后春笋般涌现，特别是在库塔海滩和金巴兰地区。旅游业的繁荣带动了当地经济的增长。

4. **巩固阶段**

80年代和90年代，巴厘岛的旅游业与当地经济发展紧密结合。岛上的旅游设施更加完善，旅游产品更加多样化，包括文化体验、水上运动和健康养生等。

5. **停滞阶段**

进入21世纪初，巴厘岛面临了旅游业的饱和问题。游客数量的增长放缓，环境压力和社会问题日益凸显，如交通拥堵、自然资源过度开发等。

6. **衰落或复苏阶段**

2002年的恐怖袭击对巴厘岛的旅游业造成了严重打击。然而，巴厘岛通过加强安全措施、改善卫生条件和推广新的旅游产品，成功地恢复了旅游业。

问题：巴厘岛在旅游目的地生命周期的各阶段主要吸引了哪些类型的游客，其特点是什么？

同步思考：旅游目的地形成过程中的影响因素是什么？

理解要点：有的目的地是旅游业自然发展的产物，而有的则是人们积极促成的结果。无论是哪种情况，目的地的形成过程都会受到当地社会、文化、环境、经济和政治背景的影响，当然还有希望从旅游业的发展中为自己谋求商业利益或其他利益的旅游企业和其他机构有意推动的影响。

二、目的地空间演化

（一）旅游目的地空间结构

旅游目的地空间结构是以旅游节点，以及连接节点的交通线路为纽带而形成的空间网络。

1. 旅游节点

旅游节点是旅游目的地的基本要素，是由相互联系的吸引物聚集体组成。单个吸引物表现为旅游资源的单体，若干个单体组成的吸引物聚集体表现为旅游景区，旅游景区是用来评价旅游目的地发展程度的重要指标之一，旅游景区的数量越多、级别越高，表明旅游目的地的吸引力越强、旅游发展程度越高。

2. 区内路径

路径是旅游活动得以开展和实现所必须借助的空间载体，是旅游者在旅游节点之间的流动轨迹。区内路径是指连接旅游节点之间的通道，以交通线路为主。旅游目的地的交通线路越发达，旅游节点间的联系就越密切，其空间结构就会呈网络状分布。

（二）旅游目的地空间结构演化

旅游目的地存在空间分布相近的旅游资源单体，通过人为开发，会形成旅游景区，其空间结构演化过程可分为三个发展阶段，即极核型空间结构阶段、点轴型空间结构阶段和网络型空间结构阶段，如图1-2所示。

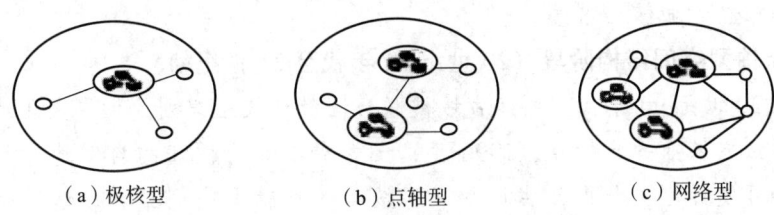

（a）极核型　　　　（b）点轴型　　　　（c）网络型

图1-2　旅游目的地空间结构

1. 极核型空间结构阶段

极核型空间结构阶段为旅游目的地发展的初级阶段。旅游目的地内的旅游景区开发并非同步。具有旅游资源优势和区位优势的旅游景区最先发展起来而成为旅游目的地内的高级旅游节点，且此阶段的高级旅游节点只有一个，是旅游目的地吸引旅游者前来旅游的主要动力。此阶段旅游目的地内较低级的旅游节点多，路径连接度低，节点间的通达性较差。

2. 点轴型空间结构阶段

点轴型空间结构阶段为旅游目的地发展的中级阶段。随着旅游业的发展，旅游资源开发力度加大，区内交通不断改善，旅游目的地区域内的旅游景区数量开始增多，随着旅游资源优势整合，吸引力不断增强，会出现另一个高级旅游节点。此时，两个高级旅游节点间旅游流呈双向性，形成连接两个高级节点的点轴型空间结构。

3. 网络型空间结构阶段

网络型空间结构阶段为旅游目的地发展的高级阶段。旅游业的进一步发展，旅游目的地的区内交通不断完善。旅游资源开发利用效率不断提高，旅游景区数量和结构达到最优，形成多个高级旅游节点。多个高级旅游节点旅游流呈多向性，形成连接多个高级旅游节点的网络型空间结构。

同步案例：丽江旅游目的地空间演化

丽江，是云南的一颗璀璨明珠，不仅承载着丰富的纳西族文化，也是国际知名的旅游目的地。自20世纪80年代开始，丽江逐步揭开了其神秘的面纱，向世界展示了其独特的魅力。随着时间推移，丽江的空间结构经历了显著的演化，从单一的极核型发展到复杂的网络型。

1. 极核型空间结构阶段（20世纪80年代）

在20世纪80年代，丽江古城作为旅游的极核，开始吸引国内外游客的目光。这一时期，丽江的旅游业主要集中在古城内部，以四方街为中心，向周边辐射。古城的古朴风貌、纳西族的东巴文化，以及独特的历史遗迹，成为吸引游客的主要元素。此时，丽江的旅游业尚未形成规模，游客数量有限，旅游活动主要集中在古城核心区域。

2. 点轴型空间结构阶段（20世纪90年代至21世纪初）

进入20世纪90年代，丽江古城被联合国教科文组织列为世界文化遗产，这标志着丽江旅游业的转折点。1996年，玉龙雪山作为丽江的自然地标，开始被纳入旅游开发计划，与丽江古城形成双核心的点轴型空间结构。这一时期，丽江古城与玉龙雪山之间的旅游公路建成，促进了两个核心区域之间的旅游流动，旅游业开始向周边地区扩展。

3. 网络型空间结构阶段（21世纪至今）

21世纪初，丽江的旅游业迎来了新的发展机遇。随着交通基础设施的改善，尤其是丽江三义机场的扩建和高速公路网络的完善，丽江的旅游网络开始向更广泛的地区扩展。泸沽湖、束河古镇、拉市海等地区逐渐被开发为新的旅游景点，形成了丽江旅游的多个节点。这些节点通过发达的交通网络相互连接，构成了一个覆盖全市的旅游网络体系。到了2010年，丽江的旅游网络体系更加成熟，不仅包括了多样化的旅游产品，还涵盖了丰富的旅游服务设施。

具体演化时间线如下：

（1）20世纪80年代：丽江古城作为旅游核心开始吸引注意，旅游业处于起步阶段。

（2）20世纪90年代：丽江古城被列为世界文化遗产，玉龙雪山开始开发，形成点轴型空间结构。

（3）21世纪初：交通基础设施改善，旅游网络开始向周边地区扩展，如束河古镇和拉市海。

（4）2010年至今：丽江旅游网络体系成熟，包括丽江古城、玉龙雪山、泸沽湖等在内的多个旅游节点，形成了网络型空间结构。

问题：丽江旅游空间结构的演化是如何受到地标和历史遗迹的影响的？

第四节　旅游目的地管理

一、旅游目的地管理概念

旅游目的地管理概念指的是一套综合性的策略和行动框架，旨在通过规划、组织、协调和控制等手段，实现对旅游目的地资源、服务、环境、经济和社会各方面的有效治理。这一概念以可持续发展为核心，强调在促进经济增长、提高居民生活质量的同时，保护自然环境和文化遗产，满足游客需求，并确保旅游活动的长期可行性。旅游目的地管理要求政府、旅游企业、社区居民和非政府组织等多方利益相关者共同参与，通过合作实现经济、社会、文化和环境目标的协调统一。

分析这一概念，我们可以看到几个关键点。首先，它是一个多学科、多利益相关者参与的过程，需要各方面的知识和技能来实现目的地的全面发展。其次，它强调了可持续发展的重要性，这意味着在追求经济效益的同时，也要考虑环境保护和社会福祉。再次，它涉及对旅游市场趋势的敏感性，要求管理者能够及时响应市场变化，调整产品和服务以满足游客需求。此外，它还包括了对旅游风险和危机的预防与管理，确保旅游目的地能够应对各种潜在的挑战。最后，旅游目的地管理还包括对目的地形象和品牌的塑造与推广，这有助于提升目的地的知名度和吸引力，吸引更多游客。通过这些综合性的管理措施，旅游目的地管理旨在实现目的地的长期繁荣和社会经济的全面发展。

二、目的地管理机构任务

目的地管理机构（Destination Management Organizations，DMO）是目的地管理的主体，负责目的地组合要素的整体协调与整合以及目的地营销。目的地管理机构多为政府部门或准政府机构。

（一）领导与协调

目的地管理机构负责领导目的地范围内的旅游活动，为目的地旅游的未来确定整体发展方向，并协调目的地旅游业内诸多利益相关者的关系。

（二）调研与规划

目的地管理机构在为目的地制定旅游策略、规划和战略方面发挥关键作用。具体的规划与调研任务有：制定目的地整体旅游策略；制定旅游战略规划；进行目的地态势分析；在目的地开展游客信息调研，包括调查游客满意度水平；开展持续的竞争分析；通过案例研究，启发旅游产品开发与旅游营销创意。

（三）产品开发

目的地管理机构全面负责旅游产品（包括有形产品、人力资源、包价旅游产品和项目策划）的可持续开发。产品开发内容包括：识别新产品开发机会，在需要的时候寻找投资商和运营商；制定历时多年的活动战略和行动规划；将目的地旅游体验制作成包价旅游产品，并协助其他合作方；设计并维护质量保证标准体系；开发并提供服务培训，以提升旅游服务的专业化程度。

（四）营销推广

目的地管理机构开发制定旅游的整体营销策略以及长期和短期营销计划。其任务包括：确定旅游营销战略目标和具体目标；选择最重要的目标市场；制定推广目的地旅游形象的措施；设计目的地品牌推广系统；制定战略营销规划和年度营销计划；通过整合营销传播吸引游客。

（五）合作与团队建设

目的地管理机构使目的地团队精诚合作，建立联盟关系以实现目的地的产品开发和营销目标。其内容包括：积极寻找能够提升目的地产品或增强目的地营销的新合作伙伴关系；为实现具体的营销和产品开发项目及其目标，建立当地和非当地的团队。

（六）社区关系

在做出可能会影响当地居民生活方式和生活水平的重要决策时，目的地管理机构应与社区居民协商。目的地管理机构的社区关系任务包括以下内容：与当地社区居民沟通，讨论开展的活动，取得的业绩和成就；开展居民调查，了解居民对旅游的态度；开展和维护关于旅游的社区议事计划。

同步思考：旅游景区与旅游目的地有何关系？

理解要点：旅游目的地比景区的范围更大，旅游目的地是可以同时满足旅游者的六个旅游活动需求的，它既能提供景区来满足旅游者的"游"和"娱"需求；又能提供对内和对外的旅游交通运输来满足旅游者的"行"的需求；还能提供旅游中心城（镇）来满足旅游者的"食""宿""购"的需求。两者的关系如下：

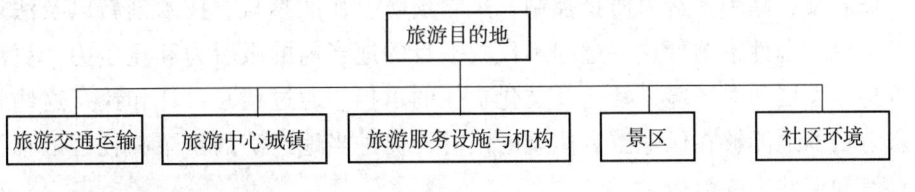

旅游目的地的空间范围是分层次的，一个旅游城市、一个省、一个国家甚至一个大洲都可能是不同旅游者的旅游目的地。

三、旅游目的地管理原则

（一）特色原则

旅游目的地的特色，包括风景、建筑、项目和管理等方面的特色，是旅游目的地的吸引力及其生命力所在。古色古香、宏伟壮观、民族风情、惊险曲折等都可形成自己的特色。当然，这种特色应与环境相协调，与旅游目的地的基调一致，并且要有一定的传统基础和群众基础。

（二）效益原则

旅游目的地管理的基本目标之一，就是要持续增加接待能力和吸引能力，取得尽可能高的经济效益。应充分发挥现有旅游项目的利用率，通过保护、维修或改造延长其"生命周期"。因此，对稍加修整便可开放的旅游项目优先利用；新建旅游项目，应在统一规划和合理布局的前提下，选择吸引力强、观赏价值大、经济效益好的优先发展，建设周期要短，并尽快投入使用，创造经济效益。

（三）合理布局原则

合理布局有广泛的含义，从旅游目的地的平衡角度讲，旅游项目应均匀分布，疏导客流；从旅游目的地特色角度讲，要配置适当，组合巧妙；从游客利益角度讲，要设施配套，线路合理，不走回头路；从业务管理角度讲，要便于维护、管理；从项目组合角度讲，应冷热均衡，大中小混合，各层次搭配，不断变换与创新等。

（四）持续发展原则

旅游目的地管理应保证目的地的持续发展。第一，要利用与保护相结合，保持生态平衡，对旅游资源的破坏式开发和超容量利用只能带来短期效益；第二，要提高旅游目的地的吸引力和服务水平，提高游客的重游率，只凭华丽的宣传和推销手段而不下功夫提高旅游目的地质量的做法是短视的管理；第三，要不断地推陈出新，用新的项目、新的编排持续增加旅游目的地的吸引力和知名度。

四、旅游目的地管理内容

旅游目的地管理是一个全面且细致的领域，它要求管理者在战略规划、资源整合、市场洞察、品牌塑造、质量控制、风险预防、社区参与、技术创新以及法规遵从等方面采取综合性措施。这一过程不仅关乎目的地当前的吸引力和竞争力，更涉及长远的可持续发展和对环境、社会及文化责任的承担。通过精心设计和执行这些管理措施，旅游目的地能够在保障游客体验的同时，促进当地经济的繁荣和社区的福祉，实现与自然和谐共生的目标。

（一）战略规划与可持续发展

旅游目的地管理的核心在于制定一个全面的战略规划，这不仅涉及目的地的长远愿景和目标设定，还包括实现这些目标的具体途径和方法。此规划必须基于可持续发展的原则，确保旅游活动在促进经济增长的同时，不损害环境和文化遗产，保持社会文化的完整性，并为未来世代保留资源。通过整合各方利益相关者的意见，战略规划应促进经济、社会、文化和环境目标的协调统一。

（二）资源整合与优化配置

有效的资源整合与优化配置是旅游目的地管理的关键。这要求管理者对目的地的自然资源、文化资产、人力资源和物质基础设施进行全面评估，以确定如何最有效地利用这些资源来满足游客需求和提升目的地吸引力。通过优化配置，可以提高资源利用效率，减少浪费，并确保资源的长期可用性，为旅游目的地的持续发展打下坚实基础。

（三）市场研究与产品开发

深入的市场研究是旅游目的地管理不可或缺的一环，它帮助管理者洞察游客的需求和偏好，识别市场趋势和潜在机会。基于这些洞察，管理者可以开发与市场同步的创新旅游产品和服务，满足游客多样化的需求。产品开发应注重差异化，以目的地的独特卖点为基础，创造独特的旅游体验，增强目的地的市场竞争力。

（四）品牌建设与营销推广

旅游目的地的品牌建设是提升其市场认知度和吸引游客的重要手段。通过塑造一个鲜明的目的地品牌形象，可以加强游客的情感联系和忠诚度。营销推广策略需要利用多种渠道和工具，包括数字营销、社交媒体、广告和公关活动，以有效地传播目的地的独特价值和吸引点。此外，目的地营销还应注重口碑营销，鼓励游客分享他们的正面体验。

（五）质量监管与服务提升

高质量的旅游服务是确保游客满意度和目的地声誉的关键。旅游目的地管理应包括建立服务质量标准、监管机制和评估体系，以确保服务提供者遵守高标准的服务规范。此外，管理者需要不断收集游客反馈，识别服务改进的领域，并采取措施提升服务质量，从而提高游客的整体体验和满意度。

（六）风险管理与应急响应

旅游目的地管理还需要重点关注风险管理和应急响应。管理者必须识别和评估目的地可能面临的各种风险，包括自然灾害、健康危机、经济波动等，并制定相应的风险管理策略和应急预案。这些措施有助于减轻潜在风险的影响，保障游客和社区的安全，确保旅游活动的连续性和稳定性。

（七）社区参与与利益协调

社区是旅游目的地的重要组成部分，其参与对于旅游的成功至关重要。旅游目的地管理应鼓励和促进社区参与，确保旅游发展成果能够惠及当地居民，同时尊重和保护当地文化和社会价值观。通过利益协调，可以平衡不同利益相关者的需求和期望，促进社区的积极参与和对旅游发展的支持。

（八）技术应用与创新驱动

现代技术的应用为旅游目的地管理带来了新的机会和挑战。管理者可以利用信息技术、大数据分析、移动互联网等工具，提高管理效率，优化游客服务，进行市场分析和资源管理。此外，创新驱动的管理方法可以促进旅游产品和服务的持续改进，提升游客体验，并帮助目的地适应快速变化的旅游市场。

（九）法规制定与执行

法规和政策是旅游目的地管理的法律基础，确保所有活动都在合法和规范的范围内进行。管理者需要制定和执行相关法规，包括旅游安全、环境保护、消费者权益保护等，以维护旅游市场的秩序。法规的制定应基于广泛的利益相关者参与，确保法规的公平性和有效性。

（十）持续监测与评估

最后，旅游目的地管理需要建立持续的监测和评估机制，定期检查旅游目的地的运营和管理效果。通过收集数据和反馈，评估管理策略的有效性，及时调整和优化，以应对不断变化的市场和环境。这种持续的改进过程有助于确保旅游目的地管理的适应性和前瞻性，促进目的地的长期成功和可持续发展。

【复习思考题】

1. 试述旅游目的地的概念。
2. 简述旅游目的地的分类。
3. 试述旅游目的地的演化。
4. 旅游目的地的不同类型、不同发展阶段，对旅游目的地管理会产生什么样的影响？

【案例分析】

瑞士旅游业管理模式

瑞士是一个旅游业非常发达的内陆国家，据世界经济论坛公布的报告显示，瑞士旅游竞争力多年一直位列世界第一，其旅游业管理有独特的模式。

1. 突出"品牌"：旅游宣传促销的着力点

对于世界各国的旅游爱好者来说，说起瑞士的旅游，都会脱口说出一串著名的旅游品牌，如"少女峰""瑞士冰洞""达沃斯""滑雪场"等，但是大部分人并不知道这些著名景区位于哪个州、哪个区。这正是瑞士突出旅游品牌开展旅游宣传的效应。

2. 完善的经费来源：旅游业发展的可靠支撑

瑞士政府（主要是指州政府）每年在旅游促销经费上的投入较大，而且连续、稳定，这是旅游业得以不断发展的可靠支撑。瑞士旅游经费主要来源于游客、企业和政府。一是过夜税——来源于游客。例如，在瑞士的达沃斯，每位游客住一晚要付 1.5 法郎的游客税。二是旅游促销税——来源于企业。瑞士对于旅游企业及在旅游业中受益的行业企业都要征收旅游促销税，税额是根据企业在旅游业发展中的获利程度确定的。三是政府直接补贴——来源于政府。这部分补贴有明确的规定，必须严格执行。

3. 保护环境：旅游发展与环境保护相得益彰

瑞士从小学就开展的旅游教育中，一个非常重要的内容就是要保护环境。在瑞士有一个著名的国家公园，这里既是旅游景区，更是环境教育的基地，也是世界环境保护的典范之作。瑞士发展旅游业已有 200 多年的历史，至今仍然保留着 200 多年前山清水秀的原貌，甚至比过去更加优美。瑞士把严格的环境保护意识融入旅游业发展的各个环节，从一个旅游开发区的规划、建设，到旅游酒店运营，再到游客的管理等，都会体现环境保护的理念。例如，在山顶的酒店，如果游客过多就会订不到房，因为所有景区的价格体系和人员进入体系都是经过环境科学家们精心考察后制定的。瑞士环境保护的基础设施、法规体系非常完善。在瑞士几乎每一个山村都有一座污水处理厂，生活用水必须经过处理达到一定标准后才能对外排放。

4. 传承文化：旅游业的重要使命和内在元素

瑞士人在开发旅游产品时十分重视对传统文化的挖掘和保护。在重要的旅游景区，经常可以看到有当地文化特色的旅游产品和介绍当地文化发展的博物馆。瑞士有世界上最大规模的钟表博物馆，并建立了多个专题博物馆，如自然历史博物馆、奥林匹克博物馆、交通博物馆等，向旅游者展示他们的文化发展脉络，推介最具特色的东西。"最民族的就是最世界的"，正是瑞士注重保留并传承了当地文化，才赋予了瑞士旅游的无穷魅力。

瑞士以怀旧为主题的旅游产品更是每年吸引了大量的游客。瑞士有十分发达的电气化火车和轮船，但在一些景区游客仍可以体验到乘坐老式蒸汽火车和轮船的乐趣。在山区的农家还为游客提供了睡在仓房里的稻草床服务。瑞士还有着丰富多彩的传统节日，如起源于14世纪的苏黎世六鸣节、日内瓦登城节、伯尔尼洋葱节等，这些传统的节日被发扬光大，成为吸引游客的亮点。

5. 会展与运动：带动旅游业腾飞的双翼

会展、运动既是旅游业重要的组成部分，又是带动旅游业发展的重要动力。这一点，在瑞士旅游业发展中尤其明显。瑞士每年举办的国际性、区域性会议超过2000个，因会议而带来的外国游客超过3000万人次。每年1月在瑞士山区小镇达沃斯举行的世界经济论坛，有来自世界各地的政界、经济界要人和新闻媒体3000多人出席会议。瑞士每年举办160多个全国性和国际性展览，参观者近千万人次，其中国际知名的展览有世界"五大车展"之一的日内瓦车展、世界最大的钟表珠宝展"巴塞尔钟表珠宝展"等。正是由于这些著名的会议、展览活动落户于此，才带动了瑞士的日内瓦、苏黎世、巴塞尔、洛桑和圣加仑等城市旅游业的发展。

6. 让当地人受益：旅游业持续发展的重要保障

无论是发展旅游业还是其他产业，根本目的是让当地人从中受益，提高当地人的生活质量，增加当地政府的收入。也只有让当地的人们感受到旅游业带来的好处，旅游业才能得到他们的支持，旅游业的健康发展才能得到保障。

在瑞士，如果要实施一项旅游工程，必须由当地人以民主形式同意后才能实施，这是联邦法规赋予的权力。显然，这就决定了旅游资源开发要受制于当地政府和当地人的认可度，这就让从事旅游业的企业必须认真考虑和保护好当地人的利益。有关资料显示，在瑞士伯尔尼格林瓦德村的4000多居民，绝大多数直接或间接地参与旅游业，从旅游业获取的收入是这里居民的主要经济来源，正是这种紧密的联系，让当地居民十分支持旅游业的发展，以至于该地区的旅游业发展了200年，还越来越火。瑞士有关法规明确规定，包括旅游业在内的许多行业，如果出现新的就业岗位，必须以当地人为先，只有在当地没有找到合适的人去做，或没有人愿做，才能招录外地人。

问题：借鉴瑞士旅游业管理模式和成功经验，你对所熟悉的旅游目的地发展有何建议？

参考文献

[1] 张红,席岳婷. 旅游业管理[M]. 北京:科学出版社,2006.

[2] 克里斯·库珀,约翰·弗莱彻. 旅游学[M]. 3版. 北京:高等教育出版社,2007.

[3] 袁俊. 城市旅游空间结构系统研究[D]. 华中师范大学,2005.

[4] 张华. 旅游目的地区域空间结构演化研究——以岳阳为例[J]. 广义虚拟经济研究,2010(2):48-59.

[5] 徐杰忠,张毅恒. 乡村振兴战略下户外运动目的地演化路径与利益相关者行为分析——基于扎根理论的安吉县案例研究[J]. 体育科学,2022,42(9):36-44+89.

[6] 杨仲元,徐建刚,林蔚. 基于复杂适应系统理论的旅游地空间演化模式——以皖南旅游区为例[J]. 地理学报,2016,71(6):1059-1074.

[7] 马继刚,宋金平,周彬学. 旅游集散地研究初探:整体性、转换机制、自身调节性——以结构主义地理学方法为研究视角[J]. 人文地理,2011(2):116-121.

[8] 林南枝,陶汉军. 旅游经济学第3版[M]. 天津:南开大学出版社,2009.

[9] 凌常荣,刘庆. 旅游目的地开发与管理[M]. 北京:经济管理出版社,2013.

[10] 郭来喜. 论旅游资源的分类与评价[J]. 旅游地理文集,1982.

[11] 杨振之,陈顺明. 论"旅游目的地"与"旅游过境地"[J]. 旅游学刊,2007(2):27-32.

[12] 杨春宇. 旅游地发展研究新论:旅游地复杂系统演化理论·方法·应用[M]. 北京:科学出版社,2010.

[13] Cooper C, Fletcher J, Gilbert D, et al. Tourism: Principles and Practice[M]. Longman Group Ltd,1993.

[14] Goeldner C, Ritchie B. Tourism: Principles, Practices, Philosophies[M]. John Wiley and Sons Inc,2006.

[15] 邵琪伟. 中国旅游大辞典[M]. 上海:上海辞书出版社,2012.

[16] 臧德霞,黄洁. 关于"旅游目的地竞争力"内涵的辨析与认识[J]. 旅游学刊,2006(12):29-34.

[17] 邹统钎,郭丽华. 旅游目的地生命周期理论浅议[N]. 中国旅游报,2005-01-19.

[18] 李英. 发展旅游业促使相关产业资源共享[J]. 合作经济与科技,2012:20-21.

[19] 黄安民. 旅游目的地管理[M]. 武汉:华中科技大学出版社,2021.

[20] 田里,杨懿,王桀. 旅游学概论[M]. 重庆:重庆大学出版社,2019.

[21] 谢彦君. 基础旅游学[M]. 4版. 广州:商务印书馆,2015.

[22] 王凯. 跨界旅游目的地整合发展研究[D]. 华东师范大学,2007.

[23] 杨桂华. 旅游景区管理[M]. 北京:科学出版社,2006.

［24］马欢欢. 洛阳旅游管理体制机制的创新［J］. 地方经济，2016（19）：487-488.

［25］赵明. 借鉴瑞士旅游业管理模式和成功经验推进云南旅游强省的建设［J］. 思想战线，2013（39）：116-118.

［26］张巧玲. 深圳旅游目的地优化战略研究［D］. 暨南大学，2009.

［27］中国社会科学院旅游研究中心. 世界旅游目的地的八个特征［EB/OL］.（2014-08-07）［2024-08-19］. https://mp.weixin.qq.com/s/PgI25fjOO8eBpS8D_KjotQ.

［28］吴国清. 都市旅游目的地空间结构嬗变与优化［M］. 北京：中国旅游出版社，2010.

［29］张凌云. 北京建设中国道旅游目的地对策研究［M］. 北京：旅游教育出版社，2009.

［30］徐杰忠，张毅恒. 乡村振兴战略下户外运动目的地演化路径与利益相关者行为分析——基于扎根理论的安吉县案例研究［J］. 体育科学，2022，42（9）：36-44＋89.

第二章 旅游目的地角色构成

**本章导读**

　　旅游目的地主要由游客、当地居民、旅游企业和当地政府部门4种角色构成。不同的角色有着不同的旅游发展目标，游客旅游的动机就是期望在旅游目的地获得愉悦，当地居民希望在不影响当地环境的情况下提高生活水平，旅游企业希望持续经营获利，当地政府希望获得税收及当地经济发展。针对不同的角色、不同的旅游发展目标，需要采取不同的旅游目的地管理方法和手段。本章内容有助于旅游目的地管理者了解不同角色的诉求，有针对性地采取适合方式因势利导地做好目的地管理工作。

【学习目标】

　　1. 掌握旅游目的地角色构成；
　　2. 认识游客管理的必要性，掌握游客管理的基本内容；
　　3. 了解旅游目的地居民对旅游影响的感知和旅游发展的参与，掌握目的地居民积极态度培育的方法；
　　4. 认识旅游目的地企业的类型，掌握旅游目的地企业的管理特征；
　　5. 掌握旅游目的地政府行政管理的任务和手段。

【导入案例】

丽江古城的和谐探求：游客、政府、企业与居民的四重奏

　　丽江古城，位于中国云南省西北部，以其秀美的自然风光、悠久的历史文化和独特的纳西族风情而成为世界文化遗产和全球游客向往的旅游胜地。然而，随着旅游业的快速发展，丽江古城也面临一系列挑战：如何在保护文化遗产的同时，满足日益增长的游客需求？如何在商业发展与文化传承之间找到平衡？

清晨的宁静与挑战

　　当第一缕阳光洒在丽江古城的石板街上，纳西族的居民开始了他们平静的一天。然而，随着游客的涌入，这份宁静逐渐被打破。游客们渴望体验纳西族的传统生活方

式,欣赏古城的自然美景,但部分游客的不文明行为却对古城的环境和文化遗产构成了威胁。

游客的角色与影响

游客是丽江古城活力的源泉,他们的到访为当地经济带来了活力,同时也带来了压力。一些游客缺乏对当地文化的尊重和保护意识,导致不文明行为的出现,如乱丢垃圾、攀爬文物等,这不仅影响了其他游客的体验,也对古城的环境和文化传承带来了负面影响。

政府的规划与调控

面对游客压力,丽江政府采取了一系列措施,包括限制游客数量、提升旅游服务质量、加强对古城的保护和管理。政府希望通过这些措施,既保护古城的文化遗产,又满足游客的需求,实现旅游业的可持续发展。

企业的创新与责任

丽江的旅游企业在追求经济效益的同时,也面临着提升服务质量和保护当地文化的压力。一些企业开始尝试提供定制化、高品质的旅游服务,通过组织文化体验活动、推广环保旅游等方式,既满足游客的需求,又减少对古城的负面影响。

居民的生活与心声

丽江古城的当地居民是这片土地的守护者,他们的生活方式和文化传统是吸引游客的重要因素。然而,旅游业的发展让他们的生活质量受到了影响。一些居民因为无法忍受日益增长的噪声和拥挤,选择离开世代居住的家园,他们的心声和需求也是丽江古城可持续发展需要考虑的重要因素。

第一节 旅游目的地游客

游客是指出于休闲、度假、观光、商务、会议、探亲访友或其他非营利目的,暂时离开自己的常住地,前往某一旅游目的地进行访问和停留的个人。他们可能是国内游客,也可能是国际游客,涵盖了广泛的旅行动机和偏好。游客的活动包括探索新地方、体验不同文化、参与各种休闲活动和消费当地产品和服务。作为旅游业的主要参与者,游客对旅游目的地的经济、社会和文化发展产生重要影响,他们的消费行为直接促进了当地商业活动和就业机会的增长,同时也对目的地的环境和社区产生潜在的影响。游客的体验和满意度是衡量旅游目的地成功的关键因素,他们的反馈和评价有助于旅游目的地不断改进服务质量和提升旅游吸引力。

一、游客在旅游目的地的角色

旅游目的地的吸引力和活力很大程度上取决于游客的体验和贡献。游客不仅是旅游消费的主体,也是文化交流、经济促进和社会变革的活跃参与者。

（一）经济贡献者与消费驱动力

游客通过在目的地的消费行为，直接为当地经济贡献收入，支持商业发展和就业创造。他们的消费模式和偏好对旅游产品和服务的供给产生指导作用，促使目的地不断优化和升级旅游产品以满足市场需求。

（二）文化交流的桥梁

作为文化交流的桥梁，游客在体验目的地文化的同时，也将自己的文化特色带入交流之中。这种双向交流有助于增进不同文化之间的理解和尊重，促进文化多样性的保护和发展。

（三）目的地形象的塑造者和传播者

游客的满意度和口碑是塑造旅游目的地形象的关键因素，他们的正面评价可以吸引更多游客，而负面体验则可能对目的地声誉造成损害。游客通过分享自己的旅行故事，成为目的地自然美景、文化特色和社会风貌的传播者。

（四）社会结构的参与者和影响者

游客与当地居民的互动参与，对社会结构和社区生活产生影响。他们的到访可以促进社会包容性，提供文化交流的机会，但也可能带来文化冲突和社会适应问题。

游客在旅游目的地的多重角色凸显了他们在旅游业发展中的重要性。有效的旅游目的地管理需要充分理解和满足游客的需求，同时鼓励和引导他们成为负责任的游客，共同促进旅游业的可持续发展。

二、游客管理

游客管理是旅游目的地管理的有机组成部分，是衡量旅游目的地管理完善程度的重要标志。游客管理在西方国家已得到一定程度的关注，但在我国还没有旅游目的地系统地实施游客管理。我国旅游业在经过快速的旅游目的地建设后势必会转向长期的旅游目的地管理，落后的游客管理无法适应旅游业的发展。因此，认识游客管理现状，思考新的发展思路，将有助于旅游目的地的可持续发展。

（一）游客管理的起源与发展

游客管理活动最早出现在景区型旅游目的地，尤其是保护地中受到关注和重视的，起因是西方一些国家公共公园游客量的急剧增加。欧洲最早的公园是为社会中的特权阶层建造的，平民只有在当局的严格监督之下方可进入。随着特殊土地的概念被取消，由政府建造的公园开始服务于普通民众。20世纪初，经济的迅速发展导致了大量的个人旅行并因此增加了公园的访问量。20世纪60年代，公共公园开始被过度利用，游憩活动对环境的冲击加剧。人们开始意识到，要保护公园的生态、社会、经济和文化价值，游客管理具有根本的重要性。半个多世纪以来，游客管理在欧洲与北美洲的许多国家公园得到了重视与发展，并扩展到一些普通旅游景区以及发展中国家的旅游目的地。人们对游客管理的认识也经历了从旅游环境容量到游客人数和利用强度再到游客活动和游客影响控制，最后逐步形成较为规范的游客管理框架的过程。我国最早产生游客管理意识的旅游目的地以有林业背景的旅游目的地如自然保护区、森林公园为主，并影响到其他旅游目的地，但一直未得到足够的重视。

（二）我国旅游目的地游客管理现状

我国游客管理的理论研究和实际操作都相对滞后，导致游客管理无效或低效，这与我国旅游业的快速发展极不相称。我国游客管理现状主要表现在以下几个方面。

1. 重视经济效益，忽视游客管理

旅游目的地管理者的关注点还在如何吸引游客、促进消费，对大批量游客进入后带来的负面影响考虑不周，缺乏可持续发展的前瞻性。一些旅游地受经济利益的驱动，为了让游客尽量消费，不仅缺乏对游客环保意识和文明旅游的教育，甚至对一些游客的不文明行为视而不见；一些旅游地在缺乏统一规划和环卫设施的情况下盲目开发，急于产生规模效益；一些旅游地的管理者尽管已经认识到了保护与开发并重的重要性，但在具体的运行机制和管理技术上，尤其是游客管理方面，缺乏应有的知识，缺乏可操作的措施和手段。

2. 培训管理不到位，缺乏管理意识和方法

旅游从业者队伍不稳定，基层管理人员素质不高，加之培训和管理不到位，使得游客管理的意识和方法缺乏。出现游客随意在文物古迹上拍照、嬉戏或者在景区乱扔垃圾等不文明行为，景区管理人员却对这类不文明行为"习以为常"或"视而不见"，很少上前劝导制止。旅行社对组织的出境旅游团很少进行必要的跨文化差异和得体行为举止的宣传和提示，在旅游过程中导游和领队也没有担当起提醒和监督的职责，甚至一些导游在讲解时宣扬迷信，误导游客去触摸文物，以求带来好运。

3. 缺乏科学规划，服务设施不完善

是否有科学合理的规划直接影响着游客的行为及旅游活动。游客的不文明或破坏性行为在一定程度上是由于缺乏科学的规划和服务设施不完善造成的。停车场的位置、游道的设计、游憩方式的选择、标识系统的引导都与游客的拥挤和对环境的影响密切相关；不合理的功能分区会导致游客活动对环境的负面影响；垃圾桶的数量、位置、分布、开口不合理，卫生间、休息设施数量不足等都会导致不文明行为的增加。

4. 景区管理混乱，相关服务系统缺乏

如果景区本身管理混乱，更无法对游客进行管理。景区管理混乱表现在对商贩摊点没有统一的规划管理，商贩只管卖，不管环境卫生的清理；对食品饮料的食用没有要求，景区内商品价格高出市场价格，许多游客便自带食品饮料，随处休息食用；商贩围追游客出售商品，随意圈地占点收取拍照费，游客"挨宰"情况时有发生；景区收费不合理，重复收费情况严重；清扫人员不到位，垃圾满溢，不及时清

运。特别是黄金周期间，很多景点都是人满为患，处于超负荷接待状态，相关服务跟不上，缺乏必要的疏导与调控，导致游客的种种不便与不满，不文明行为频频发生。

（三）对加强我国游客管理的建议

我国旅游目的地的行政管理部门、旅游企事业单位要共同构建科学的游客管理体系，采用科学的管理技术防止或消除游客不文明行为的发生。

1. 制定旅游者行为规范，加大对旅游者的宣传教育

加强各种类型的旅游者行为规范的制定、宣传和实施。例如，英国发布的《在英旅游告诫20条》，除了告诫游客不要乱扔废弃物、乱涂乱画、触摸展品外，还针对具有不同文化习俗的外国游客的提醒，如"要压低嗓门，特别是在夜间和那些幽静的地方，如教堂和乡村""如果要把别人摄入自己的镜头，须先征得对方的同意"等。所制定的行为规范一定要切实可行，并通过各种手段进行宣传和采取有效的监管措施，以达到对游客进行教育和引导的目的，使游客认识到哪些行为是正当的、哪些行为是不文明的，意识到自己对旅游目的地环境应负的责任，从而有效约束自己的行为。要加大对游客宣传的力度，例如，在进入生态旅游地或遗产地之前，先让游客观看通过生动形象手段布置的展览或现代化技术摄制的短片，使游客增长知识，唤醒游客的责任意识，自觉进行文明旅游；在景区入口处，免费发放入园须知或旅游指南，提前向游客告知一些禁止的行为，使游客在入园前就了解有关规定，在游玩过程中自觉遵守；在景区醒目的地方利用大型电子显示屏滚动播出游览须知及文明旅游宣传短片，在显要位置悬挂文明标语，设置文明旅游提示牌等。对目前的出境旅游团至少要进行三个层面的宣传教育：基本的文明行为教育，不做损害他人、妨碍他人的事，如随地吐痰、衣冠不整、乱扔废弃物、在公共场所大声喧哗等；国际礼仪教育，如仪表仪容、着装礼仪、会面的礼仪、餐饮礼仪等；跨文化交际常识教育，了解与特定旅游目的地人民交往时必须注意的文化差异。

2. 加强从业人员的培训与管理，提高从业人员的整体素质

旅游管理部门、旅游企业要加强对从业人员的培训与管理，引导他们发挥对游客的示范、监督和制约作用。无论是高层管理者、导游员还是保洁工人都必须是文明行为的典范，要主动对不文明行为进行监管，要能够做到随时捡起丢弃的垃圾，以实际行动引导游客。旅行社需要加强对导游和领队的素质教育和管理，要求他们在旅游途中尽到引导、提示、监督的责任。另外，旅行社需要对导游词严格把关，加强导游词的知识含量和科学性，发挥导游"文明的引导者和传播者"的作用。

3. 采用"激发型"和"约束型"并举的游客管理措施，进一步约束游客行为

目前，在我国旅游者整体素质不高、良好习惯还没有形成的情况下，一方面要用教育、宣传、引导、鼓励等方式提升国民的旅游文明行为，唤起游客的社会责任感，激发游客自觉提高自身的素质。例如，旅行社向出境旅游团发放文明旅游行为

倡议书、出境旅游须知等宣传资料；请游客参与管理，旅游途中或在景区里，请游客担任诸如"文明礼仪监督员"的角色；在旅游活动的安排上，有意识地增加爱护环境、遵守文明规范等有关的内容。另一方面，采用约束型措施，通过制度和技术手段加强对游客行为的制约与管理；诉诸法律法规，加大不文明行为的成本，加大处罚力度，让做出不良行为的人付出高昂的代价，吸取教训。以罚治脏，以罚治不文明，已是被国内外实践证明了的行之有效的经验。

4. 完善配套设施与管理，采用人性化的游客管理技巧

从心理学角度来看，人会受到周围环境的暗示，在不知不觉中会产生与环境相应的行为与心情。一个场所越是脏乱差，游客对自身不文明行为的控制能力就越低；相反，如果游客置身于优雅、整洁的环境中，其环境意识、文明意识、社会责任感会得到激发。因此，提供一个清洁卫生、设施齐全、服务周到的旅游环境，是景区消除不文明行为的重要措施。各种公共设施，如垃圾桶、卫生间、游人休息处的设置、数量、分布一定要充足合理；对景区内的车辆、商铺等要统一管理、统一价格，遏制尾随兜售、强买强卖、占道经营等现象；在景区内设置"最佳摄影点"，提醒游客在正确的位置拍照，减少游客乱爬乱拍情况的发生；景区要设专门的游客服务中心，为游客提供免费咨询和地图、手册等资料；建立完善的解说系统（包括导游讲解、咨询服务、影音材料、标志、牌示、地图、手册等），这样不仅为游客提供了信息，还能达到对游客安全提示、行为提示等的管理功能；景区内的标牌、标志等的位置要得当，信息要醒目、简洁、准确；景区内的游道、游览线路的设计要合理，使游客不走回头路，达到分流游客的目的；等等。

除此之外，游客管理技巧的人性化更能赢得游客的配合，比如，制作诸如"小花多可爱，请您别伤害"之类的人性化的标示牌、温馨提示和公益广告，采取措施尽量缩短游客排队等候的时间和降低旅客排队等候的枯燥感，使人们排队时有事可做、提供幽默的互动表演、利用计算机预订系统引入绩效排队体系等。总之，旅游目的地要为游客创造舒适的游览环境，为游客的文明游览提供便利。

知识链接：《中国公民国内旅游文明行为公约》与《中国公民出境旅游文明行为指南》

《中国公民国内旅游文明行为公约》

营造文明、和谐的旅游环境，关系到每位游客的切身利益。做文明游客是我们大家的义务，请遵守以下公约：

（1）维护环境卫生。不随地吐痰和口香糖，不乱扔废弃物，不在禁烟场所吸烟。

（2）遵守公共秩序。不喧哗吵闹，排队遵守秩序，不并行挡道，不在公众场所高声交谈。

（3）保护生态环境。不踩踏绿地，不摘折花木和果实，不追捉、投打、乱喂动物。

（4）保护文物古迹。不在文物古迹上涂刻，不攀爬触摸文物，拍照摄像遵守规定。

（5）爱惜公共设施。不污损客房用品，不损坏公用设施，不贪占小便宜，节约用水用电，用餐不浪费。

（6）尊重别人权利。不强行和外宾合影，不对着别人打喷嚏，不长期占用公共设施，尊重服务人员的劳动，尊重各民族宗教习俗。

（7）讲究以礼待人。衣着整洁得体，不在公共场所袒胸赤膊；礼让老幼病残，礼让女士；不讲粗话。

（8）提倡健康娱乐。抵制封建迷信活动，拒绝黄、赌、毒。

《中国公民出境旅游文明行为指南》

为提高公民文明素质，塑造中国公民良好国际形象，中央文明办、国家旅游局联合颁布了《中国公民出境旅游文明行为指南》。外交部领事司谨提醒每位公民出境旅游时要努力践行《指南》，克服旅游陋习，倡导文明旅游行为。该指南内容如下：

中国公民，出境旅游，注重礼仪，保持尊严。
讲究卫生，爱护环境；衣着得体，请勿喧哗。
尊老爱幼，助人为乐；女士优先，礼貌谦让。
出行办事，遵守时间；排队有序，不越黄线。
文明住宿，不损用品；安静用餐，请勿浪费。
健康娱乐，有益身心；赌博色情，坚决拒绝。
参观游览，遵守规定；习俗禁忌，切勿冒犯。
遇有疑难，咨询领馆；文明出行，一路平安。

三、游客教育

游客教育作为一种新理念已被发达旅游目的地广泛应用，但目前国内外尚无统一的概念对其进行界定，并且绝大多数从环境保护的角度进行诠释。比如，美国荒野系统专家认为游客教育是通过一定的方式向游客传送低影响技术知识等信息，改变游客行为，减少娱乐使用对资源的影响的一种措施。

游客教育基本假定：

（1）许多游憩资源问题是由游客的不恰当行为引起的。

(2) 游客通过接受教育愿意并能够采取恰当行为。

(3) 通过教育游客什么是恰当与不恰当行为，许多问题可被减轻或消除，从而无须采用花费更高的或强制性的措施。

（一）游客教育的内涵

游客教育的内涵应包括 3 个层面：

首先，是加强旅游地环境保护的一种手段。很长一段时间，旅游业被人们誉为"无烟工业"而备受推崇。随着游客数量不断增长，旅游地生态环境逐渐退化，人们才意识到，旅游活动会对环境产生一定的冲击，如不及时加以妥善解决，这些冲击带来的破坏将会不可逆转。

其次，是增强旅游地管理效果的一条途径。最初，人们通过巡视、罚款、监视等措施直接改变游客的意愿和行为，这种方式起到了积极有效的作用，但也存在被动、对抗和高成本的局限。为增强管理效果，Jim Bradley 于 1979 年提出利用教育项目来减缓游憩冲击。

最后，是旅游产业群集内的一种重要旅游资源。好的游客教育项目能够成为优质的旅游产品。如澳大利亚探索生态旅游公司专门聘请科学研究人员担任导游，这些人员拥有多重资历，精通交流和科学，对游客进行生态环境知识解说。这种教育模式已成为这些旅行社招徕客源，特别是稳定回头客源的法宝，被许多旅游公司采纳。

（二）游客教育的内容

游客教育分几个层次，从现场教育层次（管理者直接将信息传送给旅游者）到政策法规层次（机构及组织管理者制定政策及基本的教育原则），每一层次的教育会有略微不同的教育目标。

(1) 在最高层面上，向公众提供有关环境价值与伦理的解释性材料，改变游客的价值观与态度。

(2) 在最低层面上，通过各种技术手段制作并向公众分发低影响游憩资源与其他维护游憩资源状况的技术材料。

(3) 通过各路媒体向公众反映有关游憩资源管理的问题及具体做法，保持公众对问题的关注与思考。

(4) 让户外运动设备供应商、土地经营者及商业娱乐公司等相关机构担负起培训指导游客的责任。

一个完整的游客教育计划包括：①认清主要问题及引起问题的主要行为，并考虑可能的解决方法；②确定目标游客，了解其各种特征；③制订教育计划。

（三）游客教育的优点与局限性

1. 游客教育的优点

游客教育能够发挥作用是基于游客对信息的理解与接受，因此游客教育的最大优点是在能够改变游客行为的同时保证其自由与选择权利,即让管理者摆脱警察的角色而无须采用规制手段。

2. 游客教育的局限性

游客教育的潜在有效性,部分是由游客行为本质所决定的。游客教育只能有效地纠正无技术行为与不知情行为以及一些无意行为,对不可避免行为及非法行为,效果较差。当某些行为是被建议而非要求时,有良知的游客会弥补教育费用,而缺乏良知的游客则不会,当广泛开展时,游客教育是一项很好的预防性措施。

同步案例：国内外游客管理的成功经验

在游客管理方面,国内外有许多成功的案例,这些案例展示了不同地区如何通过创新和有效的方法来平衡旅游发展与资源保护、提升游客体验以及维护当地社区的利益,以下是几个成功的案例。

荷兰阿姆斯特丹

阿姆斯特丹通过推行"城市营销2.0"策略,有效应对了游客过多带来的挑战。该策略鼓励游客探索城市未被充分认识的地方,并通过社交媒体等数字平台进行宣传,以分散游客流量。此外,阿姆斯特丹还通过提高旅游税,促进城市基础设施的改善,同时限制旅游团数量,以减少对热门景点的压力。

意大利威尼斯

威尼斯政府采取了一系列措施来应对游客压力,包括限制游客数量、提高门票价格,以及改善导航系统。此外,威尼斯还推广了"优质旅游"项目,鼓励游客选择认证的住宿和活动,以支持当地经济,同时减少对城市环境的影响。

日本京都

京都市通过推广"心旅"计划,鼓励游客体验当地文化和传统,同时通过限制游客进入某些寺庙和神社,以及推广淡季旅游,来分散游客流量。这些措施旨在保护文化遗产,同时提供更深入、更个性化的旅游体验。

新西兰皇后镇

皇后镇实施了"可持续旅游战略",其中包括教育游客关于环境保护的知识,并鼓励旅游企业采取可持续的做法。通过"皇后镇承诺",企业致力于减少对环境的影响,同时提供高质量的旅游服务。

中国杭州西湖

杭州市政府采取了限流措施,如在节假日实施预约制度,并通过智能导览系统来分散游客。加强了对环境的保护和清洁工作,以确保西湖的自然美景得到维护,同时为游客提供更好的游览体验。

> **不丹**
> 　　不丹通过实行每日最低消费政策，确保了游客的质量，并限制了游客数量，以保护自然环境和文化遗产。这种策略强调了高质量、低影响的旅游，使不丹成为一个独特的旅游目的地。
> **西班牙巴塞罗那**
> 　　巴塞罗那政府实施了"旅游防御计划"，限制新酒店的建设、管理短租住宿，并推广负责任的旅游行为。这些措施旨在减少游客对城市基础设施的压力，同时保护巴塞罗那的文化特色。
> **冰岛**
> 　　冰岛政府和旅游部门合作，通过教育游客关于环境保护的重要性，并实施了游客容量管理计划。这些措施旨在保护冰岛脆弱的自然生态系统，同时确保游客能够体验到冰岛独特的自然景观。
> 　　这些案例表明，通过明智的规划、政策制定和社区参与，可以有效管理游客流量，保护目的地的自然环境和文化遗产，同时提供高质量的旅游体验。
> 　　**问题：** 哪些因素会影响游客管理措施的接受度和成功率？

第二节　旅游目的地居民

　　旅游目的地的居民是居住在旅游区域的本地人和外来定居者，他们构成了目的地的社会基础，并通过日常生活和文化习俗反映当地的特色。这些居民在旅游发展中发挥着至关重要的作用，既是文化传承者，向游客展示和分享本土传统；又是经济的参与者和推动者，通过参与旅游行业或提供相关服务促进当地经济繁荣。他们还在旅游规划和社区发展中表达自身的需求和利益，同时肩负着保护自然环境和生态系统的责任。居民与游客的互动不仅丰富了旅游体验，也增进了文化交流和社会理解。因此，旅游目的地居民的生活质量和对旅游业的态度对于目的地的吸引力和可持续发展起着决定性作用。

一、居民在旅游目的地的角色

　　旅游目的地居民是旅游发展不可或缺的内在组成部分，他们不仅是当地文化的传承者和旅游业的直接参与者，也是旅游经济的受益者和环境的守护者。

（一）文化与社区的传承者和形象大使

　　居民是旅游目的地文化多样性和独特性的活体展示，他们的生活方式、传统习俗和节日庆典为游客提供了深入了解和体验当地文化的机会。作为形象大使，居民的友好态度和积极互动对于塑造游客的正面印象和提升目的地的吸引力至关重要。

（二）旅游经济的贡献者和受益者

居民通过参与旅游服务行业，如开设家庭旅馆、经营餐馆或提供导游服务，直接促进了当地经济的繁荣。他们从旅游业中获得的收入不仅改善了自身的生活水平，也为社区的基础设施建设和公共服务提供了资金支持。

（三）环境保护的守护者和影响承受者

居民对当地环境的保护具有天然的责任和动力。他们在日常生活中实践可持续利用资源和保护生态环境的做法，对维护旅游目的地的自然美景和生态平衡发挥着重要作用。同时，居民也是旅游活动对环境造成影响的直接承受者，需要在旅游发展与环境保护之间找到平衡。

（四）旅游政策和规划的参与者和利益相关者

居民在旅游政策的制定和旅游规划的实施过程中，应有充分的参与机会和表达意见的渠道。他们的参与有助于确保旅游发展计划符合社区的实际需求和长远利益，同时也保障了旅游政策能够得到社区居民的广泛支持和有效执行。

旅游目的地居民在旅游业的发展中起着核心作用，他们的积极参与和满意度直接关系到旅游目的地的吸引力和竞争力。因此，旅游目的地管理需要充分考虑居民的需求和利益，确保他们能够在旅游发展中获得应有的收益和尊重。

二、目的地居民对旅游影响的感知

旅游影响是指由于旅游活动包括旅游者活动和旅游产业活动所引发的种种利害影响，即指由于旅游活动的开展，以及旅游者、旅游产业和旅游目的地三者之间的社会交换而引起的社会、经济和环境的种种变化。20世纪60年代以来，旅游目的地居民感知及态度研究始终是国外旅游社会学和旅游地理学研究的热点内容之一。20世纪70年代以来，国外对旅游地居民旅游影响的感知进行了广泛的研究，其切入角度多种多样，涉及居民对旅游社会文化影响的认知以及对旅游环境和经济影响的认知等不同领域，既有对旅游正面影响的感知研究，也有对旅游负面影响的感知研究。1975年，Doxey根据在巴巴多斯和尼亚加拉湖区的案例调查，总结得出旅游对目的地社会的文化影响可根据当地居民对旅游发展的态度而划分为五个阶段：陶醉阶段、冷漠阶段、恼怒阶段、对抗阶段、后续阶段。Paul Brunt指出，居民并不是理想均质的社会群体，这是Doxey理论的主要缺陷。Weaver和Lawtin在澳大利亚黄金海岸对用邮寄填答法得到的462个样本进行聚类分析，将遗产地居民划分为3种类型：支持者、反对者和中立者。综合各种研究，可以把旅游目的地居民对旅游影响感知归纳为以下三个方面。

（一）旅游经济影响感知

大多数目的地居民能够感受到旅游带来的经济影响，对旅游感知态度与其带来的经济利益密切相关。这些经济影响包括基础设施改善，有了更多的外来投资，当地就业机会增多，购物机会和场所增加，经济收入增加，生活水平提高，社会行政服务质量改善等。同时，目的地居民也会感受到旅游发展带来的负面影响，如旅游收益分配不公，旅游收入的大部分被外地人赚走，居民季节性失业，传统就业方式丧失，贫富差距极大地扩大，旅游发展导致当地商品和服务价格上涨，旅游导致当地房地产价格上涨，居民生活费用增加，外地来本地工作的人数增加等。

（二）旅游社会文化影响感知

旅游社会文化影响是指旅游活动对旅游目的地社会结构、价值观念、生活方式、习俗民风和文化特征等方面的影响。目的地居民感受到的正面影响包括旅游发展促进了目的地居民学习、了解外来文化，更加珍视和保护自己的生活方式和传统文化，增强了居民的地方自豪感。目的地居民感受到的负面影响包括古朴的民风民俗遭到破坏，交通和人口拥挤，犯罪行为增多带来的不安全感，日常生活被干扰，旅游发展还引发居民与旅游者之间的冲突等。

（三）旅游环境影响感知

旅游环境影响是指旅游活动对环境产生的种种影响。居民在旅游发展中能够感受到当地的环保意识、环境质量、卫生状况、交通状况有所改善，但是如果目的地管理不善，会导致居民对环境影响的负面感知，如热点旅游区的噪声污染、水污染、垃圾增多，交通和人口过度拥挤，宁静的生活氛围遭到破坏，居民生活受到干扰，居民使用公园等休憩设施的机会减少等。

三、目的地居民对旅游发展的参与

目的地居民参与旅游是指社区居民作为旅游发展的主体进入旅游规划、旅游开发和旅游环境保护等涉及旅游发展重大事宜的决策和执行体系中，以主人翁的姿态和意识积极投身旅游发展中，以发展旅游产业的形式来改善生活条件、提高生活水平。居民参与旅游主要有以下几个方面。

（一）参与旅游发展决策

社区参与旅游发展决策是指居民自行决定旅游发展目标，改变过去只有政府参与和少数人参与的局面。居民的素质和对旅游发展的态度是旅游目的地吸引力的重要组成部分。已有研究表明，居民在旅游决策中作用重大，旅游目的地若能充分考虑居民要求并使其受益，则居民表现出支持旅游进一步发展的倾向，并以更积极姿态继续介入。

在社区参与旅游发展决策中，最重要的是参与旅游发展规划。旅游规划是旅游业发展的重要组成部分，旅游规划的可行与否，实施的可能性大小，除了与政府、法制、财政金融等的支持密切关联外，也与当地社区的态度密切相关。社区参与旅游规划的制定，一方面使居民的意志得到体现，有利于培养居民的东道主意识，使之更积极主动地参与旅游；另一方面可使旅游规划与社区因素更加紧密结合，具有更强的可操作性。

（二）参与旅游经济活动

居民参与的旅游经济活动主要包括旅游餐饮、住宿、旅游交通、导游、娱乐和购物等。通过旅游经济活动的参与，居民可以直接从旅游发展中获得利益分配，并容易对旅游业的发展持积极肯定的态度。为保障目的地居民的就业机会和商业机会，可以优先雇用目的地居民，尽量采用目的地原料加工旅游商品，向目的地居民开放为旅游者而兴建的服务设施和环保设施等。目的地居民参与旅游服务，应提高服务质量，注重服务形象，规范服务程序。

（三）参与旅游资源、环境的保护

旅游资源、环境的保护是旅游业可持续发展的必要前提，旅游业的可持续发展离不开目的地居民参与自然、人文资源以及环境的保护。一般来说，发展旅游业会造成一定的生态环境问题。居民参与生态环境的保护就是要将这种损害控制在生态环境能够同化和自净的能力限度之内，使生态环境能保持稳定的状态，避免无计划掠夺性经营和过度开发造成生态环境退化现象的出现。同时当地政府应积极引导目的地居民，建立合理的开发机制，实现旅游资源的合理开发。

知识链接：社区居民旅游参与层次

旅游目的地社区居民参与旅游发展，主要表现为三个层次，每个层次有其不同的参与特征。

1. 初级层次的参与

所谓初级层次的参与，其主要特点如下。

（1）多为居民的自发行为，参与尚处于无序的状态，缺乏相关部门的统一管理和规范（如参与旅游经营无须办证、缴税等），居民没有固定的职业，除了分红也无固定收入。

（2）参与人数多，范围广，技术、知识含量偏低，参与方式灵活多样。

（3）居民参与的动机多以个人营利为主，对于自身参与的权利和义务尚不明确，对旅游业的意识态度尚停留于一种较肤浅的阶段，多为感性认识。

（4）居民参与对旅游业的影响也多集中于微观领域。

处于这个层面上的居民参与活动较多，如摆设临时小摊点或在景区内兜售商品，以家庭作坊等形式生产、加工和出售一些旅游商品和纪念品，经营小型的饭店或客栈等。居民在本层次的参与行为虽是初级的，却直接面对旅游者，影响着旅游地的形象和服务质量。在社区人口压力较大、社区经济落后的背景下，初级层次的参与有利于解决较多低文化素质劳动者的就业问题，并可适当增加居民收入。但随着社区经济的不断发展，区域旅游市场的逐步规范和旅游区居民素质的不断提高，初级层次的参与必将朝着更高层次的居民参与发展，并有可能最终被取代。

2. 提高层次的参与

所谓提高层次，其主要特点如下。

（1）是较为规范的参与行为，由相关部门来统一管理（如经营须办理营业执照，要缴税等），居民参与旅游有了固定的职业和固定的收入（分红除外）。

（2）参与人数较多，工作的技术、知识含量提高，并开始涉及经营管理和某些旅游业的专业知识。

（3）居民参与的动机仍多以解决就业、增加收入为主，但他们开始部分了解自身的权利和义务，对旅游业发展的态度在某些方面由感性变为理性，部分人还有了主动学习技能的行动。

（4）对旅游业的影响不仅限于微观领域，也涉及宏观层面。

处于这个层面上的居民参与活动较多，如导游、卖门票、在正规经营（有营业执照）的店铺（如旅游饭店或客栈）及当地的旅游公司中工作等。提高层次的参与是对初级层次参与规范化的结果，可以使居民参与变得更加有序且合理，有利于促进目的地旅游市场的发育和旅游经济的发展。

3. 高级层次的参与

这是未来居民参与的发展方向，是真正实现目的地旅游业可持续发展的必由之路，主要特点如下。

（1）居民参与旅游业不以个人营利为主要目的，而是更多地关注社会整体利益，居民对发展旅游业的意识和态度较理性，开始以一种"主人翁"的姿态参与到旅游业中，对自身的权利和义务较明确，"民主意识强"是这一层次居民参与的重要特点。

（2）参与人数虽不一定有前两个层次多，却是居民中最有代表性、最具发言权者，且多数居民具备了一定的旅游业专业知识和技术。

（3）政府和管理部门对居民参与有了系统和规范的管理，有较健全的法律法规保证居民参与目的地的重大决策，有畅通的渠道和方式保证政府和投资商与居民沟通，听取居民的意见。

（4）居民对当地旅游业未来宏观的发展方向和方式有了更多的发言机会，居民参与对旅游业的影响也从微观领域更多地向宏观领域扩展。

处于这一层面上的居民参与活动包括参与旅游规划、参与旅游决策、参与监督、参与旅游资源的保护等。居民在高级层次上参与旅游业发展，可以充分体现旅游业发展中"以人为本"的人文主义和民主思想。高级层次的参与有助于从根本上解决目的地旅游业发展中存在的许多矛盾和问题，有利于旅游业的可持续发展。

四、居民参与旅游发展的制约因素

（一）思想观念制约

由于社会、自然、历史等多种因素的影响，生产方式相对落后，生活环境比较闭塞的目的地居民，思想观念受外界影响相对较少，缺乏对自身应有权利的认识，参与旅游决策的民主意识淡薄，参与意识不强。同时，受教育程度和自身素质限制，目的地居民还不能充分认识在旅游发展中自己的权利、义务及参与对目的地旅游发展的重要性。

（二）参与机制制约

在旅游发展过程中，只有完善的参与机制，才能激励和保证目的地社区居民全面参与旅游活动。社区居民参与旅游发展在我国还是一个新生事物，社区居民参与旅游发展还不够全面，社区参与机制不健全，即使在主观上有吸引居民参与的愿望，但在实践中也缺乏具体的操作方式，尤其是在社会经济发展落后地区，社区居民提出意见和建议的渠道不畅通，缺少能激励和保障社区居民参与旅游发展的机制。

（三）经济水平制约

旅游目的地社区居民的社会经济地位影响其参与旅游发展的能力和机会。面对旅游发展，社区居民不能进行有效投入，同时对眼前经济利益的考虑远高于对生态环境和民族文化保护的考虑，对旅游长远发展决策、旅游培训、社区民族文化建设方面不热心。这在客观上淡化了其作为参与者的角色，无法对旅游发展决策产生实质性的影响，导致社区居民成为旅游发展乃至社区发展的附庸和弱势群体。

（四）利益冲突制约

在产权制度和其他补偿制度不健全的情况下，地方政府、外来企业与社区居民在旅游开发过程中会出现利益不一致的情况。同时，社区居民在参与旅游发展的过程中，受参与意识强弱、参与能力高低、资源占用多寡、对某些问题的态度不同等原因影响，往往相互之间会存在一定程度的利益冲突。上述利益冲突的存在会导致旅游发展各利益相关者处于对抗状态，限制了社区居民的旅游参与，不利于旅游的可持续发展。

（五）信息渠道制约

对于大多数目的地社区居民来讲，信息渠道不畅是他们参与旅游开发的一个制约因素。社区居民获得的信息不论是覆盖面、传输渠道还是信息流的速度、及时程度等都很有限，社区居民对旅游市场的发展变化、旅游服务的发展趋势缺乏了解。改变社区居民获取信息的质量和数量，鼓励和创造条件让居民参与文化和专业知识培训，将有助于提升目的地社区居民的旅游参与。

五、目的地居民积极态度的培育

（一）文化方面

增强社区居民认同感和归属感，防止民族、历史文化虚无主义。避免文化交流与入侵中对目的地社会文化和生活方式的异化。通过舆论、媒体等多种途径，宣传当地文化，鼓励当地居民承袭传统文化，强化社区居民传统文化的传承教育，确保传统文化核心的传承，增强社区居民的文化认同感、社区归属感，从而达到减少社会张力，促进社区整合的目的。

（二）环境方面

旅游目的地环境政策的制定由社区居民参与，并且社区负责监督环境政策的实施，同时参与环境保护机构的组织活动。保持目的地生态与环境平衡，营造和谐良好的社会环境。限制旅游企业在开发经营活动中对环境的破坏和污染，致力于形成良好的保护环境的社会氛围。培养保护生态环境的良好习惯，引导社区居民养成积极健康的生活方式，形成和谐共建的良好社会氛围。

（三）政治方面

提高目的地社区居民整体素质和参与能力，参与旅游规划和旅游发展决策。对社区居民进行旅游知识的宣传、教育、培训，增强居民参与意识，赋予社区居民参与旅游发展的决策建议权，把社区参与意志内化为社区权利，上升为主管机构的决策，实施于旅游规划、开发、经营、管理、监督各环节中。

（四）经济方面

建立合理的利益分配机制，加强利益相关主体间的协调与合作。通过对开发者、经营者经济活动中负外部性的约束，形成多元化的利益补偿机制。另外，通过一系列有效的利益激励机制，让社区团体及居民介入旅游经营活动中，给目的地社区带来持久的经济利益。所获收益为社区共享，用于提高居民生活质量、改善居民生存环境。

第三节　旅游目的地企业

旅游目的地企业是指位于旅游目的地或其周边，为游客提供住宿、餐饮、交通、观光、娱乐等服务的商业实体。它们不仅在地理位置上具有明显特征，而且在业务范畴上呈现出多样化，服务对象主要是不同类型的旅游者。这些企业对当地经济有显著的经济贡献，如创造就业、增加税收和促进商业活动，同时也是当地文化和传统的展示者，对文化传承和推广起到关键作用。在环境管理和生态保护方面，旅游目的地企业承担着重要的角色，并且除了追求经济目标外，还承担社会责任，如确保游客安全和参与社区发展。此外，它们需要紧跟市场趋势，不断优化产品和服务以保持竞争力，并严格遵守目的地相关的法律法规。旅游目的地企业还注重品牌建设，致力于提供一致的高品质体验，以吸引和保留顾客。这些企业的成功对旅游目的地的整体吸引力、竞争力和可持续发展具有深远的影响。

一、旅游企业在目的地的角色

旅游目的地企业在促进地区旅游业发展和维护旅游生态平衡中扮演着多重角色。

（一）服务提供者与经济引擎

旅游企业作为服务的直接提供者，它们的服务质量直接影响游客的满意度和忠诚度。这些企业通过提供高质量的服务，增强游客的正面体验，从而促进口碑营销，吸引更多游客。同时，作为经济引擎，旅游企业通过增加就业机会、提高地方税收和带动相关产业链发展，为目的地经济注入活力。

（二）市场创新者与品牌建设者

在竞争激烈的旅游市场中，旅游企业必须不断创新以维持其竞争力。这包括开发新的旅游产品和服务、采用新技术提高运营效率，以及引入新理念满足市场趋势。品牌建设不仅涉及营销和广告，还包括提供一致的高品质体验，确保品牌承诺与游客实际体验相符。

（三）社区参与者与利益协调者

旅游企业与当地社区的紧密合作对于保护和传承地方文化至关重要。企业通过支持社区项目、采购当地产品和服务，帮助社区发展并保持其文化特色。旅游企业在协调各方利益中起着关键作用，确保旅游发展的收益能够公平分配，同时减少对社区和环境的负面影响。

（四）环境保护者与可持续发展的实践者

在环境保护方面，企业采取可持续的运营实践，如减少废物、节约能源和保护生物多样性，以确保目的地自然资源的长期可用性。作为可持续发展的实践者，企业通过负责任的商业行为，如支持当地经济、保护文化遗产和促进环境保护，为目的地的长期繁荣做出贡献。

旅游目的地企业的角色是复杂且多维的，它们在提供服务、推动经济增长、促进社区发展和保护环境等方面发挥着关键作用。有效的旅游目的地管理需要旅游企业与政府、社区和其他利益相关者紧密合作，共同推动旅游业的可持续发展。

二、旅游目的地企业类别

旅游企业按投资主体可以分为国有、集体、私营、有限责任、股份有限、外商投资等多种类型；按隶属关系可以分为行业内直属企业和行业外从事旅游经营的企业；按旅游企业的规模可以分为大型旅游企业、中型旅游企业和小型旅游企业；按旅游活动所使用的主要经营资源划分为劳动密集型旅游企业和资本密集型旅游企业；按与旅游活动的密切程度划分为直接旅游企业、间接旅游企业和旅游配套企业，直接旅游企业包括旅行社、旅游景区、酒店宾馆和旅游汽车公司等，他们是旅游企业的主体，间接旅游企业包括购物中心、公交公司等，而旅游配套企业包括装饰公司、食品饮料的生产企业等；按满足旅游者需求可以分为旅游中介企业、旅游交通企业、旅游住宿企业和旅游吸引物企业等。

（一）旅游中介企业

旅游中介企业也称为中间商。它们从旅游产品生产者那里订购各种旅游产品和服务，如住宿、交通、保险等，然后再转卖给旅游经营者或游客，并从中获得佣金。由于旅游中介企业会面对不同的经营对象，又可以分为旅游经营商（包括批发商）和零售代理商。前者将旅游过程中分散的产品组合成一个整体，并以包价的形式通过旅游零售代理商销售；后者为消费者提供现成的旅游线路，如旅行社。旅游中介服务已成为全球销售旅游产品和服务的普遍形式。因此，旅游中介企业的存在给旅游产品的生产者、消费者和旅游目的地都能带来利益。

（二）旅游交通企业

旅游交通企业是为游客从常住地到旅游目的地的往返以及在各旅游目的地内提供空间转移服务手段的机构。旅游交通企业的内部划分以交通工具使用的不同为标志。它们满足游客对时间、效率、舒适程度、空间和价格等方面的多样化需求，具体划分如下。

1. 公路交通企业

运用汽车这一交通工具，既有户到户的灵活性，又有欣赏风景的良好视野，还可以提供交通过程中的娱乐，如旅游汽车公司、旅行出租车公司。

2. 铁路交通企业

铁路具有运量大、价格低、持续性长等特点。随着高速公路的发展和空中交通的普及，铁路企业已感到了竞争的压力。铁路公司纷纷通过提速和改善服务予以应对。我国铁路企业为国家所有，运营稳定，建设周期较长。

3. 航空交通企业

从事空中交通业务的旅游企业以飞机为经营手段，航空交通速度快、范围广。对于商务游客能节省时间，甚至可以到达缺乏交通设施的地区，如遥远的荒岛。但航空交通企业投资规模和运输成本都较大，服务技术和管理要求也高。

4. 水上交通企业

传统的水上交通企业，主要是解决游客涉水空间转移的商业性机构，如轮船公司。由于长途航行的效率、安全和气候等限制因素，其客运业务逐渐被其他交通企业所代替。但是，经营具有度假旅游产品和交通工具双重性质的巡游业务的公司在欧美发达国家业绩上升明显。

（三）旅游住宿企业

旅游住宿企业也就是通常所说的具有商业性质的饭店和宾馆，是为顾客提供住宿和其他服务的企业机构。住宿企业同其他企业一样，是利用各种生产要素和管理手段从事生产经营活动，在创造利润的动机和承担风险的情况下，以取得企业效益和社会效益的经济组织。

随着社会的进步和发展，住宿企业提供的产品、功能和设施日益多样化，包括客房、餐饮、购物，以及宴会、会议、通信、娱乐、健身等服务。而且根据消费和管理的不同需求，住宿企业又形成了各种类型，如可以按星级标准划分为5级星级饭店；按功能划分为商务、度假、会议等类型的饭店；按经营管理特点划分为单体经营和连锁经营饭店。

（四）旅游吸引物企业

旅游的动机就是期望在旅游目的地获得愉悦。因此，旅游吸引物企业经营的对象才最能满足游客的愿望和要求，也是吸引人们到旅游目的地享受的根本原因。旅游吸引物可以划分为多种类型，从而形成不同类型的旅游吸引物企业。具有代表性的旅游吸引物企业主要有：（1）主题公园，如最为成功的迪士尼乐园；（2）博彩公司，如澳门葡京娱乐公司；（3）娱乐公司，如美国的娱乐车制造和经营企业、娱乐刊物出版；（4）娱乐表演公司，如各种影剧院、影视公司、夜总会；（5）节庆和活动公司，如会展公司、高尔夫俱乐部、体育运动公司；（6）旅游购物公司，如旅游商店等。

三、旅游企业对目的地的积极影响

旅游企业作为旅游开发的投资者和经营者，其地位是举足轻重的。作为关键执行主体，旅游企业对目的地发挥着积极的影响，具体表现在如下几个方面。

（一）对目的地经济具有一定的带动作用

资金运行是经济活动的轨迹，资金从旅游企业向国民经济各个部门流动的过程可以判断旅游企业对目的地其他产业发展的带动作用。通过分析旅游企业资金流向的特点可以得出，旅游企业对当地经济，特别对商业和农业具有一定的带动作用，通过这种带动作用会产生旅游目的地间接就业增加、间接收入增加及间接税收增加等一系列的间接效应和诱导效应。

（二）为目的地的发展吸引外来投资

资金短缺是制约目的地经济发展的因素，能否有效地吸引并利用外来直接投资对目的地经济的进一步发展有着重要的意义。旅游企业在吸引外来投资方面可以发挥重要作用，旅游企业在目的地集聚对外来投资者会形成巨大的吸引作用。以桂林的阳朔县西街企业主调查为例,虽然西街的旅游小企业主仍以当地人为主,但是外地企业主还是占据了相当大的比例。西街及周边地区已经成为阳朔县外来投资中主要的受资区。

(三) 为目的地提供大量的就业机会

旅游业是一个复杂的综合性产业,提供游客旅行过程中所需的全部服务和产品。旅游企业可以提供的工作种类繁多,既有基础服务工作,也有高级服务工作;既有一般业务工作,也有各类管理工作;既有脑力工作,也有体力工作。这些工作能够吸引不同层次的劳动者,解决大量劳动力的就业问题。同时,旅游企业进入门槛低,为弱势群体提供了就业机会,尤其是旅游交通、旅游餐饮、旅游商品、旅游住宿等部门的多数就业岗位,对文化素质和年龄要求不高。

(四) 传播文化扩大旅游目的地影响

旅游企业生产的产品在很大程度上是一种文化产品,无论是景区的景观、旅行社的导游服务,还是旅游车船、饭店所提供的服务等产品,其实质都是让旅游者得到物质与精神上的享受,并且以精神上的享受为主。旅游企业在提供旅游产品的同时,也在传播着文明、传承着文化。因此,旅游企业往往也被称为民间大使,如对一个地区名胜古迹的介绍、地方菜系的品尝,都会给客人留下难忘的印象。旅游企业在传播文化的过程中,也扩大了与各国、各地区的交往,有些也成为吸引外商和投资者对本目的地投资的重要因素。

四、旅游企业对目的地的消极影响

旅游企业对目的地不仅发挥着积极的影响,同时还伴随着消极影响,具体表现在如下方面。

(一) 环保意识薄弱,破坏生态环境

旅游企业为追求利润可能对目的地环境保护不关心,甚至为追求高额利润在工程建设、资源利用和日常经营等方面对生态环境造成破坏。也有的旅游企业为追求利润超规模接待游客,损害了目的地生态环境的自净能力与自我更新能力。

(二) 误导旅游消费,损害旅游者利益

旅游企业的一些行为会误导消费者,损害旅游者利益,包括虚假旅游宣传、通过导游或领队误导旅游者产生额外消费、粗野拉客、哄抬物价、恶意宰客等。

(三) 旅游开发商业化,有碍文化传承

旅游企业对地方文化的商业化开发会造成一些消极影响,具体包括:(1)文化品位沦丧,经济利益的驱动使原本真实、独特的文化为商业气息所笼罩和掩盖,向拜金、庸俗化发展;(2)虚假文化兴起,通过编造虚假的故事、传说提升景区的历史文化价值,迎合旅游者,导致虚假文化出现;(3)文化同质严重,旅游商品开发混乱无序使得无序经营竞争激烈,产品雷同;(4)文化表演重复同质,表演粗糙,艺术感不

强，创意度不高，回头游客少；（5）文化景观破坏，由于人造景观的大肆修建，景区中的现代建筑破坏了景区原来的建筑风格，直接影响到文化景观的和谐。

五、目的地旅游企业管理特征

（一）综合性

旅游业是一个集食、住、行、游、购、娱于一体的综合性经济产业。为了满足旅游者的各种需求，客观上要求有关饮食、住宿、交通、娱乐、景点以及购物等的旅游企业来提供相应的设施和服务，从而形成一个综合性的旅游服务系统。这一综合性的客观要求，就决定了旅游企业管理具有综合性的特点。

（二）复杂性

旅游者来自不同国家或地区，带着不同的旅游目的，存在性格、年龄及收入的差异，并有不同的爱好与情趣。因此，旅游企业管理活动要满足每一位旅游者的要求，就会呈现出复杂性特点。另外，旅游企业的管理活动要同时与国内、国际两个旅游市场发生联系，而每个市场又有许多不同的细分市场。因此，旅游企业必须就每一个细分市场进行针对性管理，这样又加大了旅游企业管理的复杂性。

（三）区域性

不同区域的旅游目的地，旅游企业所依托的旅游资源和所服务的旅游者都具有一定的区域性。针对这种情况，旅游企业管理应有所差别。

（四）季节性

由于季节的变化，导致旅游资源的吸引力发生变化，旅游企业管理活动必须按季节及时地进行调整。例如，旅游淡季到来时，营销力度加强，管理上应注重成本控制；而旺季到来时，营销力度相对减弱，应强调服务质量管理。

第四节　旅游目的地政府

旅游目的地的政府是在特定区域内负责旅游发展相关政策制定、规划、监管、促进和协调的公共管理机构，其角色涵盖了从确保旅游法规的遵守到提供公共服务和基础设施建设，从提高目的地的市场竞争力到平衡不同利益相关者的需求，旨在通过综合性的措施实现旅游目的地在经济、社会和环境三个方面的协调发展和长期可持续性。

一、政府在旅游目的地的角色

政府在旅游目的地的角色是多方面的，涉及规划、监管、发展、保护和协调等多个层面。

(一) 规划与政策制定

政府负责制定旅游目的地的总体规划和具体政策，这些规划和政策涉及目的地的长远发展愿景、目标定位、资源分配和发展战略。政策制定需考虑环境保护、文化遗产保护、经济发展和社会福祉等多方面因素，以确保旅游目的地的可持续发展。

(二) 监管与市场促进

政府通过立法和执法来监管旅游市场，确保旅游服务和产品的质量和安全，保护消费者权益。同时，政府通过国家和地方旅游推广机构，进行目的地营销和品牌建设，提高目的地的知名度和吸引力，吸引更多游客。

(三) 基础设施建设与资源管理

政府投资于旅游目的地的基础设施建设，如交通网络、信息通信、公共服务设施等，这些设施的完善对提升游客体验至关重要。同时，政府对旅游资源进行有效管理，包括对自然景观、历史遗迹和文化场所的保护，确保资源的合理利用和传承。

(四) 社区支持与利益协调

政府支持社区参与旅游规划和收益分配，通过提供培训、资金支持和政策优惠等措施，帮助当地居民从旅游业发展中获益。同时，政府协调不同利益相关者之间的关系，平衡旅游发展与当地居民、环境和文化保护的需求。

政府在旅游目的地的角色是至关重要的，其政策和行动直接影响旅游业的发展和目的地的吸引力。有效的旅游目的地管理需要政府发挥领导和协调作用，采取全面的政策和措施，促进旅游业的可持续发展。

二、旅游行政管理的必要性

旅游业的健康快速发展有赖于有效的市场。人们对利益的最大化追逐，使得许多利益追逐者置他人的利益乃至公共利益于不顾，引起市场无法消解的问题，在这种情况下政府干预是必需的，这种必要性主要体现在以下几个方面。

(一) 市场失灵现象的存在

旅游业市场失灵现象的存在，需要政府介入。虽然我国旅游业蓬勃发展，但是诸多问题也日益凸显，如旅游环境的恶化、旅行社强制购物、旅行社欺诈行为、旅游景区价格过高、旅游公共设施建设维护等问题。这些都是旅游市场失灵的典型表现，旅游市场无法消解自身的问题，需要政府来进行干预，维持最佳的市场状态，保护公民的合法权利。

(二) 旅游业带有部分公共事业属性

旅游业牵涉范围广泛，与公众利益密不可分。公共产品是指产品或者服务的部分或全部是公共投资方式产生的，分为纯公共产品和准公共产品，其最大特点是非竞争性和非排他性。旅游业中政府投资建设的交通基础设施属于公共产品；景区景点中完全由政府拨款建设、管理和运营的国家博物馆等属于纯公共产品；完全由社会或者个人资本投资建设，按市场经济方式经营的如主题公园等属于纯私人产品；由政府拨款建设，后加入了各类社会资本，尽管它的资源属于公共性质，但其建设、经营和保护不可避免地受市场经济某些因素的制约，属于准公共产品。另外，由政府来提供旅游信息的网站，具有绝对的非排他性、非竞争性，属于纯公共产品。这些涉及公众利益的公共产品，在市场失灵的情况下，会使公众利益受到损害，故政府行政监管是必要的。

（三）无政府干涉易形成垄断

旅游业属于一般竞争性领域，如无政府的干涉极易形成垄断，垄断者会滥用垄断地位，采取诸如联合、协约或搭售的方式和对市场上新进入的竞争者设置障碍。旅游景区具有自然垄断的特征，为了获得垄断利润，旅游景区等国有旅游企业以及为这些旅游企业提供水、电、气和邮电等基础服务的企业，会形成自然垄断。垄断造成了资源配置的低效率，降低了经济效率，将会给旅游业带来很大的损失。政府通过控制旅游产业经营的审批权或特许权，控制为旅游业提供水电等基础设施的企业及部门等手段，可以有效地预防或控制旅游市场垄断的形成。

（四）避免出现"公用地悲剧"

没有政府干涉可能会出现"公用地悲剧"。"公用地悲剧"是英国学者哈丁于1968年在著名刊物《科学》中提出的。哈丁设想在古老的英国村庄有一片牧民可自由放牧的公用地，每个牧民可决定自己放牧牲畜的数量。虽然牧民们都知道如果放牧数量超过了环境承载量，草场必然会退化毁坏，但是出于自身利益的考虑，谁也不愿意减少放牧牲畜的数量，后来草场果然退化殆尽，造成了牧民的牛无草可吃，牧民无牧可放的悲剧境地。部分旅游景区也适用同样的道理，若市场中的所有旅游企业都追求利益最大化，而不考虑公用设施、景区的承载力，旅游资源和环境就可能遭到严重破坏。这种行为若不由政府监管、限制，长此以往必然会出现"公用地悲剧"。

三、旅游行政管理的特点

（一）监管部门多、职能交叉

旅游业涉及的行政机关众多。按照现行的行政管理体制，旅游资源按不同属性，分别由建设、文物、林业、国土资源、旅游等有关主管部门归口管理。其中，建设主管部门负责评定和管理风景名胜区；旅游部门负责评定和管理A级旅游景区；文物部门负责评定和管理文物保护单位；林业部门负责评定和管理森林公园；自然保护区则分别由环保、林业、农业、海洋和国土资源等部门主管。在旅游客运业务方面，主管部门还有国家各级交通运输管理部门。旅行社业务为许可经营，经营旅行社业务应当报经有权审批的旅游行政管理部门批准，领取旅行社业务经营许可证，并依法办理工商登记注册手续。对于酒店业经营，除了旅游主管部门外，公安、工商、物价、环保、卫生检疫、城建城管等部门也根据职责分工实施对各类旅游饭店企业的监管。由于旅游业是新兴产业，且涉及部门较多，在进行行业监管的过程中，不可避免地要与传统产业部门产生职能交叉，而各传统产业部门针对固有市场的管理，已经形成比较完善的法律法规体系和力量较强的执法队伍，旅游部门作为"后来者"的身份和相对弱势的地位，难以引起相关部门足够的重视，致使由旅游部门牵头的联合执法行动效果欠佳，并由此产生了交叉地带责任不清和相互推诿等现象，一些领域甚至存在监管真空。

（二）监管对象良莠不齐

旅游活动包括食、住、行、游、购、娱六大要素，涉及旅行社、各类旅游景区，以及旅游企业和旅游餐饮店、社会旅馆、旅游购物商店、旅游娱乐场所、农家乐以及旅游交通企业等。如此大的旅游产业规模，难免出现经营主体良莠不齐的现象：一是无照经营，市场上存在部分非法从事旅游经营的现象，一些未取得经营资质的"黑社""黑车""黑店""黑导"坑骗、欺诈游客的行为屡禁不止；二是超范围经营，一些企业通过发布虚假旅游广告、散布不实信息，超范围经营旅游及相关业务，采取不法手段误导广大消费者，欺骗游客，给游客造成无法挽回的损失；三是非法转让经营许可，一些旅行社自身经营管理水平不高，转而采用挂靠承包的方式非法转让经营许可并从中渔利，致使管理不到位，旅游服务质量问题突出。

（三）监管情况错综复杂

随着旅游产品的深度开发、旅游市场的不断细分及游客需求的多样化和个性化趋势，导致监管情况错综复杂。以旅行社为例：一是存在恶性价格竞争，强迫或者变相强迫消费现象，一些旅行社利用游客对价格的过度敏感心理，通过降低直观价格来吸引客源，在安排的线路中，随意增加购物或其他自费项目，与经营者串通欺骗、胁迫消费者消费，从游客身上攫取购物回扣。通过安排购物和推销另行付费活动获取回扣来弥补成本和获取非法利润。游客花钱买假货、劣质货，导游从中赚取回扣的事例不胜枚举。二是旅游合同模棱两可，有些旅行社同消费者签订合同时，虽然使用旅游标准格式合同，合同的主要事项也很全，但在具体事项上却靠一些模棱两可的语言设下陷阱欺骗消费者。三是一些旅行社在接待旅游者过程中降低或变相降低旅游合同约定的住宿、餐饮、交通等标准，擅自更改行程和缩短游览时间、增加购物次数和时间以及增加自费景点等自费项目，严重影响服务质量。其他如去外地旅游滞留的异地维权，或者出国游的旅游商品假货退货等方方面面的问题，也都反映出旅游市场监管情况的错综复杂性。

四、旅游行政管理的任务

（一）制定旅游产业政策

旅游产业政策是一套有利于旅游业发展的综合性政策体系，反映出一个国家和地区的政府部门对旅游业发展采取什么样的指导思想和方式，起到对旅游业的导向和指针作用。旅游行政管理的主要任务之一是制定旅游产业政策。旅游产业政策必须同国家总体产业政策相融合，将国家的总体产业政策作为旅游产业政策的基础。同时，旅游产业政策还要结合旅游经济运行的特殊性，结合旅游业自身发展的规律和现状，不求其详但求其当，并具有一定的超前性。

（二）法律法规建设与调控

建立健全各项旅游法律法规，并用其对旅游市场进行有效的调控，实施"依法治旅"是旅游行政管理的一项重要任务。旅游行政管理部门应当认真贯彻、落实党的路线、方针和政策，积极促进旅游法律制定和完善各种旅游的规章制度，用法律法规维护公平、公开、公正的旅游市场秩序和市场竞争环境，保护消费者和经营者的合法权益，促进旅游产业健康快速的发展。

（三）市场的开拓与监督

旅游行政管理部门在旅游市场开发方面的任务是要深入研究客源市场发展变化规律，积极采取各种措施，不断扩大市场总量，把旅游市场做大搞活，并对各类型、各层次的旅游市场以及与旅游市场密切相关的活动进行有机整合，以形成旅游市场发展的系统效应和整体板块效应；加大旅游市场促销力度，创新旅游促销方式，拓展旅游销售渠道，全面树立旅游目的地总体形象。在开拓客源市场的同时，还应该对目的地市场秩序进行有效的监督。旅游市场秩序是目前全社会关注的问题，它涉及旅游消费者、旅游经营者、旅游目的地政府和旅游相关行业等各方面的利益。要通过有力的旅游市场监管和品质保障措施，建立良好的旅游市场秩序，营造良好的旅游发展环境和氛围。

（四）信息统计与咨询

旅游市场的信息繁杂，市场个体局限于自身视野和力量，难以了解全貌。旅游行政管理部门作为社会公共管理机构，有责任对旅游市场的总体情况开展调查统计，向社会公开相关信息，为旅游经营者和旅游消费者的市场活动提供参考依据，推进旅游市场的完善和发展。当旅游活动中个别事件因为某些原因成为社会关注焦点时，旅游行政管理部门也要履行公共管理职责，要及时调查有关情况，公布事实真相，提供信息咨询。特别是关于市场监管和品质保障的有关事件，一定要按照有关法律法规做出恰当处置，必要时应进行公布和说明。

(五) 关系协调

旅游行政管理部门应协调好各方面的关系。首先，要协调好旅游行政组织的内外部关系，有效地配置各类资源，以保证管理工作的正常运转和组织目标的顺利实现。其次，旅游业是众多行业和部门的集合体，旅游业的健康发展依赖于国民经济各个行业和部门的协作与配合。因此，旅游行政管理部门应有效地沟通协调好各方面的关系，以保障旅游业的健康快速发展。旅游市场监管和品质保障不仅仅是旅游行政部门的事情，在许多情况下往往需要与工商、公安、物价、税务、城市管理等其他政府部门进行配合。所以，注意与其他部门的配合关系和协调工作，永远是旅游行政管理部门的常规任务。

(六) 旅游服务质量管理

旅游服务质量管理是旅游行政管理的重要任务，是旅游行业管理的中心，也是旅游管理最终目的之一。加强旅游服务质量管理不仅可以提高旅游企业服务水平和旅游产品质量，而且可以提高旅游行业的整体形象和增强对外竞争力，推动旅游行业管理的全面深化。旅游质量监督机构是旅游行政部门开展旅游服务质量管理的具体职能组织，在旅游服务质量管理中起着重要作用，需要不断加强自身建设，积极改进提高，争取更大业绩。

(七) 提供旅游公共服务

旅游行政管理部门的一项重要任务是搞好社会服务，维护旅游业的正常发展。比如，旅游公共设施的建设和管理，旅游保险制度的建立以及旅游环境保护等，这些都是旅游行政管理部门开展公共管理的应有义务。旅游质量监督管理机构受理旅游者投诉，调查处理旅游服务纠纷，本身就是代表旅游行政管理部门为社会提供服务。因此，旅游公共服务的提供在旅游业发展中发挥着重要的作用。

五、旅游行政管理的手段

(一) 政策和法规手段

依法治旅、依法兴旅是旅游行政管理的重要方式。采用政策和法规手段主要是指各级政府及其旅游管理部门根据国家宪法和基本法律原则，从当时当地旅游业发展的实际出发，制定并出台各种旅游行政规章、实施细则、行动准则或措施方案，以此对旅游市场、旅游服务质量、旅游经营行为、旅游内部外部关系、旅游权利义务进行规范和调整。这是国家和地方旅游业朝着法律化、制度化、规范化方向发展的根本保证。

(二) 规划和预算手段

各级政府通常通过制定阶段性旅游业发展规划对国家和地区旅游业的未来发展进行总体构想和布局，提出发展目标以及实现目标的一系列措施。规划对旅游业未来发展起框架性的导向作用。旅游预算是公共财政预算的组成部分，预算规模和投向直接反映出国家和地方政府重视和支持旅游发展的程度。旅游规划和预算是旅游行政管理相辅相成的重要环节和控制工具，对旅游业的长远发展产生重大和直接的影响。

（三）指导和引导手段

旅游行政管理面对范围广泛、关系复杂的管理对象，使用直接干预和控制的方式是难以推动旅游业发展的。旅游行政指导一般是通过提供合理化建议、专业化信息、规范化要求和技术方法等方式对旅游业的运行进行宏观和中观指引。同时通过制定财政、金融、税收、环保等一系列优惠政策培育旅游市场体系，营造良好环境，引导和调整旅游企业的价值取向及经营行为朝着有利于国家和社会发展的大目标前进。

（四）沟通和协调手段

旅游业是一个与众多行业和部门关联交叉的综合性行业，在运行中通常会产生内部和外部矛盾冲突。旅游行政管理的经常性工作就是在行业内部和外部、纵向和横向关系上进行连续不断的沟通与协调。通过有效的沟通可以化阻力为助力，通过协调可以平衡各方利益和关系，创造融合、稳定、均衡的旅游发展环境。

（五）检查和制裁手段

检查和制裁是旅游行政管理的必要措施和执法形式，是依据旅游法规和行业标准对旅游企业和个人的经营行为进行对照、监督和评定的过程，对未达到标准和违反法规者要依法给予行政处罚，包括罚款、警告、停业、查封、整改等方式，以此维护旅游企业和旅游者的合法权益。

（六）扶持和服务手段

扶持是政府机构通过一定的财政和政策措施对旅游业发展中某些特殊区域、企业、机构和项目进行重点支持，以便在特定的时机造就一定的发展活力和氛围，带动旅游业和谐发展。服务是旅游行政管理的宗旨和基本职能之一，是旅游行政管理机构在旅游业管理中的重新定位。旅游行政管理机构要改变居高临下、自我服务的官僚作风，从主人转变为公仆，将所有的管理对象当作顾客，努力提供各种便利，增强对旅游业发展需要的回应力。

同步思考：旅游行政管理效率的高低和工作成果的优劣可以体现在哪些方面？
理解要点：

（1）旅游经济增长方面：旅游收入、外汇收入、就业机会是否对一个国家和地区社会经济发展做出贡献并对相关行业起到带动作用。

(2) 旅游社会文化发展方面：不同的文化知识和各类信息的传递是否促进一个国家和地区文化素质的提高、观念的改变、先进科学技术的引进、新的生活方式和消费方式的展现以及人与人之间的相互理解和交流。

(3) 旅游环境和资源保护方面：旅游资源的规划开发、旅游设施的建设是否使一个国家和地区的自然资源、人文资源得到利用和保护，生态环境未受到污染和破坏，人们的生活环境和质量得到改善，生活水平有所提高。

(4) 旅游政治影响方面：旅游行政机关和工作人员是否廉洁从政、勤政务实、精简高效，全心全意为纳税者服务，做人民的公仆，以反腐倡廉的实际行动取信于民，树立政府部门在旅游企业和公众心目中的良好形象。

【复习思考题】

1. 你认为作为消费者的游客能否进行管理？为什么？
2. 旅游目的地居民参与旅游目的地管理主要体现在哪些方面？
3. 简述旅游目的地企业对旅游目的地的积极和消极影响。
4. 简述旅游目的地政府旅游行政管理的任务和手段。

【案例分析】

山崖上的重生：篁岭村的旅游转型故事

江西婺源景区的篁岭村以其独特的乡村旅游扶贫富民实践，成为乡村旅游目的地管理中社区参与的典范。面对古村落衰落和荒废的危机，篁岭村采取了一系列创新措施，实现了旅游产业的蓬勃发展，同时保护和传承了当地的文化遗产。

首先，篁岭村通过产权创新解决了保护与发展的矛盾。当地采取了"产权收购、搬迁安置"的模式，景区开发者从村民手中收购房屋产权，村民则搬迁到山下的安置区居住。这一举措不仅改善了村民的生活条件，也为古村落的保护和开发提供了条件。在此基础上，篁岭村对古村进行了统一规划和修缮，保留了其原有的历史风貌和文化内涵。

其次，篁岭村通过产业融合，实现了旅游产业的多元化发展。利用独特的地理和气候条件，篁岭村打造了著名的"晒秋"景观，每年秋季吸引大量游客。此外，篁岭村还注重民俗技艺的复兴和精品业态的开发，如非物质文化遗产的传承和特色饮食、民宿的经营，为游客提供了丰富多样的旅游体验。

再次，篁岭村通过发展共享，让村民从旅游发展中受益。景区鼓励村民参与旅游经营，周边村民人均年收入显著提升。村民通过经营特色小吃店、民宿、参与民俗表演等方式，不仅增加了收入，也为游客提供了深入了解当地文化的机会。

最后，篁岭村通过品牌打造，构建了乡土旅游符号。将"篁岭晒秋"作为第一品牌进行打造，不仅复原了昔日的盛景，还将其发展成一种文化现象，使"篁岭晒秋图"成为中国最美的符号之一。

综上所述，篁岭村的乡村旅游扶贫富民实践，通过创新产权、产业融合、发展共享和品牌打造，实现了旅游产业的可持续发展，提高了村民的生活水平，保护了文化遗产，成为乡村旅游目的地管理中社区参与的成功案例。2023年，篁岭景区接待游客272万人次，总营收达到4.2亿元，篁岭村也因此入选联合国旅游组织"最佳旅游乡村"。

问题： 分析上述案例，你认为不同利益主体实现融合发展的关键是什么？

参考文献

[1] 文首文. 游客教育立法刍议 [J]. 旅游论坛, 2009, 11 (5): 633-636.

[2] 李洪光. 游客教育简介 [J]. 河北林业科技, 2007, 35 (5): 34-36.

[3] 克里斯·库珀, 约翰·弗莱彻. 旅游学 [M]. 3版. 北京: 高等教育出版社, 2007.

[4] 陈莎. 基于社区居民—政府—旅游企业博弈下民族文化旅游产业发展研究 [D]. 吉首大学, 2013.

[5] 邱继勤, 保继刚. 旅游小企业与目的地经济发展研究：以阳朔西街为例 [J]. 生产力研究, 2011 (1): 182-184.

[6] 冯冈平, 刘洁芳. 旅游目的地企业社会责任缺失的对策研究 [J]. 生态经济（学术版）, 2012 (2): 215-218.

[7] 董观志. 旅游学基础教程 [M]. 北京: 清华大学出版社, 2008.

[8] 杨军. 旅游公共管理 [M]. 天津: 南开大学出版社, 2008.

[9] 张俐俐, 蔡利平. 旅游公共管理 [M]. 北京: 中国人民大学出版社, 2009.

[10] 李伟. 旅游学通论 [M]. 北京: 科学出版社, 2006.

[11] 张红, 席岳婷. 旅游业管理 [M]. 北京: 科学出版社, 2006.

[12] 何方永. 我国旅游目的地游客管理现状与发展的思考 [J]. 成都大学学报（社会科学版）, 2007, 12 (2): 83-85.

[13] 后东升, 樊丽丽. 旅游经济学 [M]. 杨凌: 西北农林科技大学出版社, 2007.

[14] 崔晓文. 旅游经济学 [M]. 北京: 清华大学出版社, 2009.

[15] 王忠福. 旅游目的地居民旅游感知影响因素研究 [D]. 大连理工大学, 2009.

[16] 覃海宁, 栾坤. 旅游目的地居民积极态度培育刍议 [J]. 广西商业高等专科学校学报, 2005 (1): 74-76.

[17] 李东和, 叶晴, 肖舒羽. 区域旅游业发展中目的地居民参与问题研究 [J]. 人文地理, 2004, 19 (3): 84-88.

[18] 许春晓. 旅游学概论 [M]. 长沙: 湖南大学出版社, 2007.

[19] 王克强. 国土资源行政管理学 [M]. 上海: 上海财经大学出版社, 2006.

[20] 张俐俐, 刘丹萍. 旅游行政管理 [M]. 2版. 北京: 高等教育出版社, 2007.

[21] 李志刚. 旅游市场监管与品质保障: 桂林的探索与实践 [M]. 北京: 中国旅游出版社, 2007.

[22] 罗辉. 社区参与旅游发展的利益冲突 [J]. 玉溪师范学院学报, 2006, 21 (11): 32-38.

[23] 王瑞红, 陶犁. 社区参与旅游发展的形成及内涵 [J]. 曲靖师范学院学报, 2004, 25 (4): 42-47.

[24] 刘丽梅. 社区参与旅游发展的制约因素探讨 [J]. 经济论坛, 2012 (4): 129-130.

[25] Goeldner C, Ritchie J R. Tourism: Principles, Practices, Philosophies (the 9th Edition) [M]. Hoboken, NJ: John Wiley & Sons, Inc., 2003.

[26] Markwick M. Golf Tourism Development, Stakeholders, Differing Discourses and Alternative Agendas: The Case of Malta [J]. Tourism Management, 2000, 21 (5): 515-524.

[27] 田里, 杨懿, 王桀. 旅游学概论 [M]. 重庆: 重庆大学出版社, 2019.

[28] 张河清, 方世敏, 王蕾蕾, 等. 旅游景区管理 [M]. 重庆: 重庆大学出版社, 2018.

[29] 施佳梅, 王梦月, 邱守明. 基于文献计量的国外生态旅游游客管理研究热点分析 [J]. 西南林业大学学报 (社会科学), 2024, 8 (3): 85-93.

[30] 张文, 李娜. 国外游客管理经验及启示 [J]. 商业时代, 2007 (27): 89-91+88.

[31] 董楠, 白长虹, 妥艳媜. 好客的东道主: 目的地居民对游客的帮助行为研究 [J]. 人文地理, 2023, 38 (3): 173-181.

[32] 柴寿升, 张雪唱, 龙春凤. 社会公平感对景区—社区冲突的影响机制研究——基于政府信任的中介效应 [J]. 经济问题, 2024 (3): 113-120.

[33] 王湉, 邝家麒. 社区参与何以影响高质量景区创建?——基于黄姚古镇创5A田野调查数据的质性分析 [J]. 旅游科学, 2022, 36 (2): 86-100.

[34] 李涛, 王磊, 王钊, 等. 乡村旅游: 社区化与景区化发展的路径差异及机制——以浙江和山西的两个典型村落为例 [J]. 旅游学刊, 2022, 37 (3): 96-107.

[35] 秦宇, 姜姗姗, 张壮, 等. 互联网旅游企业创业机会来源及其识别影响因素——一个多案例研究 [J]. 旅游学刊, 2021, 36 (1): 69-86.

[36] 王清荣, 韦湘云. 旅游龙头企业助推农村三次产业融合发展机制——以桂林为例 [J/OL]. 社会科学家, 2024 (4): 88-94.

[37] 王金伟, 陆林, 王兆峰, 等. 新质生产力赋能旅游业高质量发展: 理论内涵与科学问题 [J]. 自然资源学报, 2024, 39 (7): 1643-1663.

[38] 陈晔, 贾骏骐. 数字经济下旅游目的地发展的新路径 [J]. 旅游学刊, 2022, 37

（4）：6-8.

[39] 孙勇，樊杰，孙中瑞，等. 目的地品牌建设中的旅游供应链合作研究［J］. 运筹与管理，2023，32（6）：138-144.

[40] 孙盼盼，李勇坚，李子璇. 地方政府行为对旅游产业全要素生产率的影响机制［J］. 华侨大学学报（哲学社会科学版），2021（3）：45-58.

[41] 周丹敏. 乡村旅游目的地营销中的政府行为评价研究［M］. 南昌：江西高校出版社，2020.

[42] 在国外旅行绝不能做的12件事［EB/OL］.（2009-08-26）[2024-08-19]. https://www.lvwo.com/bbs/article-6826-1.html.

[43] 中国公民国内旅游文明行为公约［EB/OL］.（2013-05-28）[2024-08-19]. https://www.gov.cn/gzdt/2013-05-28/content_2413011.htm.

[44] 中国公民出境旅游文明行为指南［EB/OL］.（2012-11-16）[2024-08-19]. https://www.gov.cn/bumenfuwu/2012-11-16/content_2598152.htm.

第三章 旅游目的地公共服务

【本章导读】

旅游目的地公共服务是指政府和其他社会组织、经济组织为满足海内外游客的公共需求，而提供的基础性、公益性的旅游产品与服务，主要包括旅游公共信息服务、旅游交通便捷服务、旅游安全保障服务、旅游便民惠民服务和旅游行政服务。旅游目的地公共服务是目的地建设的重要内容，对旅游目的地的吸引力、竞争力产生重要影响，熟练掌握旅游目的地公共服务基本知识是目的地管理者必需的。

【学习目标】

1. 掌握旅游公共信息服务的主要内容；
2. 认识旅游安全保障服务的主要内容；
3. 掌握旅游交通通道、节点和服务的主要内容；
4. 认识旅游便民惠民服务的主要措施；
5. 认识旅游行政服务的主要方面。

【导入案例】

一部手机游苏州，掌上轻松品文化

苏州，这座闻名遐迩的江南水乡，不仅以其深厚的文化底蕴和秀美的自然景观吸引着全球游客，更以其创新精神在智慧旅游领域迈出了坚实的步伐。为了提供更优质的服务，苏州市文化广电和旅游局精心打造了"君到苏州"文旅综合服务平台，这一平台不仅加速了"互联网+"与文化、旅游、政务服务及监管执法的深度融合，更致力于塑造苏州智慧文旅的新形象和新品牌。

"君到苏州"平台以其强大的服务集成功能，为市民和游客提供了极大的便利。用户可以通过平台轻松预订景点门票、酒店住宿，进行场馆预约，购买非遗产品，享受剧场演出，查询文旅资讯，甚至通过活动日历模块，提前了解并参与苏州各地举办的文化演出、展览、讲座和活动。

在功能创新方面，平台通过公共服务集成，整合了天气预报、景区舒适度、实时路况等20余项服务，极大地简化了用户操作流程，构建了一个安全有序的文旅市场环境。此外，通过与各大互联网平台的合作，平台实现了全域旅游资源的综合引流，突破了传统操作瓶颈，显著提升了文旅消费的便捷度。同时，平台与各区、县文旅部门紧密合作，打造了个性化专属板块，有效提升了区域文旅品牌的影响力。

产品创新上，平台利用数据分析手段，串联起文旅单品，打造出体验性强的非标产品，并与特色产品运营商合作，开发出一系列特色文旅产品线路。同时，平台将文化产品与旅游要素相融合，推出了"文化之旅"精品线路和夜游特色板块，如"夜游网师园"，为游客提供了更加丰富多彩的旅游体验。此外，基于用户偏好的个性化产品服务，通过LBS技术推出的"图游苏州"模块，为用户提供了直观的文旅交互方式。

形式创新上，平台推出了云旅游、云演艺和云展览等新模式。借助5G、AR、VR等技术，平台鼓励文博场馆和旅游景点开启"云旅游"模式，使市民游客能够线上欣赏苏州美景。同时，通过搭建"互联网+演艺"平台，支持演艺机构举办线上活动，促进了线上线下的融合，推动了传统艺术的线上发展。云展览的发展则推进了文化会展行业的数字化转型，引导支持线上文旅会展的举办，推动了节庆、赛事和展会的线上线下融合发展。

"君到苏州"平台的推出，显著提升了苏州文化旅游业的服务与管理水平，并形成了显著的示范效应。平台提供的7×13小时客户服务，确保了能够及时有效地处理各类咨询和投诉，通过电话服务、在线服务和问大家功能，实现了用户与客服人员的即时沟通。

面对技术更新迅速的挑战，苏州市文化广电和旅游局将持续更新和维护平台技术，确保服务的稳定性和先进性。同时，为了满足不同游客的需求，平台将不断收集用户反馈，优化服务内容和提升用户体验。

"一部手机游苏州，掌上轻松品文化"的案例，充分展示了苏州市如何利用数字化手段，提升文化旅游服务的便捷性和个性化，打造了智慧文旅的新形象。通过"君到苏州"平台的建设和运营，苏州不仅为游客提供了丰富的文旅资源和服务，更为其他城市的智慧文旅建设提供了宝贵的经验。随着平台的不断完善和发展，苏州的智慧文旅之路必将越走越宽广，为更多的市民和游客带来便捷和愉悦的旅游体验。

第一节　旅游公共服务概述

旅游公共服务贯穿于旅游活动的始终，是旅游活动顺利进行的内在需求。建立健全旅游公共服务体系对旅游业的总体运行效率、产业素质、关联带动作用、吸纳就业能力、节能环保以及防范应对各类突发事件的能力均有促进作用。随着旅游大众化、个性化、散客化的发展趋势，游客更加注重旅游活动的自主性、灵活性和多样性，更加注重旅游品质和安全，对目的地旅游信息服务、旅游交通便捷服务、安全保障服务等的需求更加强烈、要求更高。完善的旅游公共服务体系将为游客提供一个更为便捷、安全、舒适的旅游环境，提高游客的满意度，是实现人民群众更加满意的现代服务业目标的关键所在。

一、旅游公共服务概念

（一）公共服务的概念

公共服务是指由政府、公共组织或经过公共授权的组织提供的具有共同消费性质的公共物品和服务。公共服务具有公共物品的特性：一是非排他性，一旦这种公共服务存在，人人可以享用，如便利的交通，使所有乘客都能得到方便、快捷的服务；二是非竞争性，就是一个人的消费和收益不会影响其他人的消费和收益。公共服务分三种类型：一是维护性公共服务，是指确保统治秩序、市场秩序、国家安全的公共服务，包括维护市场秩序的公共服务、维护社会秩序的公共服务、国防公共服务等；二是经济性公共服务，是指政府为促进经济发展而提供的公共服务，可以分为公用事业的公共生产、生产者的公共补贴、公共基础设施建设、环境保护公共服务等；三是社会性公共服务，是指政府为促进社会公正与和谐而为全社会提供的平等的公共服务，包括教育公共服务、公共医疗卫生公共服务、社会保障公共服务、就业公共服务等。

（二）旅游公共服务概念

2011年，我国颁布首个有关旅游公共服务的纲领性文件《中国旅游公共服务"十二五"专项规划》，其中提及旅游公共服务的定义，即政府和其他社会组织、经济组织为满足海内外游客的公共需求所提供的基础性、公益性的旅游产品与服务，强调基础性和公益性的特征。提出旅游公共服务是政府及公共部门运用公共权力和资源来实现的，不仅需要考虑满足旅游者需求，还要考虑旅游目的地公共利益，强调非营利性的特征。综合上述观点，旅游公共服务是指由政府或其他社会组织提供的，以满足旅游者共同需求为核心，不以营利为目的，具有明显公共性的产品和服务的总称。旅游公共服务设施是指为满足旅游者的公共需求而提供基础性、公益性的旅游公共产品与服务的设施。旅游公共服务设施是发展旅游业不可或缺的物质基础。

二、旅游公共服务特征

通过对旅游公共服务内涵的分析，可归纳出旅游公共服务具有以下四方面特征。

（一）供给主体是政府

旅游公共服务的供给主体是政府。政府向非政府组织和企业进行授权、委托购买服务，从而实现对外提供旅游公共服务。服务生产者、组织者的发展途径和组织方式可以是多样的,但政府始终是责任主体。

(二) 需求主体不确定

旅游公共服务的需求主体具有不确定性。旅游公共服务并不排斥旅游目的地居民的消费,需求主体的不确定性同时体现在旅游公共服务同样具有非排他性特征。

(三) 具有地域性、时代性

旅游公共服务内容具有地域性、时代性。不同社会发展阶段的需求对象对旅游公共服务有不一样的要求,而旅游目的地本身资源的差别也会导致供给的差异。因此,旅游公共服务体系内容会伴随时间与空间的变迁而不断变化。

(四) 突出社会公益的性质

旅游公共服务内容突出社会公益的性质。旅游公共服务首要解决的是现阶段的市场机制所无法直接提供的、不愿意提供或无法完整提供的公共产品与服务,是以政府为供给主体的非营利行为。此外,旅游公共服务具备基础性、公益性、非营利性的特征,反映了旅游公共服务与公共服务两者的共同之处。

公共服务是指由政府、社会组织、经授权的企事业单位等提供的可共同消费的物品与服务。两者关系表现为:一方面,旅游公共服务建立在公共服务的基础上,城市旅游公共服务的质量,会受制于该城市的公共交通、公共设施、消防救灾等基础建设情况,一个公共服务成熟的城市,能为旅游公共服务建设提供良好根基;另一方面,旅游公共服务与公共服务的供给对象不一样,公共服务具有非排他性的特征,人人都可以享用,而旅游公共服务的首要服务对象必须是游客,除了基本公共服务,还包括了旅游全过程中的共同需求,如旅游志愿者服务、景区与交通枢纽等场所的公益服务。由此可见,公共服务系统能为旅游公共服务体系运作提供必不可少的基础条件和重要支撑,旅游公共服务是公共服务在旅游领域的体现和延伸。

三、旅游公共服务体系

"旅游公共服务体系"与"旅游公共服务"有所不同。旅游公共服务体系是指在特定的政策规范和供给模式下形成的旅游公共服务系统(李爽、甘巧林、刘望保,2010)。宋金平(2011)认为旅游公共服务体系包括基础型服务、促进型服务和行业管制型服务。基础型服务是指为旅游业健康有序发展提供的基础服务;促进型服务是指为加快旅游业发展而进一步普及的服务;行业管制型服务是指政府规范旅游市场的一系列管理行为。王信章(2012)认为旅游公共服务体系由具体的服务内容构成,包括旅游的公共信息、公共安全、公共环境、公共交通和公共救助等要素。李爽、黄福才(2012)等认为供给主体、供给内容、供给对象和政府职能等因素共同构成旅游公共服务体系。常文娟、熊元斌、付莹(2015)将旅游公共服务体系内容分为硬件服务、软件服务和监管服务三大类。硬件服务是指旅游的便民惠民服务、交通便捷服务、旅游信息设施；软件服务是指旅游的安全保障、信息服务、公益活动、宣传培训；监管服务包括消费者权益保护、旅游安全监管等。

综合上述观点，并结合《关于进一步做好旅游公共服务工作的意见》相关任务要求中提及的细分方法，可将旅游公共服务体系的主要内容分解为旅游公共信息服务体系、旅游公共安全保障体系、旅游公共交通便捷服务体系、旅游便民惠民服务体系和旅游公共行政服务体系五个维度。

四、国际经验与启示

（一）发挥政府的主导作用

有效地发挥政府作用，切实加强政府公共服务职能，是许多国家和地区建立并完善旅游公共服务体系的主要战略。这些国家和地区通过采取一系列措施，从法律上、制度上、政策上、财力投入上予以保证。政府或旅游管理部门通过立法，规定部分旅游公共服务的主要内容、职责分工、经费来源等，确立公共服务部门的法律地位，明确各类服务机构的职责范围。例如，西班牙早在1994年制定的《海岸法》就明确规定，海滩属政府的公共设施。为保护游人健康，必须有专门人员负责对海水取样监测，确保水质达标。此外，一些发达国家非常重视增加旅游公共服务的支出。例如，西班牙在2000—2006年对旅游和旅游相关行业投入高达266.6亿美元，平均每年38亿美元。除用于环保设施、文物保护和开发、旅游教育和科研等方面外，这些投资最主要的用途就是加快道路交通等旅游基础设施的建设。这也是这些国家的政府对旅游业高度重视，甚至把旅游业作为国民经济的支柱产业来发展的必然结果。

（二）坚持以人为本的原则

国外的旅游公共服务中，有相当的内容是以公众和旅游者为服务对象的。在这些服务的设计和提供过程中，"以人为本"成为其初衷和终极目标。因而，"以游客的需求为目标""严格维护游客的权益"成为国外旅游公共服务体系构建中普遍的规划理念和设计方式。从澳大利亚星罗棋布的旅游咨询网点和随处可见的宣传图卡，到美国国家公园中工作人员对游客多种方式的安全意识教育；从日本旅游交通中各项细致周到的服务，到西班牙观光局派驻在机场的问卷调查员对旅游者意见的倾听，无不是力求最大化地为游客的出游创造诸多便利并对其出游期间的合法权益提供强有力的保障。

（三）创新服务方式，引入高科技

当代旅游业的发展瞬息万变，因而旅游者和公众总会对出游服务提出更高的需求，这就要求旅游公共服务体系不断地创新、升级，以适应旅游业的发展趋势和游客的需求。国外的旅游公共服务总能适时地推陈出新，吸收利用高科技，特别是信息技术发展的成果，有针对性地改进服务机制。作为头号科技大国的美国，其国家公园充分利用高科技，建立并即时更新数据库，为游客选择出行时间、准备出游装备等提供翔实的参考信息。各国游客服务中心使人身临其境的生动、逼真的景点的多媒体展示，更是对高科技发展成果成功的吸收和利用。

（四）采取竞争机制，发挥私营机构作用

在旅游业发达的国家和地区，政府通常根据提供服务的数量，采取零基预算法核定旅游公共服务机构的年度运行经费。政府对公立旅游公共服务机构没有人员编制限制，公共服务机构可以在工作需要的情况下适当增减员工。政府在旅游公共服务中的主导作用在于"掌舵"而非"划桨"，它会把某些旅游公共服务事项委托给私营机构。对一些适宜由私营机构提供的旅游公共服务，通过公开招标、特许经营等方式，委托给私营机构负责提供。在英国，1997年的布莱尔政府改革后，大力实行私有化政策，74%的公共服务职能转向了执行代理机构。为了确保代理服务的质量和效率的提高，政府责任单位必须与代理机构签订包括数量目标、服务质量、效率目标和财政目标的《公共服务协议》（PSA）。这种以委托代理并签订服务协议的方式进行管理，在我国还是一个全新的概念。除此之外，国外政府通常会对临时性和特殊的旅游公共服务项目实行购买服务，政府一般不直接举办或提供，而是面向全社会开放申请，择优购买服务，并设立基金会，选择支持某些创新项目。

第二节 旅游公共信息服务

旅游目的地公共信息服务是指为满足游客对旅游目的地旅游基本信息、旅游产品促销信息、旅游安全信息、公共环境等相关信息服务的需要，及时将开发加工好的信息产品传递给相关旅游者。旅游目的地公共信息服务可以实现旅游供给者和旅游需求者之间的对接，一定程度上促进了旅游目的地发展。从供给角度看，行政管理、旅游企业等相关部门通过旅游政务网、旅游企业门户网站等网络，旅游咨询服务中心等咨询设施，以及交通引导、接待设施标识等各种旅游标示，提供旅游目的地公共信息服务，促使潜在的旅游者转化为现实的旅游者，而且延长旅游者的旅游时间以及提高旅游者的旅游体验。此外，通过对旅游结束后信息的分析，不仅有助于了解旅游者的满意度，而且有助于改进旅游目的地的服务。从需求角度看，旅游活动异地性的特点决定了旅游者对旅游信息的需求贯穿旅游活动的全过程。旅游目的地公共信息服务涵盖的旅游网站信息服务、旅游信息咨询服务、旅游解说系统服务等恰好满足了旅游者对旅游信息的需求。

一、旅游网站

旅游网站是旅游组织向公众展示旅游信息的平台，有官方旅游网站，也有企业旅游网站，官方旅游网站侧重政务，企业旅游网站侧重旅游市场及宣传，向广大旅游者

提供旅游相关的信息资讯、产品等信息。中国的旅游网站在1996年开始出现，增长速度非常快，每年都有成千上万家旅游网站出现。这些网站可以提供比较全面的，涉及旅游目的地食、住、行、游、购、娱等方面的网上咨询服务，主要分为专业旅游网站和非专业旅游网站。

（一）专业旅游网站

专业旅游网站主要分为六大类。

1. 大型综合旅游网站

大型综合旅游网站是复合型旅游网站，提供旅游线路、出国考察、时尚生活、旅游活动等信息，以及提供旅游者查询业务。它们一般有风险投资背景，强调以其良好的个性服务和强大的交互功能抢占网上旅游市场份额，为消费者提供大量丰富的专业性旅游信息资源，有时也提供旅游预订中介服务。如中国旅游资讯网、上海携程旅行网，主要为旅游者提供包括食、住、行、游、购、娱六大要素在内的全部旅游资源，提供全国各地的旅游信息查询，游客也可以直接进行网上预订，包括订票、订房、制定旅游线路等。

2. 旅行社类网站

旅行社类网站是旅游中介服务商所建的旅游网站，这类网站主要从事代理销售，从中赚取折扣或佣金。一部分是由传统的旅行社所建，提供国内国际旅游服务。也包括由网络公司以及预订中心、杂志社等建立的网站，提供的业务有旅游线路介绍、网上预订服务等。

3. 酒店及预订类网站

酒店及预订类网站是旅游产品服务的直接供应商所建的旅游网站，这类网站主要是一些酒店、宾馆直接开拓网上市场空间。提供的服务包括酒店设施和优惠介绍、网上预订服务（各种票务、住房、餐饮、会务）、办理住行手续、酒店服务式住宅计划和宽频网络设施等。

4. 航空公司及机票预订类网站

基于GDS预订业务的旅游网站。如航空信息中心下属的以机票预订为主要服务内容的旅游网站等，它依托于GDS（Global Distribution System）开拓业务空间，如东方航空、南方航空、春秋航空的门户网站，主要提供航班信息、机票预订和其他专业服务。

5. 景区及地方性旅游网站

景区及地方性旅游网站属于地方性旅游网站，这类网站占比较大，但是建设情况不尽如人意。存在信息内容少、更新周期长等问题，很难适应新经济的发展。如黄山旅游网，提供地方性旅游景点、旅游线路、服务设施等信息，有一些也涉及网上预订业务。

6. 旅游搜索引擎类网站

受美国在线旅游业市场细分影响，国内也出现了新一代旅游网站类型——在线旅游搜索引擎。成立于2005年6月的"去哪儿"，是将酒店、机票代理机构、旅行社提供的旅游服务信息汇集于互联网平台，利用其世界领先的数据搜索技术，进行价格比较及信息分类，为消费者提供出行参考，使他们享受更多选择、更低价格的旅游。

（二）非专业性网站

这类网站包括大型导航台开辟的网站，这类信息网站在 ICP 门户网站中，几乎不同程度地涉及旅游的内容，如新浪网生活空间的旅游频道、搜狐和网易的旅游栏目、中华网的旅游网站，显示出旅游信息的巨大生命力和市场空间。由于仅仅是其网站的一部分，是对现有网站内容的补充，没有能够充分体现旅游信息的全面性、权威性和实用性，也是由于专业性不强，缺乏行业优势，故而没有完全展现网上旅游的魅力。

二、旅游咨询服务中心

旅游咨询服务中心是国际旅游城市的重要标志之一，与旅游交通、旅游公厕并称为旅游城市的三大必备旅游设施，旅游咨询服务中心、城市观光车与城市卡被学者比作国际旅游城市三件宝，可见其重要性。因此，是否建有旅游咨询服务中心，也常常被当作衡量一座旅游城市发展程度的标尺。旅游咨询服务中心（Tourist Information Center）也称作游客中心（Tourist Center）或访客中心（Visitors' Center），是为游客、市民提供诸如信息咨询、投诉、救援等服务的一种旅游设施。旅游咨询服务中心整合了区域旅游资源，是旅游目的地对外展示文化、形象的重要窗口，为游客提供最快熟悉陌生城市的通道，极大地方便游客和市民的外出旅行，已成为旅游者的最佳参谋之一。旅游咨询服务中心应具备信息制作、咨询服务、宣传展示和反馈沟通等功能。

（一）信息制作

旅游咨询服务中心是一种信息服务机构，因而信息制作是其首要功能。大量、零散、多样化、频繁更新的旅游信息，只有经过不断收集、整理、筛选、编辑，才能变为对游客服务的内容，成为旅游信息产品。

（二）咨询服务

旅游者来到一个陌生的城市，在旅游咨询服务中心的帮助下，可以迅速找到"家"的感觉；咨询中心既提供信息，又兼有为游客解决困难和问题的功能，能使游客很快消除陌生感和恐惧感；此外，咨询中心还可以帮助游客制订在当地旅游的计划，当好游客的参谋和向导。

（三）宣传展示

旅游咨询服务中心也是一个展示窗口，它们为各个旅游目的地提供了展示自身形象的场所。中心各站点根据游客的需要，向客人提供有关旅游目的地的信息，展示各种有关旅游的资料，实际是在服务旅游者的同时，为旅游目的地进行宣传促销，为旅游目的地直接或间接地输送客源。

（四）反馈沟通

旅游咨询服务中心的设立，还能为旅游目的地获取市场信息提供一种有效的渠道。中心工作人员通过解答问询、接受投诉，可以真实地了解游客的需求，从而为旅游目的地提供重要的市场依据。以上功能实现了旅游目的地在出境、入境和国内旅游三大市场上信息和服务的结合，是连接旅游目的地游客、企事业单位与政府之间的桥梁，它使旅游目的地公共服务体系更加全面和人性化。

> **同步思考**：旅游咨询服务中心与游客集散中心、景区游客中心的区别是什么？
>
> **理解要点：**
>
> （1）旅游咨询服务中心与游客集散中心的区别。旅游咨询服务中心与游客集散中心同属散客服务系统，但又是性质不同的两个机构。第一，功能不同。前者为旅游者提供信息咨询和旅游指导，服务内容较广，功能全面；后者则为旅游者主要是散客提供自主选择的旅游线路，同时提供到这些景区游览的巴士交通，服务内容较窄。第二，性质不同。前者是由政府出资构建，相关旅游企业配合工作，从机构性质上属城市公共服务系统；而后者是按照市场化方式运作的旅游企业，通过企业经营行为为散客旅游提供服务，特别是为一日游的游客服务。第三，运营方式不同。旅游咨询服务中心大部分服务项目免费向旅游者提供，旅游者无须为上述服务支付任何费用；而旅游集散中心的服务则要依据相关合同法律关系承担相应的权利和义务。所以，旅游咨询服务中心和散客集散中心在名称上相近，但性质、功能、经营方式则不同。
>
> （2）旅游咨询服务中心与景区游客中心的区别。景区游客中心，又称景区服务中心，是旅游景区内专门为游客设立的服务机构，国家对4A级旅游景区评定标准有此项要求。一般在旅游景区的入口处可以看到游客中心的标志。它与旅游咨询服务中心的区别表现在以下几方面：第一，设立机关不同。旅游咨询服务中心是由政府出资设立的，隶属政府旅游管理部门，而景区游客中心只是该景区的内部机构，接受景区管理部门的指挥，与政府管理部门无隶属关系。第二，工作对象不同。旅游咨询服务中心面向所有社会公众提供服务，景区游客中心只对到该景区的游客提供相关服务，对未购买景区门票的其他人员不提供服务。第三，旅游咨询服务中心的信息咨询多为间接服务，而景区游客中心提供的则是直接服务，如提供导游员、景区气象预报、疏导游客、事故救援、广播找人、帮老助残、纪念品买卖等。所以，旅游咨询服务中心与景区游客中心在服务功能上虽然有相近之处，但仍属不同的两个机构，不可完全等同或相互替代。

知识链接：我国台湾旅游咨询服务中心发展的启示

我国台湾旅游咨询服务中心建设起步较早，旅游咨询服务基本功能趋于完善，公众认知度高，已成为很多当地居民和游客的必到之地，值得学习与借鉴。

1. 统一规划，合理布局

旅游咨询服务中心的服务对象不仅仅是区外游客，本地居民也是重要的客源市场。借鉴台湾的经验，旅游咨询服务中心格局可以为：文化和旅游部下设国家级旅游服务中心，省市下设省级旅游服务中心，旅游市、县、镇和景区下设游客中心。

从游客数量、城市规模、交通条件和地形特点四个方面综合考虑，政府机关进行整体规划、统筹布局，科学确定旅游咨询服务中心的等级、数量和分布。游客服务中心选择在交通枢纽、人口密集地区、主要商业区或旅游区，游客中心可达性强，使旅游咨询服务中心在空间分布和数量上满足游客的需求，保持其合理布局和公益性特征。

为了增加咨询中心的数量，在各星级酒店、大型超市内设置展示架，以方便游客和居民获得旅游咨询服务。

2. 供需结合，精致设计

旅游服务中心的功能已不仅仅局限于旅游业自身，而是以社会性公益服务为主要目的的游客服务系统。旅游咨询服务中心的功能配置要与旅游需求相结合，提供的服务应当多元化、大众化，成为游客获取免费信息资料、休憩交流、规划行程、预订住宿和旅行的服务场所。旅游咨询服务中心要根据规模大小、游客需求适当配置设施，做到功能效用的最大化。

在车站内、商业街区、地铁中心附近的旅游咨询服务中心应尽可能借用城市的设施，如设在酒店内、地铁出口处，或与其他咨询处的建设合为一体，整合资源，简约化设计，根据需要配备人员和设备，提供基础、必要的接待和咨询功能，配备一到两名工作人员，放置本地的观光、游览、购物、餐饮、休闲等旅游咨询宣传册，天气情况、节庆演出票务等动态信息，由工作人员在电脑上查询并告知。合理的配置，既能减少成本，又能使效益最大化。

游客中心作为景区的组成部分，在满足咨询、风光展示、售票、纪念品销售、餐饮、导游服务等功能的同时，在设计中可通过精致化的设计减少成本，给游客带来惊喜。如小工艺品的装饰、游客简单的DIY动手操作、景区内动植物或特色的艺术化展示等，都让游客感受到精心的设计和游览地的用心，增加对目的地的好感。游客中心也可根据四季景物的不同，树立动态经营理念，根据游客的需求调整旅游咨询站服务项目。

在服务中心和游客中心放置当地景区、特色动植物、特色建筑等的印章也是可借鉴的案例，是吸引游客到达旅游咨询服务中心的精巧设计。

3. 建立志愿者机制，增强员工服务意识

我国台湾旅游资讯服务中心，最看重的是员工的服务品质，也是这些优质的服务让游客更愿意也更接受去游客中心询问相关信息。借鉴台湾建立的旅游咨询志愿者机制，面向社会广泛吸纳兼职人员及志愿者。银发族老人对当地情况了如指掌，生活阅历丰富，他们作为志愿者发挥余热会更加热情，服务会更加周到，应变能力更强，老人也能从中获得乐趣，是一个比较好的做法。大学生比较热心于公益活动，学习能力强，外语水平高。以兼职或志愿者的身份吸纳老年人和大学生参与咨询工作，他们对于公益活动的热情必将提高服务水平，保障服务的持久活力，使游客感受到城市的热情和温暖，提高游客的满意度。

在正式员工中建立长久的培训机制，要定期培训和不定期培训相结合，对旅游咨询工作人员进行服务意识、旅游专业知识、服务技能和外语能力培训，全面增强其职业技能和服务意识，提高服务品质。特别是对于服务意识的培养，使服务人员牢固树立"做城市形象代言人"的理念，在工作中做到热情、主动、耐心、周到，而不是冷漠对待，要将积极情绪传染给游客。

4. 统一标识，推广宣传

以英文"i"字母为醒目标识，设在显著位置，让游客很远就能看到并找到。游客中心距离车站有一定距离时，设置相应的导向标志，引导游客或居民到旅游咨询服务中心。工作人员应统一着装、佩戴统一标志，加深旅游者对旅游城市的感知印象。

在完善旅游咨询服务中心功能的同时，专门进行旅游咨询服务中心和"i"标志的广泛宣传工作，以公益广告的形式，在城市的公共场所、飞机场、车站广为告知，并通过报纸刊登、电视播放、广播、网络和公共汽车、地铁设广告等方式立体化宣传，利用现有网络资源，在旅游信息网上增加各咨询中心站的网页链接和电子地图，在旅游企业网站上添加旅游咨询服务中心的链接等。使市民、游客对旅游咨询服务中心有一定的认识，并引导其在旅游咨询服务中心获得相关城市和旅游信息，突出其专业化、人性化的服务，逐渐使游客咨询中心深入人心，增强其认知度和公信力。

三、旅游标识与解说系统

（一）旅游目的地标识系统

从古人造字的字面上分析"标识"二字："标"是记忆的一种符号或记号；"识"则偏向于"知道""认识""识别"的行为过程。旅游目的地标识系统是指在旅游目的地区域内以不同载体作为识别和导向信息的传播媒介，用一系列连续的、规范的、清晰明确的符号、文字、图形和色彩的设计表现手法组合，引导游客在旅游目的地区域游览的系统。它是旅游目的地环境要素的重要组成部分。

1. 标识系统构成

旅游目的地标识系统可由旅游标识本体和旅游辅助标识构成。旅游标识本体用于展示、介绍、表现目的地中具有代表性的旅游标识对象名称、内容、特征等属性的标识，由介绍标识、展示标识、表现标识三类标识组成。它们之间是向下兼容的关系，即展示标识包含了介绍标识的内容，而表现标识又包含展示标识的内容。它们的具体表现形式包括标识系统的全部表现形式即碑、标牌、建筑物、装置、雕刻等。

旅游辅助标识通过设计设置一些与旅游标识对象相关的标识来实现目的地旅游标识与旅游吸引物的连接，这些标识我们称之为旅游辅助标识。旅游辅助标识由导向标识、宣传标识、管理标识三类标识组成，它们分别属于引导性标识、说明性标识和限制性标识。

（1）介绍标识。在旅游标识对象点，以围绕标识对象的名称介绍其概况为主要标识内容，标识形式多以文字为主要表达手法，视具体需要可附加简图或采用广播、增设盲文等形式，主要载体为碑、标牌。

（2）展示标识。当某些旅游标识对象有一定的缺失无法完整反映自身主要特性，或者由于保护需要以及其他原因不能直接展示的，为了弥补认知的缺失和遗憾，以全面展示其形体、特征、规模、格局、分布等基本情况为主要标识内容，但展示的主体仍为标识对象本身。标识形式以图文结合为主要表达手法，主要载体为普通标牌和多媒体电子标牌、简单的装置、雕塑等，如我们可以通过地面植物或地面铺装的变化来展示遗址的位置、分布等。

（3）表现标识。针对具有历史意义但已不复存在的标识对象设置的标识，标识对象主要指城市中的一些历史文化遗迹。该类标识以表现标识对象的历史记载、科学推断、复原想象、外部特征、内部结构等特征为主要标识内容，标识形式在文字和图形的基础上广泛采用现代表达手法，载体极为多样，不但包括传统的碑、标牌，还可以是建筑物、场所、装置、雕刻、行为等方式。标识内容除了涉及介绍标识的部分仍需遵照系统内关于具体标识形式的标准进行统一设计和安置外，其余标识内容需要根据标识对象的不同进行针对性设计，无统一样式。

（4）导向标识。以标注旅游标识对象即五要素与人们所在地点之间的相对位置关系、方位、距离，甚至出行方式等为主要标识内容，标识方式以文字、图标等为主要表达手法，载体多为路牌、地图等，主要按国际或国家通用标准进行统一设计和安置。

（5）宣传标识。在旅游标识对象或旅游标识点所在地域及之外宣传旅游吸引物，以提高它们的知名度，标识形式包括文字、图形，以及声、光、电等各种现代表达手法，载体包括传统的碑、标牌，还包括霓虹灯、广告、资料、网站及各类推广活动等，形式多样，不拘一格。

（6）管理标识。在旅游标识对象或旅游标识点所在地域内用以实现它们内部的使用、指令、警示、禁止等功能为主要标识内容，标识方式以文字、图标等为主要表达手法，载体多为碑、标牌，主要按国际或国家或管理部门统一的标准进行设计和安置。

2. 基本功能

（1）识别和引导功能。可用不同的形式向游客提供旅游区域识别和引导的服务，游客可通过标识牌的载体造型和标志、文字、符号、色彩、图案等信息组合形成区域识别，通过地图和指向明确所在的方位、要去的地方，以一定的空间结构顺序引导游客完成系列的旅游活动。

（2）认识旅游资源功能。每个旅游目的地都有其自身的个性和特色，特别是历史文化资源突出的地方。通过旅游标识系统让游客理解并欣赏目的地历史文化资源的内涵极其重要。旅游标识向游客提供多种解说服务，使其较深入地了解旅游目的地的资源价值和独特文化。

（3）保护和管理旅游资源功能。通过旅游标识系统的保护和管理功能，对旅游资源和设施的使用进行说明规范，提醒和警示游客在享受旅游资源和设施的同时做到资源和设施保护，并通过成功引导，可平衡目的地区域的资源和设施，避免单个资源和设施的过度使用。

（4）安全功能。标识对旅游目的地中隐藏的不安全因素警示和提醒，包括目的地交通中的车辆繁多和出入口的提醒；郊野山地中的陡峭、容易落石、急转弯处的警示和离出入口或离山顶距离、海拔和地形陡峭程度说明；水边的提醒警示以及水的深度说明；同时对公共设施使用的安全操作提示。

3. 标识系统构建原则

（1）整体性。系统功能必须依靠系统内所有标识共同作用来实现。整体性的目的在于说明任何单独一个旅游标识都不可能完成对整个目的地的标识，只有通过整个系统内标识的相互配合与共同作用，才能使标识的使用者完成对于整个目的地旅游吸引物和目的地空间的感知。

（2）可操作性。可操作性的目的在于强调旅游标识系统的建立必须首先得到目的地从政府到居民在精神层面的认同，只有在意识形态领域取得共鸣，才能得到从资金到传媒乃至整个社会的支持。目的地旅游标识系统最终必须通过规划管理工作来落实。因此，在构建标识系统时力求体现"可操作性"原则，即要求表现形式清晰明了，以方便旅游规划管理和设计人员的理解。

（3）标准性。目的地旅游标识系统既要最大限度地表现目的地特色，又要有较高的效率，因此在强调标识个性的同时，也应在字体、颜色、图例等方面体现标准性，如路牌应采用统一的标准,以便于游客的辨认。对于有价值的人文景观,旅游标识系统应表现出应有的尊重,尺度、体量、色彩和材料都应与之相适应。

(4) 本土性。在目的地旅游标识系统组织中,应突出和创造目的地的个性与特色,使其个性张扬,具有独特性。目的地旅游标识系统体系的建设,必须认真研究目的地有价值的自然和人文景观资源,找到其自身的文化特色,并将其合理地组织到变化、发展的目的地景观体系中去。

4. 标识构成要素

标识构成要素主要包括文字、数字符号、图形符号、颜色、材质等。

(1) 文字——应使用中文、英文或其他文字,书写要规范、正确、工整。

(2) 数字符号——应使用阿拉伯数字。

(3) 图形符号——由图案、箭头标记、示意图等单个要素或多个要素组合而成。

(4) 颜色——不同颜色给人们的刺激作用会产生不同的视觉效果,从而提高人们的视觉能力。研究表明,标志颜色以黄色最为明显,依次是白、红、蓝、绿、黑等。

(5) 材质——同类型的标识应质地统一,与周边区域特色和谐。

(二) 旅游目的地解说系统

解说既是一种服务,更是一种管理沟通,是旅游目的地实施游客管理的重要手段。旅游解说是一个由多要素构成的具有特定功能和结构的系统。旅游解说系统作为旅游者与目的地之间的媒介,是提升游客旅游体验质量的手段。一个完整的解说系统不仅可以给旅游者提供服务方面的信息,还能帮助旅游者深刻理解旅游资源的科学价值和艺术价值,加强旅游资源和设施的保护,使旅游者、社区居民、旅游管理者相互交流,达成相互间的理解和支持,实现旅游目的地的良好运行。

1. 旅游解说系统概念

对旅游解说系统的概念界定,旅游界也有很多不同的定义。世界旅游组织阐释解说系统是旅游目的地诸要素中十分重要的组成部分,是旅游目的地的教育功能、服务功能、使用功能得以发挥的必要基础,是管理者管理游客的手段之一。吴必虎等认为旅游解说系统就是运用某种媒体和表达方式,使旅游相关信息传播并到达信息接收者中间,帮助信息接收者了解相关旅游目的地的性质和特点,并达到服务、教育、使用的基本功能。可见,旅游解说系统是一个完整的系统,是借助不同的传播媒体将旅游地的人文历史资源、自然地理资源、风土人情、服务设施及道路交通等旅游相关信息传播给游客,帮助游客了解相关旅游目的地的性质和特点的同时,有意识地引导旅游者的行为,达到服务、教育和使用的基本功能。旅游目的地借助旅游解说系统,可以对旅游者的游览行为和意识进行引导和监督,从而实现资源、游客、社区和管理部门之间的相互交流。

2. 旅游解说的分类

目前对旅游解说的分类,在学术界和实际工作中,因研究角度和采取的标准不同，出现了多种分类结果。根据旅游解说资源的不同，可将其分为区域环境解说、旅游吸引物解说、旅游设施解说和旅游管理解说；从游客使用解说的角度，旅游解说可分为景区内的解说、景区交通工具上的解说、各种广告媒体的解说；根据旅游解说的服务范围，可分为园外解说与园内解说；从解说形态上，旅游解说又可分为物质解说与虚拟解说；等等。不管是何种旅游解说，均可根据引导方式的不同分为向导式解说和自导式解说两大类，这是目前比较通行的分类方式。

(1) 向导式解说。向导式解说也称为导游解说，是目前我国旅游解说的主体，多为团队旅游者服务。向导式解说由受过良好的专业训练和系统培训的解说人员向旅游者提供主动的、动态的信息传导，能够回答游客提出的各种各样的问题，并有针对性地提供个性化服务，其最大的特点是解说信息量大，能适时双向沟通。

(2) 自导式解说。自导式解说则是通过解说牌、解说手册、导游图、语音解说、录像等多种形式的解说设施向游客提供静态、被动的信息服务，这种方式信息量有限，不能进行动态的现场双向交流，其服务对象多为散客旅游者。由于受篇幅、容量限制，自导式解说设施提供的信息有限，但是这种限制使得自导式解说的解说内容一般要经过精心挑选和设计，具有较强的科学性和权威性，游客可以根据自己的喜好、兴趣自由决定获取信息的多少。

3. 旅游解说的功能

(1) 改善游览环境。旅游解说可以提高旅游环境和各类景观要素的可识别性，强化区域内各旅游设施的联系，帮助旅游者较深入地欣赏旅游区的资源价值，明确旅游区与周围地区的关系，增进游客对自然生态、历史遗址与文化资源的了解，启发游客对该地区的认同感，使旅游者在接触和享受旅游区资源的同时，既能做到不对资源或设施造成过度利用或破坏，同时也鼓励旅游者与可能的破坏、损坏行为做斗争，进而减少对当地环境的破坏，达到改善游览环境的目的。

(2) 提高旅游者体验。旅游解说以简单的、多样的方式展示旅游资源的魅力，加深对旅游目的地自然资源与社会文化的理解与欣赏，达到走进自然、享受自然与融入自然的目的，达到认识社会变迁、理解不同文化、感悟地方特色的目的，鼓励旅游者参与旅游区适当的管理、建设、再造等活动，提高与旅游区有关的游憩技能，并使他们的游憩体验丰富化与趣味化，达到提高游客满意度的目的。

(3) 实现旅游目的地的良好运作。通过旅游解说，可以增强旅游者自我行为管理，让旅游者尊重地方的自然性、历史性与文化性，同时还会加强旅游者和社会公众对旅游目的地各项管理工作与管理政策的理解与支持，强化旅游者对旅游目的地的管理理念和管理办法的认知与理解。旅游解说作为旅游目的地可持续发展的一种管理方式，为旅游者、社区居民、旅游管理者提供了一种对话的途径，促进三者之间的相互交流，加深人们之间的相互了解，方便管理者与游客的沟通和相互理解，以实现旅游目的地的良好运行。

4. 旅游解说系统构建原则

旅游解说系统的构建是旅游目的地建设的重要组成部分，完善的旅游解说系统可以为游客提供人性化的服务，缓解游客不恰当的行为对目的地资源和生态环境的破坏，提高目的地的管理效率。旅游目的地解说系统的构建应遵循以下原则。

（1）以游客为中心。旅游解说系统服务的主要对象是游客，在构建时应深入研究游客的心理和行为，充分考虑游客的感受，既要加深游客对旅游资源价值的理解，使之实现"了解—理解—欣赏—保护"的深化过程，促进旅游资源的保护，又要针对不同游客的需求特点进行设计，树立以游客为中心的思想理念，时时刻刻以游客为本，灵活应变，采取恰当的服务措施，满足游客对知识、娱乐和教育的需求，带给游客惊喜，尤其是在一些特殊情况下，如特殊的天气、特殊的时期、特殊的游客等，确保旅游解说信息的可靠性和易获得性。

（2）以和谐为原则。旅游解说系统是连接旅游目的地人与物、物与物、人与人之间的纽带，其构建应遵循与周围环境相和谐的原则。不同类型旅游目的地的主体风貌各不相同，因此，旅游解说系统的构建要尊重当地民族文化传统，要关注解说设施、设备、材质以及外观、字体、色彩等，必须与周围的景观相融合，景观的表述和刻画必须具有鲜明的景区特色，关注解说系统与周围环境的整体融合，展现旅游目的地形象，凸显旅游目的地的魅力。

（3）以"双赢"为目的。旅游解说系统的构建中，应兼顾游客和目的地的利益，达到"双赢"的目的。一方面，旅游目的地通过旅游解说系统可以将目的地的管理目标、策略、措施传达给游客，加深游客对旅游资源的认识，引导游客的行为，使其在游览中能有意识地约束自己的行为，积极地配合旅游目的地的管理和保护工作，促进管理目标的实现；另一方面，游客借助解说系统，可以将旅游经历提升至旅游体验层次，获得对旅游景观更好的体验。

（4）以景观本体性为准。不同类型旅游目的地的解说系统，在确定其解说内容的重点、选择媒体及材料等方面，应注意将景观表层与景观意象由浅入深，由外在到内涵全面展开，满足不同层次的人群调适心情、寄托情感、感悟人生的需求。如在以人文景观为主的景区，解说内容的重点应放在景观的由来、建筑、科学、历史价值等方面，多选用金属、塑料等现代材料制作媒体；在以自然景观为主的景区，解说内容的重点则放在景区自然风光、景观成因等科普知识，解说媒体也多选用与自然氛围相近的木质或石质材料，强调用浅显易懂的语言描述大自然的神奇。

四、智慧旅游

（一）智慧旅游的起源

智慧旅游来源于"智慧地球"（Smarter Planet）及其在中国实践的"智慧城市"（Smarter Cities）。2008年国际商用机器公司（International Business Machine，IBM）首

先提出了"智慧地球"概念,指出智慧地球的核心是以一种更智慧的方法通过利用新一代信息技术来改变政府、公司和人们相互交互的方式,以便提高交互的明确性、效率、灵活性和响应速度。"智慧城市"是"智慧地球"从理念到实际、落地城市的举措。IBM 认为,21 世纪的"智慧城市"能够充分运用信息和通信技术手段感测、分析、整合城市运行核心系统的各项关键信息,从而对于包括民生、环保、公共安全、城市服务、工商业活动在内的各种需求做出智能的回应,为人类创造更美好的城市生活。该定义的实质是用先进的信息技术,实现城市智慧式管理和运行,进而为城市中的人创造更美好的生活,促进城市的和谐、可持续成长。

受智慧城市的理念及其在我国建设与发展的启发,"智慧旅游"应运而生。从城市角度,"智慧旅游"可视作智慧城市信息网络和产业发展的一个重要子系统,实现"智慧旅游"的某些功能可借助或共享智慧城市的已有成果。因"智慧旅游"是一项侧重公共管理与服务的惠民工程,将"智慧旅游"在城市视角下纳入智慧城市有助于明确建设主体并集约资源。然而,值得注意的是,由于旅游者与城市居民的特性与需求差异,"智慧旅游"与智慧城市体系下的"旅游"是不同的两个概念;旅游并不仅发生在城市,前者要比后者具有更广泛的内涵。

(二) 智慧旅游的概念

"智慧旅游"作为旅游业与现代信息技术融合的一种新的形态,给传统的旅游业带来了革命性的变化。正确把握"智慧旅游"的内涵是科学有效地推进"智慧旅游"实施的前提。综合各种不同视角下的智慧旅游,可以认为智慧旅游是以物联网、云计算、移动通信技术、人工智能及其集成为基础的综合应用平台,以实现人的逻辑思维能力为目标,可以充分满足旅游者个性化需求、提高旅游企业经济效益和提升旅游行政监管水平,带来新的服务模式、商务模式和政务模式的智能集成系统,是旅游产业重要的技术、服务和监管革命。

(三) 智慧旅游的表现形式

从"智慧旅游"的概念定义,结合旅游业务的发展特点,智慧旅游主要有"智慧服务""智慧商务""智慧管理"和"智慧政务"四种表现形式。

1. 智慧服务

智慧服务是智慧旅游的核心业务,是驱动智慧旅游前进的关键动力。旅游行业智慧服务的主要表现形式是各类旅游服务提供商利用智慧化的技术和手段服务游客,更好地满足游客"食、住、行、游、购、娱"的需要,在改善旅游服务品质的同时,提升旅游服务的价值。

2. 智慧商务

智慧商务主要是针对旅游服务提供商而言的,是指综合利用各类智慧化的技术开展包括电子商务、移动商务等在内的各类商务活动,以实现商务活动的智慧化,创造更高的商务价值。

3. 智慧管理

智慧管理主要是针对旅游活动的各项管理业务而言的，是指综合利用智慧化的技术对游客、景点、酒店、旅游线路、交通工具以及其他类型的旅游设施进行智慧化管理，全面提高管理水平，创造管理效益。

4. 智慧政务

通过智慧化技术的全方位应用，提高政府对旅游行业的管理水平和服务能力，是旅游智慧政务的基本目标。智慧政务既包括电子政务、移动政务等深化应用，也包括基于智慧化技术的政府管理和服务模式的创新。

同步案例：黄浦江沿线旅游公共服务案例：打造世界级城市会客厅

上海，作为国际化大都市，正以其独特的魅力吸引着全球的目光。黄浦江，作为上海的象征，承载着城市的历史与未来。上海市正不断提升黄浦江沿线的文旅公共服务水平，致力于将黄浦江游览建设成为世界级的旅游精品，打造一个主客共享、近悦远来的世界级城市会客厅。本案例聚焦于上海市黄浦江沿线的文旅公共服务建设，展示如何通过一系列创新举措，将黄浦江沿岸转变为一个充满活力、文化与自然共融的公共空间。

1. 滨江公共空间的全面贯通

上海市通过分层次、针灸式、多维度的有机更新，贯通开放了黄浦江沿岸45千米的滨江公共空间。这些空间不仅提供了漫步、跑步、骑行等休闲游憩功能，而且通过融入公共文化和旅游服务设施，形成了具有社交化、特色化功能的文化休闲旅游带。

2. 历史文化与现代元素的融合

黄浦江沿线的改造注重历史文化的保护与活化利用。老工业区、历史建筑经过精心改造，变身为创意园区、艺术展览馆，成为文化活动的举办地，既保留了原有的工业风貌，又注入了新的文化元素。

3. 文旅新地标的打造

整合黄浦江沿线的精品文化场馆及公共空间，上海市打造了一批具有高等级、高活力、高辨识度的文旅新地标。这些地标构建了"点—线—面"结合的游憩空间，成为吸引市民和游客的热点。

4. 智能化旅游服务的推进

上海市通过立法保障滨水公共空间的开放和利用，并大力推进智慧旅游建设。移动应用、智能导览等手段的应用，为游客提供了便捷的信息服务，提升了旅游服务的智能化水平。

5. 旅游高质量发展格局的形成

黄浦江沿岸城市风情带、旅游景区等支撑起了旅游高质量发展格局。多个区域成功创建国家全域旅游示范区，推动了旅游产业的全面发展，为市民和游客提供了更加丰富多样的旅游体验。

6. 社区参与和公众服务的提升

在黄浦江沿线的改造过程中，鼓励社区居民参与，通过问卷调查、公开讨论等方式收集居民的意见和建议，确保改造方案更加贴近居民的实际需求，实现社区共建共享。

7. 生态友好型公共空间的建设

黄浦江沿线的公共空间改造注重生态保护和可持续发展。通过生态修复、绿色建筑等措施，打造了一个生态友好型公共空间，为市民提供了一个健康、可持续的休闲环境。

上海市黄浦江沿线的文旅公共服务建设，展示了如何将城市的历史文脉与现代旅游需求相结合，打造一个世界级的城市会客厅。随着服务水平的不断提升，黄浦江沿线将继续为市民和游客提供更加丰富和高质量的旅游体验，成为上海城市发展的一张亮丽名片。

问题：黄浦江沿线的旅游公共服务建设对于提升上海城市形象和吸引国内外游客有哪些积极作用？

第三节　旅游安全保障服务

安全，即平安、不受威胁、没有威胁。1943年，美国心理学家亚伯拉罕·马斯洛提出了著名的"需要层次理论"，即生理需要、安全需要、社交需要、尊重需要以及自我实现需要，其中，安全需要包括安全感、稳定性、秩序以及在社会环境中的社交安全需要。马斯洛指出，安全需要是人类除生理需要之外最基本的需要。

自从人类社会出现旅行活动开始，安全便是旅游者关心的首要因素，而且旅游业越往高级方向发展，其影响会越大，旅游安全问题就越受到重视。旅游活动中，游客离开了日常生活的地方，在陌生的环境里会造成心理紧张，其心理安全、身体安全、财务安全等问题需要得到保障，旅游目的地必须予以承诺和落实。旅游安全有狭义与广义之分，狭义的旅游安全是指旅游者安全，包括旅游者在旅行游览全程的人身、财产和心理安全；从广义上讲，旅游安全指旅游活动过程中所有要素的安全，具体包括旅游者安全、旅游设施安全和旅游环境安全等。旅游安全的表现形式有旅游交通事故、旅游疾病、火灾与爆炸事故、旅游财产安全等。

完善旅游安全保障服务体系，要以社会公共安全保障体系为依托，以科技应用和手段创新为突破，完善旅游安全法规，建立旅游安全预警系统，建立旅游急救系统，加强旅游安全的宣传教育与培训，建立健全旅游保险保障体系，为游客营造安全、放心的旅游环境。

一、旅游安全法规

旅游安全法规是从法律上保障旅游安全，加强旅游安全管理，提高应对旅游突发事件的能力，保障旅游者的人身、财产安全，促进旅游业持续健康发展，为旅游活动过程中出现的各种安全问题的解决提供法律依据，依靠其权威性和强制性来规范和约束旅游经营者及其从业人员，增强旅游安全意识和防控意识，约束旅游者在旅游活动过程中的各种不当行为。2016年9月国家旅游局政策法规司公布了《旅游安全管理办法》，决定于2016年12月1日起施行，同时废止国家旅游局1990年2月20日发布的《旅游安全管理暂行办法》。相关的旅游安全法规还包括《中华人民共和国旅游法》《中华人民共和国安全生产法》《中华人民共和国突发事件应对法》《旅行社条例》《安全生产事故报告和调查处理条例》等法律、行政法规。

旅游经营者的安全生产、旅游主管部门的安全监督管理，以及旅游突发事件的应对，应当遵守上述有关法律法规和办法的规定。旅游主管部门应当在职责范围内，依法对旅游安全工作进行指导、防范、监管、培训、统计分析和应急处理。旅游经营者应当承担旅游安全的主体责任，加强安全管理，建立健全安全管理制度，关注安全风险预警和提示，妥善应对旅游突发事件。旅游从业人员应当严格遵守本单位的安全管理制度，接受安全生产教育和培训，增强旅游突发事件防范和应急处理能力。旅游主管部门、旅游经营者及其从业人员应当依法履行旅游突发事件报告义务。

二、旅游安全预警

旅游安全不仅仅考虑与人们生命财产直接相关的安全问题，还涵盖旅游资源安全、旅游环境安全等内容，准确、及时的预警信息能有效减少国家经济损失，确保人民生命财产安全，从某种意义上说对危险事故的预警也是一种安全。旅游安全预警就是在安全事故发生之前，通过科学指标，对未来特定的一段时间、一定旅游区域内的旅游动向进行预测和引导，使旅游效果达到最佳。旅游安全预警系统是个复杂的系统，是为了预防旅游活动过程中发生危险而建立的报警和派警系统，担负着旅游安全信息的搜集、分析、对策制定和信息发布等功能，是国家发布旅游安全信息、进行安全预控的组织机构，它在警示旅游者和旅游者增强安全意识、提高安全防范与控制能力，使旅游者和旅游经营者在预见问题并采取积极的防范措施等方面有着极大的作用。

旅游目的地安全风险提示制度是旅游安全预警的一种有效手段。根据可能对旅游者造成的危害程度、紧急程度和发展态势,风险提示级别分为一级(特别严重)、二级(严重)、三级(较重)和四级(一般),分别用红色、橙色、黄色和蓝色标示。风险提示级别的划分标准,由文化和旅游部会同外交、卫生计生、公安、国土、交通运输、气象、地震和海洋等有关部门制定或者确定。风险提示信息包括风险类别、提示级别、可能影响的区域、起始时间、注意事项、应采取的措施和发布机关等内容。

三、旅游急救系统

旅游急救系统包括:(1)救援指挥中心,对整个旅游安全急救工作进行协调和整体统筹;(2)安全救援机构,涉及很多部门,包括医院、消防部门及其他与救援工作有关系的部门;(3)安全救援的直接外围机构,包括可能发生旅游安全问题的旅游景区、旅游企业、旅游管理部门和社区;(4)安全救援的间接外围机构,包括旅游保险机构、新闻媒体和通信部门。这些部门虽然不参加直接的救援工作,但是却对救援工作的顺利开展起着非常重要的影响。一个完善的旅游安全急救系统要能够使这四个部分组织起来,以救援指挥中心为核心统一筹划旅游安全急救工作,一旦发生旅游安全事故,各方面能够快速、有序地开展工作,发挥集体的力量,顺利解决问题。

旅游突发事件发生后,旅游主管部门应启动旅游突发事件应急预案,并组织或者协同、配合相关部门开展对旅游者的救助及善后处置,防止次生、衍生事件;协调医疗、救援和保险等机构对旅游者进行救助及善后处置;统一、准确、及时发布有关事态发展和应急处置工作的信息,并公布咨询电话;参与旅游突发事件的调查,配合相关部门依法对应当承担事件责任的旅游经营者及其责任人进行处理。旅游主管部门应当建立旅游突发事件报告制度,报告内容应当包括下列内容:(1)事件发生的时间、地点、信息来源;(2)简要经过、伤亡人数、影响范围;(3)事件涉及的旅游经营者、其他有关单位的名称;(4)事件发生原因及发展趋势的初步判断;(5)采取的应急措施及处置情况;(6)需要支持协助的事项;(7)报告人姓名、单位及联系电话。

四、旅游安全宣传教育

加大旅游安全的宣传教育,增加人们对旅游活动中潜在危险的了解,增强社会大众的自我保护意识,为有效防范旅游重特大事故,促进旅游事业健康发展,坚持以人为本、安全第一、安全发展的理念,多措并举加强旅游安全生产工作,确保旅游市场实现"安全、质量、秩序、效益"四统一的目标。广泛开展安全宣传教育和培训工作,大力宣传党和国家的安全方针政策、法律法规和省市旅游部门加强安全生产的重大举措,加强从业人员安全教育培训,提升旅游从业人员安全意识和安全素质。

五、旅游保险保障

在旅游的过程中,总是会存在各种出其不意的危险。为了预防可能发生的旅游事故造成的人身、财产损失,购买保险就成了一个防患于未然的办法。旅游保险是指旅游者或者旅游经营者根据旅游保险合同的约定,向保险人支付保险费,保险人根据旅游保险合同的约定,对在旅游活动中发生的旅游事故所造成的旅游者或旅游经营者财产损失承担赔偿保险金的商业保险行为。

旅游保险主要有旅行社责任保险和旅游意外保险。旅行社责任保险是指旅行社根据保险合同的约定,向保险公司支付保险费,保险公司对旅行社在从事旅游业务经营活动中,致使旅游者人身、财产遭受损害应由旅行社承担的责任,承担赔偿保险金责任的行为。旅游意外保险是指投保人和保险人约定,在旅游过程中被保险人遭受意外事故直接引起伤残、死亡或其他各种损失时,由保险人向被保险人或受益人给付保险金的保险。旅游意外保险属于人身保险,其标的是被保险人的身体和生命。

依照《责任保险规定》,旅行社负责向旅游者推荐购买旅游意外保险,旅游者是否购买旅游意外保险由其自己决定,是一种自愿行为。目前,我国保险公司推出的旅游意外保险主要有以下4种。

(1)旅客意外伤害保险:这类保险主要为旅客在乘坐交通工具出行时提供风险防范服务。保险期限从检票进站或中途上车上船开始,一直到旅客检票出站或中途下车下船为止。

(2)旅游人身意外伤害保险:这类保险主要为旅游者在景区游览时遭遇意外事故后提供及时救济。保险期限从游客购买保险进入旅游景点和景区时起,直至游客离开景点和景区时止。

(3)旅游救助保险:这类保险是国内各保险公司普遍开办的险种,游客无论在国内外任何地方遭遇险情,都可拨打电话获得无偿救助。

(4)住宿旅客人身保险:这类保险从旅客住宿之日零时起算,保险期限15天,期满后可以续保。这类保险提供的保障主要有住宿旅客保险金人民币5000元,住宿旅客见义勇为保险金人民币1万元,旅客随身物品遭意外损坏、被盗、被抢或丢失的补偿金人民币200元。

知识链接:旅游安全基本常识

(1)旅游者参加旅行社组团旅游应当和旅行社签订有效旅游合同,明确相关权利和义务,建议投保旅游人身意外险。出行时,还应互相交换导游和同行人员的电话号码。

（2）随团旅游不可擅自离开团队单独活动，晚上或自由活动期间外出应结伴而行。

（3）外出旅游要带好证件，忌带贵重物品，整个游程注意人身和财物的安全。

（4）外出旅游应根据个人年龄特点和体质状况选择旅游线路和旅游项目等，并自带个人防护用品、必备药品，以防不测。

（5）外出旅游选择卫生和安全条件较好的饭店住宿，建议选择星级饭店、知名品牌饭店。

（6）外出旅游注意卫生，到卫生条件较好的餐饮店用餐，用餐建议实行分餐制。

（7）外出旅游应掌握预防疾病的基本常识，不到传染病疫区去旅游。

（8）携带贵重物品入住饭店时，应及时在总台办理贵重物品寄存手续。行李物品不要脱离视线。离开房间须随手关门，并保管好钥匙。不让陌生人进入房间。

（9）入住饭店后需观察房间门后所张贴的安全疏散示意图，熟悉饭店内各安全通道的位置。

（10）入住饭店勿在床上吸烟，勿在房间生火煮食和自接电线、电源。

（11）入住饭店不得携带易燃易爆化学物品、有毒物品等违禁物品。

（12）饭店发生火警时，切勿使用电梯，应迅速从最近的安全通道撤离。逃生时，用湿毛巾捂住口鼻，并匍匐前进，以免吸进浓烟。

（13）在游程中应记住下榻的饭店名称和电话，以及乘坐的旅游车车牌号码，乘车乘船忌争先恐后。

（14）乘坐交通工具时，一定要系好安全带，勿随意更换座位，上下车时要注意来往车辆，不带危险或易燃品。

（15）从事水上娱乐项目活动，应穿戴救生衣或其他救生装备，勿超越安全警戒线。

（16）参加漂流、探险、蹦极、登山、缆车等危险性较大的旅游项目时，应严格遵守有关安全注意事项。患有精神病、心脏病、高血压、癫痫症等病症的患者以及孕妇、老人、小孩或残疾人等不宜参加与身体状况不相适应的旅游项目。

（17）外出旅游时遇雨天、山路、险坡等应注意行路安全。

（18）在景区游玩时，应严格遵守景区设置的安全提示和警示。

（19）旅途购买食品时应注意食品卫生，要慎吃生食、生海鲜，不要光顾路边无证摊点，防止暴饮暴食，防止发生旅途腹泻等疾病。

（20）购物和娱乐消费要注意保管好发票或凭证。

（21）外出旅游发生意外安全事故，不要惊慌失措，应及时求助相关部门，拨打导游或当地报警、救护电话,并保护好现场和物证。

(22)提倡文明旅游,注意自己的言行举止,切勿惹是生非,增强自我保护意识。

(23)外出旅游期间发生危险,应迅速向当地公安机关求助。

(24)外出旅游期间与旅行社发生纠纷,如果不能协商解决,可注意保存证据,待返回后向当地旅游管理部门投诉。游客不能以纠纷没有解决为由拒绝跟随旅行社继续旅游行程,否则,由此扩大的损失将得不到法律保护。

第四节 旅游交通便捷服务

建设完善的旅游交通便捷服务体系,需要旅游部门加强与交通、铁路、民航等部门的合作,以公共交通网络为依托,强化旅游服务功能,在服务内容、服务项目、服务方式、运行机制等方面与国际接轨;从满足散客交通需求入手,逐步建立网络化的旅游交通集散体系;从适应自驾游快速发展的趋势入手,建设自驾游营地、完善旅游交通标识引导系统,形成便捷的旅游交通服务网络。完善旅游交通便捷服务体系的重点是旅游交通通道建设、旅游交通节点建设和旅游交通服务建设。

一、旅游交通通道建设

(一)旅游风景道

"风景道"的概念是近几年从"景观大道"引申发展而来的。风景道是一种路旁或视域之内,拥有欣赏风景的、自然的、文化的、历史的、考古的和增进游憩价值的景观道路,是交通价值、景观价值、游憩价值、文化价值、自然价值等多重价值的融合。风景道所具有的充分拓展旅游和旅行途中的景观观赏功能,在将惯常的旅行成本转变为旅游者的特殊旅行收益方面具有明显优势,满足了游客旅途中多种游憩需求,同时也顺应了旅游业尤其是自驾车旅游迅猛发展的趋势。它通过线性路线,将点、面状的旅游景点连接成网状旅游目的地,对于面状、线状产品是一种最经济、最直观、最深刻的体验方式。因此,风景道改变了传统的围墙内的旅游风景区开发模式,是一种很好的线性旅游开发模式,是对点、面状旅游开发模式的补充和完善。

风景道在国外如北美、西欧已有了100多年的发展历史,已形成了一个独立的、蓬勃发展的研究领域,并取得了丰富的研究成果。同时风景道还因获得了政府和开发商的积极参与和大力支持,得到了迅速发展。目前美国已建设了80多条国家风景小道和泛美风景道,形成了由国家、州和地方组成的风景道体系。风景道在道路规划、景观设计、保护历史遗迹和优美的自然风景、带动地方经济发展等方面发挥着非常重要的作用。

（二）游步道

游步道是真正引导游人深入景点、引人入胜的道路，在山峦、峡谷、水崖、小岛、丛林、水边、花间和草地上均有铺设，是完全融入大自然景观的道路，采用的宽度为 1~2.5 米，也有小于 1 米的。游步道不仅是景观的组织与联系纽带，同时由于其蜿蜒曲折或跌宕起伏带来的景观变化，能带给游人不同的视觉体验与游憩享受。游道的类型大致可分为三种类型：一是历史性路径，但现已不再发挥原有运输功能，如历史上就存在的步游道、铁路、公路、运河等；二是连接景区内各重要组成部分的游道；三是景区与周围区域之间必要的慢速连接交通线路。

（三）旅游专线

旅游专线公路是用于沟通旅游景区至外部城镇或连通该地区干线公路网的公路，是吸引游客进入旅游景区的必经线路，并承担部分地方交通。我国早期的旅游公路主要连接国家自然保护区或世界自然遗产，但随着旅游产业在国民经济发展中的比重越来越大，旅游公路对旅游产业的促进作用越来越明显，各地纷纷启动了旅游专线公路的规划与建设。旅游专线公路是进入旅游景区的重要通道，有的旅游专线公路甚至与旅游景区融为一体，这些功能都要求旅游专线公路具有可观赏性、舒适性和安全性等特征。我国旅游专线的技术等级是根据旅游景区的分级和游客吸引量来确定的，较多的旅游专线公路属于二级、三级和四级公路。

（四）旅游专列

旅游专列通常会连接具有代表性的景点或旅游城市，满足游客想一次出游游览众多地方的愿望，具有定时、定点、定线等特点，可以发挥"一线多游"的优势，即一条旅游线路可以提供多种旅游选择。旅游专列的开行大大方便了旅游者的出行，已成为铁路客运量增长的重要部分。选择旅游专列出去游玩已经得到越来越多游客的喜爱，可以尽情地欣赏沿途迷人的风景，列车靠站后，还可以深入大街小巷，去感受别样的民俗民风。

（五）旅游观光巴士

旅游观光巴士是穿梭于目的地主要旅游吸引物之间，为游客观赏游玩和实现空间转移而设计，提供观光、讲解服务及其他休闲服务的线路固定的目的地旅游景观交通工具。车辆选用双层的，在部分目的地将双层巴士二层设为露天，从而更好地方便乘客欣赏美景。旅游观光巴士票价一般高于普通公交，服务更多样化，是一种将景区景点连接成网状旅游目的地的非常有效的手段和途径。

二、旅游交通节点建设

（一）旅游集散中心

旅游集散中心是指具有一定的旅游集散条件，对旅游者起中转、集散作用的空间单元。一般来说，只有一个区域中的交通枢纽城市，加上旅行社、饭店、娱乐等旅游服务设施，借助于交通枢纽地位辐射区域中的次一级旅游地或重要的景区，才形成旅游集散中心的地位。旅游集散中心是旅游规划中公共服务设施的重要部分，它最早起源于西方发达国家，是主要面向自助旅游者的短线旅游集散中心。旅游集散中心提供接待、车辆、导游等项目服务，在整合各旅游要素的基础上，搭建旅游销售平台，每天定点发送旅游班车，方便游客出行。游客可以在集散中心任意选择、组合旅游线路，自主安排旅游行程，使游客真正享受到自助旅游的乐趣。

（二）旅游停车场

旅游停车场是为旅游者使用的汽车提供停车服务的场所，常见的车辆类型有大型客车、中小型客车以及摩托车和电瓶车。旅游停车场强调自然协调，包括场地本身的"自然"及与周围风景衔接的"自然"，最好是借用自然的地形就势建造。停车场内大客车与小汽车要分区停放，用绿化及道路划分出各自的停车空间。小汽车停车场常常结合场地地形及建筑物布置情况灵活分散成几个组来布置。要在合适位置分散布置一些休闲设施、一定数量的公共电话亭等，以方便游客使用。有些景区的旅游季节性非常强，旺季停车位严重不足，为避免破坏环境，不适合再修建新停车场的景区可考虑建造临时停车场。

（三）旅游汽车站

旅游汽车站一般位于旅游城市市区或旅游景区景点，以设施、场地及配套设备为依托，提供旅游运输服务、旅游咨询服务、中转换乘等服务，属于公路交通基础设施、社会公益性设施和经营性设施，具有游览性、季节性、舒适性、服务对象特殊性和灵活性等特征。旅游汽车客运站的设计和普通汽车客运站会有所差别。旅游汽车站主体建筑的用地规模、建筑面积、空间布局、立面风格等应与周边环境相协调，同时考虑到旅游交通相对于普通公共交通更注重舒适性，应按较高标准建设，给游客营造一个高服务质量和高服务标准的软硬件设施，正如旅游大巴较普通客车要高出一个档次一样。

（四）旅游码头

旅游码头一般属于公共设施，大多由政府投资。为确保使用的高效，旅游码头除了可停靠游览船、水上巴士，还允许一些私人游艇停靠。旅游码头规模由游客量、区位、限制条件等决定。一般位于市中心的旅游码头占地规模较小，沿河设置必要的售票亭和等候区即可，其码头形式也以外置式为主，方便游客即到即上；而位于市区以外的码头规模适当增大，可设停车场、售卖设施等。旅游码头的游线设计应该丰富多样，针对不同人群设计不同主题的观光游线，并配以不同的解说和宣传资料。

（五）旅游机场

我国民航业务量统计数据显示，近年来旅游客流已经占据航空客流的三分之一，成为航空运输除公务出行外最重要的支柱。我国习惯于将主要服务于旅游者航空出行的机场称为"旅游机场"。旅游机场与一般的机场相比,具有五个方面的特征:(1)类型一般为国内支线机场,飞行区等级多为4C,甚至更低;(2)机场依托地的级别较低,一般为县或镇,少数为地级城市;(3)机场所在地区域经济发展程度中等或较低,是外来旅游者而不是本地居民的出行需求促使机场兴建;(4)机场航班数量相对较少,旅客吞吐量较少,大部分属于中小型机场;(5)客流量淡旺季差别一般比较明显。为提高旅游吞吐量,拓展客运市场,旅游机场应针对不同定位的通航点,开发新的航线,增加航线航班量,为游客提供更加便利的航空运输服务。借助机场广告资源,积极参与机场所在地的旅游形象宣传。

三、旅游交通服务建设

(一)旅游汽车租赁

随着自助旅游和自驾游的不断兴起,汽车租赁以其便捷、实惠、自由度高等特点很好地满足了游客们日益增长的需求,是未来旅游发展的新方式及旅游出行的交通新主力。根据不同的服务内容,旅游汽车租赁服务主要可以划分为以下两类:一种是出租单位为游客提供车辆的同时提供司机驾驶服务;另一种则为人们常说的"自驾游",以满足游客的个性化需求为主,出租单位仅提供车辆,不提供驾驶服务。除了基础的租赁与驾驶服务外,汽车租赁公司往往还为出行的游客提供如GPS导航系统、保险以及车上娱乐活动等配套个性化服务设施。在旅游汽车租赁服务中,汽车的安全、便捷的租车和还车程序、信息沟通的便利性以及汽车的舒适程度是影响游客选择的重要因素。其中,出行的安全系数高低以及保险是否健全成为游客租车选择的首要因素。许多公司还提供会员服务、异地还车、代订旅行社、饭店、路边急救等服务。旅游汽车租赁在国外发展比较成熟,美国、加拿大、欧洲、澳大利亚和新西兰等地的租车网点已经开始接受中国驾照了。

(二)自驾车营地

自驾车营地的发展是随着自驾车旅游的发展应运而生的,它是自驾车旅游发展的必然产物,然而,对于什么是自驾车营地国内外尚无确切定义。一般认为,自驾车营地是指在自驾车旅游线路上,依托旅游交通干线和风景优美之地或者在旅游景区附近开设的,有一定场地和设施条件,可以为自驾车爱好者提供自助或半自助服务的,具有特定主题复合功能的旅游场所,其主要服务项目包括住宿、露营、越野、休闲、餐饮、娱乐、汽车保养与维护、汽车租赁、度假、户外运动、信息服务、医疗与救援等。

(三)房车营地

房车和营地是紧密相连、相互辅助的。房车是移动的家,房车营地就是移动之家的停靠点。营地不仅仅是一个停车场，它同时还是一个集景区、娱乐、服务于一体的综合旅游度假地。功能完备的房车营地会包括生活区、娱乐区、商务区、运动休闲区等，每个区域设施齐全，建有独立的饮水和污水处理系统，配备220伏日常用电。在生活区域内有洗脸池、淋浴、卫生间等，并且提供洗衣、熨衣、煤气等服务设施；在商务服务区内设有超市、邮局、诊所、酒吧、餐馆等，完全可以满足游客日常生活的需要。在娱乐和运动区域内，开辟有足球、网球、篮球、游泳池、高尔夫、儿童游戏等多种运动场地和多功能厅，供游人使用。房车营地可简可繁，主要类型有房车停靠场、帐篷露营场、简易式营地（为一般露营者和配置不全的房车使用）、旅游景点拖挂房车出租场、大型房车营地（移动别墅）等。

（四）汽车救援服务

随着自驾游的兴起，旅游者在驾驶途中由于交通意外、驾驶不当或车辆自身故障导致的车辆无法正常行驶等特殊情况与日俱增，汽车救援服务行业应运而生。目前我国开展汽车救援的机构包括汽车救援公司、4S店、汽车俱乐部、车友会和有车险业务的保险公司，他们均可向车主提供不同程度的紧急救援服务。对自驾游来说，救援呼叫号码的透明性，救援机构救援的及时性、服务质量、收费，以及发生不满时投诉处理等是最为关心的问题。汽车救援行业要得到良性的发展，需要政府给予相应的扶持。比如，在标识认证权上，应建立统一标识，如车牌、车的颜色、车身主要图案等。这样既便于管理，更便于疏导交通，给予救援车辆以特别通行权。

知识链接：中国低空旅游：政策支持与市场发展的双重驱动

低空旅游作为一种新兴的旅游业态，近年来在我国得到了快速发展。自2014年以来，国家陆续出台了多项政策，如《低空空域管理使用规定（试行）》征求意见稿和《国务院关于促进旅游业改革发展的若干意见》任务分解表，将低空旅游纳入产业发展机遇期。2021年2月，低空经济被写入《国家综合立体交通网规划纲要》，并在2024年被写入政府工作报告，这表明低空旅游得到了国家层面的重视和支持。

经历了快速增长期的我国低空旅游，在2018年至2021年飞行小时和载客量年均增速显著，即使受疫情影响，2020年至2021年仍实现了逆势增长。进入后疫情时期，即2023年至今，低空旅游迎来了"报复性"反弹，显示出强劲的发展势头。

地方实践方面，全国已有100多个城市探索开展空中游览项目，海南在低空旅游领域表现突出，而陕西、甘肃、广西、江苏、北京等地的飞行小时数也较高，显示出低空旅游业态的蓬勃发展态势。一些地区如山东正在大力推动低空飞行旅游发展，完善通用机场旅游功能，打造覆盖全省的通用机场群，内蒙古自治区也提出开通低空旅游专线，实现区内核心旅游资源的有效串联。

技术发展方面，无人驾驶航空器和电动垂直起降航空器（eVTOL）的投入使用，为低空旅游提供了新的机遇，有望解决技术人才问题，拓宽低空旅游的发展空间。在中国，低空旅游尚处于起步阶段，但具有广阔的发展前景。随着经济的持续恢复和回升，市场的消费意愿快速增强，预示着低空旅游将迎来更大幅度的发展。

然而，低空旅游在实际运营过程中仍面临一些挑战，如高运营成本、基础设施不足以及地区发展不平衡等问题。这些挑战需要通过政策支持、基础设施建设和技术创新来克服。综上所述，低空旅游作为旅游项目在我国正迎来快速发展的新机遇，同时也需要解决一些发展中的问题，以实现可持续的高质量发展。

第五节　旅游便民惠民服务

完善旅游便民惠民服务体系，要从为游客谋取更多的福利入手，推动社会推出更多的旅游惠民产品和优惠措施，提供更充足的旅游便民设施，推出针对老人、学生、残障人士、低收入人群等的特殊优惠政策，以进一步发挥旅游在提升生活品质、提高居民素质、促进社会和谐等方面的功能，使人民群众共享经济社会及旅游业发展的成果。

一、便民惠民服务与设施

（一）旅游志愿者

志愿服务是社会文明进步的重要标志。旅游志愿服务以满足旅游者的旅游活动需求，提高旅游行业综合服务质量为目标，在文明引导、游览讲解、质量监督、旅游咨询、应急救援等领域提供公益服务，是志愿服务的重要力量，是中国旅游事业的重要组成部分。开展好旅游志愿者工作：一是要加强组织领导，成立全国旅游志愿服务工作领导小组，各级旅游主管部门落实志愿服务活动相应管理机构和人员；二是要加大经费投入，经费来源主要包括政府购买和资助、社会捐助以及其他形式；三是要加强宣传推广，充分发挥新媒体作用，大力宣传旅游志愿服务活动及志愿者感人事迹，总结推广各地旅游志愿者队伍建设成功经验，营造全社会关心、支持、参与旅游志愿服务的良好环境。

（二）旅游厕所

旅游厕所是国际旅游城市的重要标志之一，与旅游交通、旅游咨询服务中心并称为旅游城市的三大必备旅游设施。旅游厕所是在旅游景区、旅游线路沿线、交通集散点、乡村旅游点、旅游餐馆、旅游娱乐场所、休闲步行街区及其他旅游接待场所的公共厕所。根据建设、管理、服务质量的级别，旅游厕所划分为3个质量等级，用"A、AA、AAA"表示，A级、AA级、AAA级代表的质量等级依次由低到高。旅游厕所设备应定时巡检、维护、保洁，提供干净卫生，保持较高正常率。旅游厕所的布置不应妨碍风景，同时又须易于寻觅，突出方便性和可达性。旅游厕所的建造宜"靠边"布置，隐蔽在绿荫丛中，用美观、别致、突出的指示牌加以引导，以方便游人寻找。

（三）旅游无障碍设施

旅游无障碍设施是旅游业发展水平的重要衡量标志，也是考核旅游业服务质量的重要标准。加强对旅游无障碍设施的管理是社会文明进步的具体体现，旅游作为一项基本人权，受到了国际社会的普遍认可和尊重。提高景区无障碍设施的使用效率，首先应进一步完善无障碍设施的类型，满足不同类别残疾人的需要。景区可根据实际适当增加如手语讲解、图示讲解等无障碍设施及服务，增加更为先进的残疾人辅助设施，满足不同类别残疾人群体的需要。其次加强对景区无障碍管理人员的专业知识培训，聘请有关专家详细介绍和传授无障碍设施管理使用知识，使景区管理人员树立重视无障碍设施的观念，提高管理效率和水平。

（四）无线讲解器

无线讲解器是利用电子技术原理制造的各种导游讲解设备系统，目前最为先进的是通过对游客进行定位，从而根据游客位置的变化自动介绍这个景点的内容。目前发达国家大都采用非导游讲解的无线讲解器。在博物馆等室内展馆，基本上取消了导游讲解，特别是噪声比较大而又影响他人参观的高音喇叭。无线讲解器与人工导游相比的优势明显：一是保护环境，随着热门景点的旅游人次越来越多，噪声污染成了旅游景点管理的新问题；二是方便外国游客，游客可以选择汉语、英语、法语、日语等多种语言；三是避免游客之间的干扰，全面提升讲解质量；四是避免导游服务质量的不稳定性；五是满足游客的个性化需求，通过不同版本的录音，满足不同年龄、不同层次的游客需要。

（五）景区无线网络

数字化景区是国家大力倡导的，而数字化景区建设的主要内容就包含景区无线网络。景区无线网络也成为吸引游客的一种有效手段，景区布置无线网络（Wi-Fi）有诸多好处，包括：（1）扩大景区微信知名度，景区 Wi-Fi 普遍都是扫微信二维码认证上网，景区可以在提供 Wi-Fi 的同时，吸引更多的关注；（2）方便景区提供各种服务和营销，通过景区推送的消息，告知最近的洗手间、便利店、餐饮、出入口、篝火晚会等信息；（3）人流分析，根据 Wi-Fi 接入人流的情况，可以分析出景点的人流量多少，进行针对性的服务；（4）提高游客体验，方便游客把照片发到微博和朋友圈。

二、惠民休憩环境

(一) 休闲街区

街区是街道和区域的结合，休闲街区就是能进行休闲活动的一片区域。休闲街区包括餐饮一条街、购物一条街和娱乐一条街等形式。休闲街区建设需要遵循以下原则：第一，街区是城市的一部分，街区旅游公共服务设施建设是城市配套基础服务设施建设的一部分，处理好城市现有基础服务设施与旅游公共服务设施建设的关系，保持其统一性。第二，营造独特的街区氛围，进行差异化发展显得尤为重要，街区旅游公共服务设施建设必须与街区发展脉络保持一致。第三，鉴于街区所处发展阶段不同，管理方式、资金状况等均存在差异，旅游公共服务设施建设需要分步实施、突出重点，多改造，少重建，减少重复建设。

(二) 休闲娱乐广场

随着城市旅游公共服务设施的完善，休闲娱乐广场已经成为城市的重要组成部分，是人们亲近自然的理想场所。休闲娱乐广场主要面向游憩活动，具有鲜明的主题和个性，以城市文化为背景，使人们在游憩中了解城市、解读城市。休闲娱乐广场形式应灵活多样，有别于其他市政广场、纪念广场、交通广场、商业广场等类型的广场，应设置台阶、座椅等供人休息，设置雕塑、喷泉、花坛、水池以及有一定文化意义的雕塑小品供人欣赏。休闲娱乐广场的设计要利用一切可以利用的因素，使广场既有可持续发展的生态性，又具有突出的创造性，提高城市公共服务质量，形成极富魅力的特色空间。

(三) 城市公园

城市公园是城市的起居空间，是城市居民的主要休闲游憩场所，其活动空间、活动设施为城市居民提供了大量户外活动的可能性，承担着满足城市居民休闲游憩活动需求的主要职能。城市公园还具有生态功能和美化功能。城市公园作为城市的绿肺，在改善环境污染状况、有效地维持城市的生态平衡等方面具有重要的作用。城市公园是城市中最具自然特性的场所，往往具有大量的绿化，是城市的绿色软质景观，它和城市的其他建筑等灰色硬质景观形成鲜明的对比，使城市景观得以软化。同时，公园也是城市的主要景观所在。

(四) 博物馆

"博物馆"一词原意是人类知识与文化的"记忆殿堂"。博物馆承载着太多的文化内涵，是一个国家、一个地区、一座城市向世界开放的重要窗口，是区域历史文化文明高度浓缩的载体。充分发挥博物馆功能应该做到以下几点：一是博物馆应增强休闲娱乐功能，注意为游客提供多样性的体验；二是博物馆需要逐渐转变经营体制，非遗产展示类可以以转让和特许经营的方式由企业进行营利性经营，如餐饮、纪念品销售、休闲娱乐服务等；三是博物馆应加强营销，一种有效手段是与其他旅游吸引物组合进行营销;四是博物馆运营管理要树立和强化"服务意识",为游客提供热情、周到、主动的服务;五是博物馆在内容和形式上应注重特色展示和创新应用。总而言之,博物馆应响应市场和社会的脉动,关注游客的需求,提供便利的服务,使游客获得高质量的情感体验。

(五)科普教育基地

科普教育基地是具有科学教育和科学传播功能的公共设施,是开展科普工作、宣传科学思想的阵地。科普教育基地作用的有效发挥,须设立政府财政统筹的专项资金,提升科普教育基地管理和公共服务能力,提高科普教育基地运行水平和服务质量,创新办展的内容、形式和手段,充分展现科学的丰富内涵和独特魅力,强化教育职能,将科普教育基地纳入国民教育体系,加大传播能力和宣传力度。

三、旅游惠民政策

(一)旅游消费券

从其他国家发放消费券的情况来看,政府发放消费券意在刺激居民消费,属公益福利性质。一些发达国家如美国,在经济运行平稳时,政府会为了缩小消费差距、提振消费水平而给一些低收入者派发消费券,主要用于食品和教育等公共支出,是一种社会福利;在经济出现衰退时,则通过派发消费券来刺激消费,促进需求从而推动经济增长,这其实是财富再分配的一种形式。旅游消费券可以分为两大类:一类是政府旅游主管部门代表政府发行的旅游消费券,消费者凭消费券可在指定区域的景点、酒店等旅游企业消费时折抵一定的现金,如南京乡村游最多可折抵50%,杭州消费40元抵10元等;另一类是旅游企业主要是旅游景点发放的旅游消费券,消费者可在指定地点消费时折抵一定的现金。

(二)旅游年票

自旅游年票诞生以来,因其价廉、便捷、超值的特点备受各地居民青睐,旅游年票得以在全国范围内推广。各地旅游年票在使用次数和优惠待遇方面略有不同,但其主要形式还是相对趋同,即有效期内大部分景区免票不限次,部分景区免票一次或给予一定折扣,参团旅游线路打折或在加盟酒店和餐饮购物场所消费享受一定折扣的优惠。旅游年票大幅度降低了各大景区进入门槛,本地居民可以像逛超市那样进入自己意愿的景区游览体验,享受发展旅游的成果,得到实实在在的旅游优惠。

(三)旅游一卡通

旅游一卡通是以银行 IC 卡作为载体,结合应用平台、网络和银行 IC 卡等现代化科技手段,为优化旅游服务而推出的多功能电子门票。旅游一卡通可以与景区签订协议,还可以联手游乐园、度假村、宾馆酒店、农家乐等旅游企业组成战略同盟,消费者持卡可享受各景区不同程度优惠。旅游一卡通具有使用方便、操作便捷、经济实惠、精美超值的特点，可以实现无障碍金融服务，推进智慧旅游和无障碍公共服务体系构建，帮助旅游者实现真正意义的"一卡在手，玩转无忧"的梦想。

（四）特殊人群优惠政策

残疾人、老年人、未成年人等由于年龄和生理特点，在社会生活中属于应当受到照顾的群体。《残疾人保障法》规定，国家和社会鼓励、帮助残疾人参加各种文化、体育、娱乐活动，努力满足残疾人精神文化生活的需要。《老年人权益保障法》规定，博物馆、美术馆、科技馆、纪念馆、公共图书馆、文化馆、影剧院、体育场馆、公园、旅游景点等场所，应当对老年人免费或者优惠开放。《旅游法》第十一条也指出残疾人、老年人、未成年人等旅游者在旅游活动中依照法律法规和有关规定享受便利和优惠。随着我国社会经济的发展和文明程度的提高，一方面，残疾人、老年人、未成年人等特殊群体有愿望、有条件参与旅游活动；另一方面，为这些特殊群体提供旅游便利和优惠服务是社会文明的基本体现和要求。综合各地的特殊人群优惠政策看目前还主要集中于景区门票的减免。

第六节　旅游行政服务

旅游行政服务应以维护游客的合法权益为出发点，建设服务型政府，进一步强化优化旅游环境、投诉受理、引导游客文明出游等旅游公共服务职能，努力形成部门协同、区域合作的大旅游公共服务格局。旅游行政服务体系建设的重点是健全部门间、区域间及境内外的合作机制；完善旅游服务质量引导、监管、评价和改善机制，保护游客权益；引导游客文明、理性、绿色出游；引导休闲度假发展；加强对旅游公共服务的宣传和研究。

一、旅游行政监管

旅游行政监管可以概括为旅游、工商、公安、质监、交通、价格、卫生等多个政府职能部门在旅游经营者为旅游者提供旅游产品及服务过程中，对所发生的经济行为及经济关系进行的相关约束、限制等系列干预活动，主要表现在以下方面。

（一）严把市场准入关，加强信用信息公示监管

严格执行市场主体资格准入制度，严把审查、登记关，从源头上把好关。对辖区旅游市场从事"食、住、行、游、购、娱"的经营者进行全面检查，对无证照从事旅游行业经营的坚决取缔，对证照不符和超出经营范围从事旅游行业经营的进行清理和查处。设立旅游经营行业监管台账，建立旅游服务行业经营者"经济户口"，由基层工商所逐一录入其基本登记信息、日常监管信息、消费者投诉信息等内容，建立旅游企业信用档案。将经营者的监管信息适时录入企业信用信息公示系统，加大社会监督力度。

（二）加强法律法规宣传和引导

针对旅游市场上存在的强迫或变相强迫消费、虚假广告、恶性价格竞争、挂靠承

包、合同欺诈等问题，加强对旅游企业现有法律法规的宣传，使企业知法、懂法，引导全行业规范经营、诚信经营、守法经营。通过进一步加强宣传，引导广大旅游者树立正确的消费理念、培养良好的消费习惯。

（三）严格执法维护旅游市场经营秩序

一是突出食品安全监管，以景区及周边的食品经营户和农家乐为重点，采取日常巡查和定期检查相结合的方式，严格落实企业内部食品质量管理责任，及时清理下架不合格食品，查处食品违法案件。二是突出涉旅游商品监管，严厉打击商标侵权和销售假冒伪劣商品行为。三是突出涉旅游广告监管，对景区企业和旅行社发布的旅游广告必须依法登记，发现有虚假内容的及时查处，严禁经营者利用广告和产品说明对其提供的服务和商品的质量、功效、适用范围做引人误解的虚假表示和宣传。四是突出涉旅游合同监管，重点检查旅行社合同中是否存在霸王条款，是否存在擅自减少规定的旅游项目或降低食、住、行标准和服务质量的情况，是否以格式合同蒙骗游客。

（四）积极受理申诉举报，快速查处消费侵权行为

一是充分发挥消费者举报投诉中心作用，快速、及时、准确、认真地处理旅游消费方面的投诉举报，快速查处旅游消费侵权行为，维护旅游消费者的合法权益。二是有效分析利用旅游消费投诉信息，及时掌握旅游消费投诉的动态和趋势，掌握侵权行为的特点和规律，适时开展有针对性的市场秩序整治，及时发布旅游消费维权知识及警示信息。三是进一步完善与相关行政执法部门的维权协作网络和社会监督网络，强化监督制约机制，共同做好旅游消费维权工作。

（五）加强部门配合，形成齐抓共管的合力

推动政府牵头，进一步明确相关部门的监管职责，建立联动机制，制定配套的规章制度，组织工商、食药监、旅游、公安、物价等相关部门围绕商品质量、食品卫生、市场秩序等方面开展综合治理，形成合力，齐抓共管，积极营造安全、放心、有序的旅游目的地消费环境。

同步案例：云南省"30天无理由退换货"服务：提升旅游体验与市场监管创新

云南省推出的"30天无理由退换货"服务是一项创新的旅游市场监管措施，旨在增强游客的购物信心并提升旅游服务品质。这项服务背景源于云南作为中国热门旅游目的地，政府不断努力提升旅游市场秩序和游客满意度。面对旅游购物领域的一些问题，如强制购物和价格不透明等，云南省政府采取行动，推出了这项无理由退换货政策。

服务内容包括为游客提供无理由退货的便利，即在云南省内购买的旅游商品，30天内如未人为损坏且不影响二次销售，均可凭购买凭证办理退货。云南省在主要交通枢纽和游客集中区域设立了130个"云南省游客退货中心服务点"，并通过"游云南"App和微信小程序提供在线退货功能，方便游客随时随地申请退货。服务流程简便，游客只需进行信息登记和上传购买凭证，退货监理中心会迅速响应并与商家协调，完成退款处理。

该服务的特点包括全年无休的退货服务点和在线平台，确保随时响应游客需求，并要求24小时内办结退货，显著提高了服务效率。此外，游客对"30天无理由退货"工作的满意度达到99%以上。政策的实施有效提升了游客体验，便捷的流程和高效率的办结得到了游客的普遍认可，同时也有效遏制了市场乱象，提升了旅游市场的整体秩序。

在实施过程中，云南省文化和旅游厅注重服务监管，定期组织业务培训，提升工作人员服务质量，并通过对导游、旅行社人员的宣贯培训，提高行业人员执行政策的主动性。游客在享受服务时需注意，退货条件要求商品完好、附件齐全，且无人为损坏。特殊商品如定制商品、生鲜食品等可能不在无理由退货范围内，且非商品质量问题的退货，快递费用和刷卡手续费由游客承担。

云南省的"30天无理由退换货"服务是一项有效的市场监管创新，不仅提升了游客的购物体验，也成为云南旅游业诚信经营的重要标志，对提升云南旅游品牌形象起到了积极作用。

问题：云南省推出的"30天无理由退换货"服务是如何提升云南旅游品牌形象的？

二、旅游者权益保障

《消费者权益保护法》所指消费者，是指为生活消费需要购买、使用商品或者接受服务的个人或单位。旅游者在旅游活动过程中会产生各种旅游消费行为，其权益也应得到相应保障。旅游者在依法享受权利时，必须遵守国家法律、政策和社会公德，坚持权利和义务相一致的原则。旅游者的权益及保障主要有以下几方面。

（一）旅游者权益的国家保护

1. 立法保护

完善的法律法规、政策体系，是国家保护旅游者合法权益的基础和依据。

2. 行政保护

旅游行政管理部门，对所属行业经营者负有监督管理责任，在保护旅游者合法权益方面的具体责任是：加强对旅游经营者的管理，强化有关旅游者权益的服务职能，认真听取旅游者、消费者协会及其他保护旅游者权益的社会团体对旅游经营者的交易行为、旅游服务产品和服务质量等方面的意见。

3. 司法保护

公、检、法机关应当依法严惩违法旅游经营者侵害旅游者合法权益的违法犯罪行为；审判机关应当采取措施，方便旅游者提起诉讼，并依法及时审理旅游者权益争议的案件。

（二）消费者协会对旅游者合法权益的保护

消费者协会保护旅游者合法权益体现在两个方面：一是对商品和服务进行社会监督，二是保护包括旅游者在内的消费者的合法权益。具体而言，提供信息和咨询服务、参与政府对商品和服务的监督检查、反映保护消费者权益方面存在的问题并提出建议、受理投诉并进行调查、调解，对有关投诉所涉及的商品和服务质量提请鉴定部门鉴定、支持起诉、揭露批评损害旅游者的事实。

（三）旅游者权益争议的解决途径

依据《消费者权益保护法》的规定，消费者和经营者发生消费者权益争议可以通过五种途径解决纠纷，旅游者也可以通过这五种途径解决与旅游经营者发生的纠纷。

1. 与经营者协商和解

协商和解是指双方在发生争议后，在平等自愿的基础上，本着公平、合理解决问题的态度和诚意，就与争议有关的问题，相互交换意见，达成和解协议，使纠纷得以解决的活动。

2. 请求消费者协会调解

由消费者协会对争议双方当事人进行说服劝导、沟通调解，以促成争议双方达成解决纠纷的协议的活动。

3. 向有关行政部门申诉

发生权益纠纷后，向有关行政部门提出申诉，要求行政机关维护自身的合法权益。

4. 申请仲裁

双方当事人自愿将争议提交仲裁委员会裁决。其前提是投诉者和被投诉者必须同意采用此种方式解决纠纷并达成协议。

5. 向人民法院提起诉讼

旅游者在其合法权益受到侵害时，可以向人民法院起诉，请求人民法院行使国家审判权，依法解决权益争议，保护旅游者的合法权益。

（四）赔偿主体及责任的承担

旅游者在购买、使用商品时，其合法权益受到损害的，可以向销售者要求赔偿。旅游者或者其他受害人因旅游服务产品缺陷造成人身、财产损害的，可以向销售者要求赔偿，也可以向生产者要求赔偿。旅游者在接受服务时，若其合法权益受到损害，可以向服务者要求赔偿。侵权人应当给予受害旅游者损害赔偿和精神赔偿，以维护其合法权益。

知识链接：保障旅游者权益的坚强后盾

《中华人民共和国旅游法》（以下简称《旅游法》）最大亮点之一，是在兼顾各有关方利益的前提下，积极贯彻科学发展观"以人为本"的理念，坚决维护最广大旅游者的合法权益。主要体现在下列方面：

其一，明确旅游者权益。《旅游法》专设"旅游者"一章，以法律形式首次确认旅游者的六项权利，即自主选择权、知悉真情权、要求严格履行权、受尊重权、救助保护请求权以及特殊群体获得便利优惠权，并以具体措施落实对旅游者的保护。依法确认和保护旅游者权益，吸取了中国旅游业多年发展的实践经验，借鉴了国际上若干通行做法，如世界旅游组织《马尼拉世界旅游宣言》《旅游权利法案和旅游者守则》等，在维护旅游者权益方面达到一个历史新水平。

其二，突出"以人为本"。《旅游法》注重平衡各方权益，在厘清政府与旅游经营者、政府与旅游者、旅游者与旅游经营者、旅游者与旅游从业人员、旅游经营者之间的权利、义务和责任的基础上，注意突出以旅游者为本，以旅游者权益保障为主线，对人民群众普遍关心的旅游公共服务提供、旅游市场秩序治理、旅游安全保障、旅游纠纷解决等问题做出更加详明的规定，从而把维护旅游者权益落到实处。

其三，提高保护针对性。旅游者权益不是空泛的，而是体现在旅游消费具体活动中。《旅游法》针对旅游消费和经营特点，设立了覆盖旅游全程的保障措施，包括事前预防、事中监管、事后处置，减少和堵塞了监管漏洞；充分借鉴《消费者权益保护法》《合同法》的原则精神，做出一些有个性的特殊规定，如明令旅行社不得搞"零负团费"、不得指定游客购物场所、不得擅自变更旅游合同约定，导游不得诱导、欺骗、强迫游客消费等；通过整合投诉受理机构、建立部门间转办机制、处理结果告知旅游者，建立旅游投诉统一受理机制，确保旅游消费维权件件有着落、事事有结果。

其四，健全旅游市场规则。欺客宰客、坑蒙拐骗的发生，很重要的原因是旅游市场秩序不良、市场监管措施不落实。针对旅游市场参与主体多、监管主体不到位或缺位的现实，《旅游法》按照市场经济和法治政府的要求，明确界定了政府公共服务和监督、行业组织自律、企业依法自主经营和旅游者守法的法律规范，构建了"四位一体"市场规制的全方位格局。与此同时，针对旅游经营中易出现的陷阱，做出了更明晰的法律界定，如说明与告知义务，合同履行与责任承担，不得虚假宣传与强迫交易等，有力地保障了市场环境更加公平有序。

其五，强化政府公共服务。旅游质量取决于很多因素，公共服务便是其中之一。为了更好地满足旅游者消费需求,《旅游法》明确要求各级政府加强和改善公共服务,要求安排资金加强旅游基础设施建设、旅游公共服务和旅游形象推广;建立旅游公共信息和咨询平台,无偿向旅游者提供旅游景区、线路、交通、气象、住宿、安全、医疗急救等必要信息和咨询服务;明确旅游目的地有向游客进行安全风险提示、安全监管和救助的义务;明确利用公共资源的景区要体现公益性,严控涨价或变相涨价,并逐步走向免费开放。上述规定有力地优化和改善了旅游消费环境。

旅游是人人享有的基本权利。这是世界旅游组织1980年在《马尼拉世界旅游宣言》中所宣告的。在中国改革开放取得丰硕成果、人民群众生活不断改善的形势下,《旅游法》的颁布,不仅进一步保障旅游者的合法权益,也有助于明显推动把旅游作为人的一项基本权利来落实。我们期望,随着《旅游法》贯彻的日益深入,把旅游业培育成为人民群众更加满意的现代服务业将为期不远了!

资料来源:《中国旅游报》,2013-05-03 (2).

【复习思考题】

1. 简述旅游专业网站的类型。
2. 自驾游游客最关注哪些旅游公共交通设施和服务?
3. 简述旅游意外保险的主要类型。
4. 各种旅游便民惠民服务或设施中,你最关心哪一项?为什么?
5. 简述旅游行政监管的主要手段。

【案例分析】

2023全国旅游公共服务典型案例

2023年,文化和旅游部为响应国务院《"十四五"旅游业发展规划》的号召,致力于推动旅游公共服务的高质量发展。自2024年4月起,公共服务司启动了全国旅游公共服务典型案例的征集遴选工作。经过严格的申报、遴选和公示流程,最终确定了十佳案例和优秀案例名单,并对外公布,旨在发挥先进典型的示范引领作用,带动旅游公共服务的全面升级。

十佳案例涵盖了旅游风景道的升级、城市会客厅的建设、智慧文旅平台的打造、海上救援服务的深化,以及文旅服务综合体的转型升级等多个方面。例如,张家口市推进草原天路旅游风景道再升级,通过优化机制,打造永不褪色的旅游体验;上海市不断提升黄浦江沿线文旅公共服务水平,以"还江于民,人文相伴"的理念,建设世界级城市会客厅;苏州市打造"君到苏州"智慧文旅线上服务总平台,实现一部手机游苏州，轻松品文化。

优秀案例则包括了智慧旅游地图、沉浸式文旅新场景的打造、冬奥服务的提升、旅游公路的富民效应等。这些案例同样展现了旅游公共服务领域的创新实践和对服务效率及体验的重视。如北京推出的"智慧旅游地图"，帮助游客在京畅游无忧；天津市文化中心融合引流，打造沉浸式文旅新场景；张家口市以冬奥为契机，全面提升游客旅行体验。

这些案例的成功实施，不仅为游客带来了更加丰富和便捷的旅游体验，也为旅游公共服务的创新和发展提供了宝贵的经验。它们推动了整个旅游业向更高质量、更可持续的方向发展，成为行业内学习和借鉴的典范。

在十佳案例中，如福州市旅游集散服务中心的转型升级，不仅提升了服务的质量和效率，还为游客提供了更加全面的旅游信息和便利服务。赣州市的文旅驿站建设亮点纷呈，织就了高质量旅游公共服务便民网，体现了对游客需求的深刻理解和满足。广州市的多元构建文旅咨询服务提升新机制，从"叠加"走向"质变"，释放了文旅融合的新势能。

优秀案例中，如扬州市强化全链条旅游服务保障，构建服务游客的"扬州样板"，提升了服务品质，提高了管理效率。黄山市打造"乐游黄山区"智慧管理平台，通过数字科技赋能，提升了旅游服务的智能化水平。莆田市建设"这就是莆田"数字文旅平台，构建智慧文旅平台服务文旅经济发展，为游客提供了更加便捷的信息服务。

这些案例的共同特点是对旅游公共服务的创新和提升，无论是在技术应用、服务模式上还是管理机制上，都体现了对游客体验的重视和对旅游业高质量发展的追求。通过这些案例的推广和应用，可以预见，中国的旅游公共服务将更加智能化、人性化，为游客提供更加安全、便捷、丰富的旅游体验，同时也为旅游业的可持续发展提供了有力的支撑。

问题：通过网络了解文中提到的旅游公共服务典型案例后期的运营情况并分析其原因。

参考文献

[1] 邹统钎. 旅游汽车租赁业：运营方式、发展问题与对策 [J]. 旅游学刊，2015，30（1）：6-8.

[2] 秦冉. 城市观光巴士乘客体验质量研究 [D]. 山东大学，2012.

[3] 屈云茜. 论我国小型旅游机场客运市场的开发——以武夷山机场为例 [J]. 厦门理工学院学报，2016，24（2）：30-34.

[4] 殷玮，顾竹屹，富一凝. 大城市公共旅游码头布局规划方法探究——以上海市苏州河水上旅游码头布局规划为例 [J]. 上海城市规划，2014（5）：51-56.

［5］尹建坤. 旅游汽车客运站设计若干问题研究［D］. 长安大学，2009.

［6］耿雪. 城市型旅游交通行为分析及观光巴士设置研究［D］. 北京工业大学，2008.

［7］闫娟. 我国旅游专列发展研究［D］. 山东师范大学，2008.

［8］时淑会. 国内旅游专线公路的外部性分析［J］. 中国市场，2011（41）：113-114.

［9］段张贤. 汽车救援行业信息化建设的研究［D］. 北京邮电大学，2009.

［10］国家旅游局. 中国旅游公共服务体系建设，2012.

［11］国家旅游局政策法规司. 旅游安全管理办法，2016.

［12］张凌云，黎巎，刘敏. 智慧旅游的基本概念与理论体系［J］. 旅游学刊，2012，27（5）：66-73.

［13］任瀚. 智慧旅游定位论析［J］. 生态经济，2013（4）：142-145.

［14］柏杨. 旅游主要客源地概况［M］. 北京：人民邮电出版社，2006.

［15］窦志萍，邓清南，王瑜. 中国旅游地理［M］. 重庆：重庆大学出版社，2003.

［16］杨德辉. 咨询与决策：南宁市2004—2005年度哲学社会科学重点课题研究成果选［M］. 南宁：广西民族出版社，2006.

［17］杨振华. 城市详细规划［M］. 北京：机械工业出版社，2011.

［18］崔莉. 旅游交通管理［M］. 北京：清华大学出版社，2007.

［19］李雪梅. 旅游网站的运营模式研究［D］. 北京邮电大学，2007.

［20］鲁澎，唐鸣镝，郑杨，等. 北京旅游咨询服务中心建设探讨［J］. 北京社会科学，2007（2）：65-70.

［21］郭剑英. 旅游景区旅游解说系统评价研究［D］. 南京林业大学，2011.

［22］吴必虎，金华荏，张丽. 旅游解说系统的规划和管理［J］. 旅游学刊，1999（1）：44-46.

［23］姚国章. "智慧旅游"的建设框架探析［J］. 南京邮电大学学报（社会科学版），2012，14（2）：13-16+73.

［24］王灿邑. 论我国旅游市场的行政监管［D］. 长春理工大学，2014.

［25］张超颖. 中国旅游业行政监管研究［D］. 中国地质大学，2015.

［26］李学芝. 旅游业政府失灵与市场失灵规避研究［J］. 临沂大学学报，2014，36（6）：67-70.

［27］杨晓霞，向旭. 论我国政府在旅游业发展中的职能［J］. 旅游论坛，2008（5）：227-230+241.

［28］李天元. 旅游学概论［M］. 6版. 天津：南开大学出版社，2009.

［29］邹爱勇. 对《关于加强旅游市场综合监管的通知》的认识和理解［N］. 中国旅游报，2016-03-07（B06）.

［30］评论员. 保障旅游者权益的坚强后盾［N］. 中国旅游报，2013-05-03（2）.

［31］王信章. 旅游公共服务体系与旅游目的地建设［J］. 旅游学刊，2012，27（1）：6-7.

［32］付岗，石春丽．我国主流旅游网站模式分析［J］．中国集体经济，2013（21）：59-60．

［33］何方永．我国旅游目的地游客管理现状与发展的思考［J］．成都大学学报（社会科学版），2007（2）：83-85．

［34］刘馥馨，黄翠．供给侧改革下的旅游工作新抓手新思路——旅游公共服务体系建设方针与措施［N］．中国旅游报，2016（1）．

［35］钟栎娜，董英超．地方智慧旅游公共服务平台持续使用意愿研究［J］．旅游学刊，2024，39（1）：105-116．

［36］李阳．公共文化服务和旅游公共服务智慧平台融合发展路径研究［J］．图书馆学研究，2022（5）：26-34．

［37］李阳．主客共享美好生活——文化和旅游公共服务融合发展的实践、经验与展望［J］．图书馆论坛，2021，41（10）：8-13．

［38］文化和旅游部公共服务司关于公布2023旅游公共服务十佳案例和优秀案例的通知［EB/OL］．（2023-12-27）［2024-08-19］．https：∥zwgk.mct.gov.cn/zfxxgkml/ggfw/202312/t20231227_950552.html．

［39］云南网：云南"30天无理由退货"机制游客满意率达99%以上［EB/OL］．（2021-07-15）［2024-08-19］．https://www.yn.gov.cn/ynxwfbt/html/2021/zuixinbaodao_0715/3958.html．

［40］宋瑞．2023—2024年中国旅游发展分析与预测［M］．北京：社会科学文献出版社，2024．

［41］曾博伟．旅游公共服务通论［M］．北京：中国旅游出版社，2022．

［42］党秀云．民族地区公共服务体系创新研究［M］．北京：人民出版社，2009．

［43］李爽，黄福才．城市旅游公共服务体系建设之系统思考［J］．旅游学刊，2012，27（1）：7-9．

［44］李军鹏．加快完善旅游公共服务体系［J］．旅游学刊，2012，27（1）：4-6．

［45］王佳欣．中国旅游公共服务供给机制发展变迁研究［J］．改革与战略，2017，33（6）：152-155．

［46］李季．关于天津市旅游服务体系建设的构想［J］．商业研究，2004（4）：173-176．

［47］常文娟，熊元斌，付莹．论普适性旅游公共服务体系的构建［J］．生态经济，2015，31（1）：135-141．

［48］张泰城，王伟年．旅游公共服务建设中地方政府行为分析［J］．中州学刊，2009（4）：114-118．

［49］李爽，甘巧林，刘望保．旅游公共服务体系：一个理论框架的构建［J］．北京第二外国语学院学报，2010，32（5）：8-15+30．

［50］信章．旅游公共服务体系与旅游目的地建设［J］．旅游学刊，2012，27（1）：6-7．

第四章　旅游目的地开发

**本章导读**

旅游目的地开发是在旅游规划基础上，打造旅游吸引物，树立旅游目的地形象，通过各种营销手段向旅游者提供旅游目的地信息，举办各种节事活动吸引旅游者注意力，诱发其对旅游目的地的向往，进而产生旅游行为。本章从旅游目的地规划入手，对旅游目的地形象、旅游目的地营销和目的地节事旅游开发的概念、特点等进行了详细介绍，是旅游目的地开发实践的有力指导。

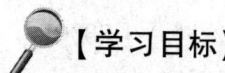【学习目标】

1. 认识旅游规划概念，掌握旅游规划要点；
2. 了解旅游目的地形象概念，理解其内在维度和特征，掌握旅游形象定位与口号提炼方法；
3. 理解旅游目的地营销概念和特点，掌握旅游目的地营销基本经验；
4. 了解目的地节事旅游概念、特点和类型，掌握节事旅游开发方法。

【导入案例】

旅游规划的前景与挑战

在经济上升周期中，无论是个人、企业还是政府都对未来充满信心，积极加大投入。在这种情况下，各种文旅项目如文旅小镇、田园综合体、文商旅综合体层出不穷，参与者都从中获益，旅游规划作为这一利益链条上的一部分也受益匪浅。然而，形势却在不知不觉中发生了逆转。政府、企业以及居民都在积极或被动地减少投资，资产狂欢的景象不再，许多文旅项目搁浅、运营困难，成为沉重的负担。造成这一局面的原因复杂多样，但是作为项目前期具有指导作用的规划也应承担相当责任，许多规划并没有起到应有的风险管控和综合指导作用。

规划是开发建设的纲领性指导文件。通过规划的指引，可以推动项目有序建设，有效规避风险，促进旅游经济增长和旅游资源的可持续利用。旅游规划最大的作用就是指导未来的发展，尽可能规避前期的各种风险。旅游规划要不忘初心、牢记使命，回归本来的作用。简言之，实事求是、因地制宜、脚踏实地、制定合适的规划才是最好的规划。总的来说，就是"创意经典、落地运营"。规划要创意经典，更要注重实际落地运营。规划的最终目的就是要实现落地，规划的成败最关键的标准就是项目能否真正经得起时间的检验，实现市场化落地运营。以下 10 个方面是规划需要充分考虑的落地维度。

1. 投融资落地

规划项目需考虑投融资的自我平衡能力，即项目多少年可以达到盈亏平衡点？多少年可以收回投资？资金如何匹配？融资渠道和融资结构是什么样的？

2. 运营落地

规划项目是否经得起建成后运营的考验，如何吸引游客以缓解淡季问题？如果项目规划时缺乏考虑，将会面临巨大风险。

3. 建造落地

规划项目需真正实现建造落地，不可盲目追求新奇特的项目。新奇特意味着项目的非标化，设计和建造成本的增加。同时，新奇特项目在市场上没有成熟的供应商，需要从头开始设计、生产、安全检测等，时间周期拉长。因此，新奇特的项目从实际建造角度来看，落地性不尽如人意。

4. 商业模式落地

规划需考虑项目的商业模式是否成立，项目的商业壁垒或护城河如何构建？项目的竞争力和独特性在哪里？资产负债率如何控制？最终的退出渠道和机制是什么？

5. 定位落地

规划需立足自身的资源禀赋、区位交通、周边竞合、市场基础等客观条件，精准定位。规划可以适度超前，但不能不顾现实情况，盲目拔高，过度超前。

6. 市场落地

规划需充分考虑项目的市场客群支撑力度，也就是市场的空间有多大？什么样的人群会来消费？规划要客观地进行游客量预测。

7. 项目整体运作操盘落地

规划需充分考虑项目整体运作、滚动开发。一期项目内部的逻辑关系是什么？一期和二期之间的逻辑关联如何？它们之间能否实现功能互补和内部协同？

8. 底层逻辑落地

文旅项目需要解决三大问题，如何将人吸引过来，如何留住人，如何让游客留下来进行消费。规划前期需要很好地思考和解决游客为什么来的问题。

9. 充分考虑游客基本人性的思维落地

规划要符合常识、符合规律，更好符合人性。人性爱玩，好吃，喜欢参与体验。因此规划要尽可能规划设置一些可参与、可体验、可互动的娱乐性产品。

10. 底线思维落地

旅游规划需有底线思维，规避法律政策红线的重大风险。规划项目要充分考虑涉及水源地、自然保护区、生态保护红线、基本农田、文物保护单位时，如何进行有效提前谋划风险规避或涉及问题应对举措。

第一节　旅游目的地规划

一、旅游规划概念

"凡事预则立，不预则废"，说的就是规划的重要性。从字面意义上来讲，规划就是为了实现某些目标而对未来做的一种安排，是对未来整体性、长期性、基本性问题的思考和对未来整套行动方案的设计。规划具有长远性、全局性、战略性、方向性、概括性和鼓动性，既包括战略层面的谋划和方案制订，也包括战术层面的具体执行。旅游规划就是为实现旅游业发展目标而对未来进行的总体安排，它对旅游目的地的旅游发展具有宏观指导和动态调控作用。

国内外学者对旅游规划的内涵提出了自己的见解。Davidoff 和 Reiner 明确提出，规划作为对未来的预测，处理可预见的事情，是唯一能使旅游业获得好处的方法。Getz（1987）认为旅游规划是在调查研究与评价的基础上寻求旅游业对人类福利及环境质量的最优贡献的过程。Murphy（1985）认为，旅游规划是预测与调整旅游系统内的变化，以促进有秩序的开发，从而扩大旅游开发所产生的社会、经济与环境效益。2003 年 5 月 1 日起实施的《旅游规划通则》（GB/T 18971—2003）提出：旅游发展规划是根据旅游业的历史、现状和市场要素的变化所制定的目标体系，以及为实现目标体系在特定的发展条件下对旅游发展的要素所做的安排。马勇（2010）认为旅游规划是在旅游系统发展现状调查评价的基础上，结合社会、经济和文化的发展趋势以及旅游系统的发展规律，以优化总体布局、完善功能结构以及推进旅游系统与社会和谐发展为目标的战略设计和实施的动态过程。

综合上述，旅游规划可定义为：在旅游地资源调查、市场调查和社会经济与文化发展环境调查评价的基础上，体现和顾及相关利益主体的需求，确定旅游地开发目标，并制定优化总体布局、完善功能结构以及促进旅游系统综合效益为目的的战略，以及战略实施的动态过程。

二、旅游规划类型

为规范旅游规划编制工作，提高我国旅游规划工作总体水平，达到旅游规划的科学性、前瞻性和可操作性，促进旅游业可持续性发展，2003 年国家质量监督检验检疫总局发布了《旅游规划通则》（GB/T 18971—2003），其中对旅游规划的类型、任务等进行了明确。

(一) 旅游发展规划

旅游发展规划按规划的范围和政府管理层次分为全国旅游业发展规划、区域旅游业发展规划和地方旅游业发展规划。地方旅游业发展规划又可分为省级旅游业发展规划、地市级旅游业发展规划和县级旅游业发展规划等。地方各级旅游业发展规划均依据上一级旅游业发展规划、并结合本地区的实际情况进行编制。旅游发展规划包括近期发展规划（3~5年）、中期发展规划（5~10年）或远期发展规划（10~20年）。旅游发展规划的主要任务是明确旅游业在国民经济和社会发展中的地位与作用，提出旅游业发展目标，优化旅游业发展的要素结构与空间布局，安排旅游业发展优先项目，促进旅游业持续、健康、稳定发展。

(二) 旅游区规划

旅游区规划按规划层次分总体规划、控制性详细规划、修建性详细规划等。

1. 旅游区总体规划

旅游区在开发、建设之前，原则上应当编制总体规划。小型旅游区可直接编制控制性详细规划。旅游区总体规划的期限一般为10~20年，同时可根据需要对旅游区的远景发展做出轮廓性的规划安排。对于旅游区近期的发展布局和主要建设项目，也应做出近期规划，期限一般为3~5年。旅游区总体规划的任务，是分析旅游区客源市场，确定旅游区的主题形象，划定旅游区的用地范围及空间布局，安排旅游区基础设施建设内容，提出开发措施。

2. 旅游区控制性详细规划

在旅游区总体规划的指导下，为了近期建设的需要，可编制旅游区控制性详细规划。旅游区控制性详细规划的任务是，以总体规划为依据，详细规定区内建设用地的各项控制指标和其他规划管理要求，为区内一切开发建设活动提供指导。

3. 旅游区修建性详细规划

对于旅游区当前要建设的地段，应编制修建性详细规划。旅游区修建性详细规划的任务是，在总体规划或控制性详细规划的基础上，进一步深化和细化，用以指导各项建筑和工程设施的设计和施工。

三、旅游规划特征

现时期的旅游规划具有以下四个主要特征。

其一，旅游规划是非法定规划。旅游规划不属于我国现有的法定规划编制体系，从规划类型上属于非法定规划，因此在操作和实施等方面出现了很多非正常的行为。加强旅游规划和其他法定规划，如土地利用总体规划、城市总体规划的有效衔接，是加强旅游规划的可操作性、真正发挥旅游规划的实际作用的有效途径。但是如果甲方对某旅游规划认可，可以通过法定报批手续使得其具有权威性。

其二，社会主义市场经济体制下的旅游规划是一个高度市场化的规划。这一特征要求旅游规划改变过去资源导向型的规划设计理念，深入研究市场的需求特征和发展趋势，策划与市场需求高度契合的旅游产品和旅游项目。

其三，旅游规划是一个旅游发展策划和物质空间规划紧密结合的规划。旅游规划除了控制、引导旅游景区的管理部门或旅游企业的行为规范外，重点还要策划创意与开发建设具有核心价值和市场美誉度的旅游产品。所以，旅游规划不仅要落实到物质空间，还要有很好的策划创意，二者就像计算机的软硬件一样不可或缺。

其四，旅游规划是一个需要衔接不同行政主管部门、协调各种矛盾的规划。在中国大力提倡科学发展观、构建和谐社会的新的发展时期，广泛吸纳各方意见，发挥旅游规划对相关主体间的协调、沟通、服务作用，是旅游规划不可回避的职责。

四、旅游规划要点

不同类型的旅游规划，其规划要点不同，对它们的认识有助于树立旅游规划的"规矩"与"标准"，提高旅游规划编制、审批的科学性，是旅游规划工作的重点。

（一）旅游发展规划

旅游发展规划的编制目的主要是为区域旅游业发展提出明晰的思路，为申请政府旅游专项资金和招商引资提供规划支撑，为下一层次的旅游规划提供依据。从规划性质分析，旅游发展规划属于偏重于战略规划的总体规划，规划内容以发展战略、旅游策划为重点，辅之以物质空间规划。规划重点内容包括：旅游发展的区域地位和旅游业的产业地位，旅游发展的条件与主要问题，旅游发展目标与战略，旅游发展性质定位与规模预期，旅游形象塑造、产品开发、项目策划，旅游发展的空间结构与布局，旅游业发展的支撑体系等。

（二）旅游区总体规划

旅游区总体规划的编制目的是"严格保护、统一管理、合理开发、永续利用"旅游资源和环境，发展旅游业，促进旅游区内社会经济与资源的协调发展。从规划性质分析，旅游区总体规划是以旅游创意策划和产品开发为特色，以旅游区用地布局和配套旅游功能优化为依托的总体规划，属于旅游开发策划与物质空间落实并重的旅游规划。规划重点内容包括：旅游区类型特点；主管部门、国家有关政策、法规、条例与规范的要求；旅游区资源环境特点及其开发建设条件；旅游区开发建设主要问题与发展目标；旅游区旅游发展创意策划；旅游区功能配置与用地布局；旅游区开发模式与规划实施对策。

（三）旅游区控制性详细规划

旅游区控制性详细规划的编制目的是对近期建设或开发地区的各类用地进行划分，提出控制指标和规划管理要求，为土地综合开发和规划管理提供依据。规划一般以总体规划或分区规划为依据，对旅游区来说，一些旅游区没有总规或分区规划，可用概念规划或结构性规划来代替。它与城市区域的控制性详细规划最大不同点在于，前者的控制重点为用地功能和景观环境，而后者的控制重点在于土地使用性质和土地开发强度。

（四）旅游区修建性详细规划

旅游区修建性详细规划编制目的是直接对建设项目和周围环境进行具体的安排和规划设计，为各项建筑工程的初步设计和施工图设计提供依据。规划一般应在控制性详细规划确定的规划设计条件指导下编制，由于旅游区规划的特殊性，对单体建筑或小体量的建筑群，在总体规划或分区规划的指导下也可直接进行修建性详细规划编制。规划的核心任务是对各类建筑、各项基础工程设施、公共服务设施进行具体配置，并根据建筑和绿化的空间布局进行环境景观设计。

知识链接："十五五"规划解读——文旅规划的时代使命与价值内涵

"十五五"文旅规划是共建共享的旅游为民服务性规划，也是在"十四五"文化和旅游发展成果基础上的进一步延伸和拓展。回顾"十四五"期间，文化和旅游部发布的《"十四五"文化和旅游发展规划》为文旅产业的繁荣发展提供了有力指导。在这一规划的推动下，文化事业、文化产业和旅游业取得了显著成就。文艺创作更加繁荣，公共文化服务效能不断提升，文物保护利用全面推进，非物质文化遗产保护传承成效显著，文化产业和旅游业健康快速发展，文化和旅游产品更加优质丰富。

"十五五"文旅规划的时代使命，在于满足人民日益增长的美好生活需要，推动文旅产业成为经济增长的新引擎，促进区域协调发展和城乡一体化。其价值内涵体现在以人为本、创新驱动、融合发展等多个方面，引领着文旅产业走向更加繁荣、更加美好的未来。因此，把握好"十五五"文旅规划编制的价值内涵，纲举目张，守正创新，尤为重要。

"十五五"文旅规划是多规合一的文旅业发展统领性规划。在贯彻落实国家法定规划体系，实现各类规划衔接方面，"十五五"文旅规划应强调旅游规划的自身价值与国民经济和社会发展规划、国土空间规划，以及环境保护规划、文物保护规划等相关专项规划相衔接和协调；强调在多规合一的要求下编制文旅规划。这就要求文旅规划专业机构既要有政策及产业规划的语境，又要有空间规划的资质，更需要文旅项目化落地实施、运营变现的能力。这将显著改善行业中"就规划做规划""规划编制者不为规划实施负责"的弊病，将会进一步强调规划的问题导向、结果导向、落地运营导向要求，将以产业运营为价值追求目标。

"十五五"文旅规划是共建共享的旅游为民服务性规划。共建共享的旅游为民服务性规划，这一理念彰显了文旅发展的人文关怀与社会责任。共建共享意味着调动社会各方力量共同参与文旅建设，政府、企业、社会组织以及广大民众都将在这一过程中发挥各自的作用。政府通过制定政策、提供资金支持和监管引导，为文旅发展创造良好的环境；企业积极投入资源，开发优质的文旅产品和服务；社会组织发挥桥梁纽带作用，促进各方的沟通与合作；民众则以志愿者、消费者等身份参与其中，贡献智慧和力量。需要进一步注重当地百姓利益与社区参与，培育旅游吸引力的同时强调社区自治力与旅游参与力的发挥，引导旅游增权与文旅赋权，促进经济与社会协调发展。

"十五五"文旅规划是业态创新的文旅新质生产力培育规划。培育文旅新质生产力，规划应与实施相结合，强调对新兴业态的探索和创新。随着科技的飞速发展和社会需求的不断变化，文旅产业需要不断引入新的元素和模式。利用虚拟现实（VR）、增强现实（AR）等技术，打造沉浸式的文旅体验项目；发展线上线下相融合的文旅产品，满足消费者多样化的需求。同时，注重培育文旅新质生产力。这包括培养具备创新思维和跨领域能力的人才队伍，为产业发展提供源源不断的智力支持。加强产学研合作，促进科技成果在文旅领域的转化应用，推动文旅与其他产业的深度融合，创造出新的增长点。

"十五五"文旅规划是科技赋能文旅融合的产业创新规划。在数字化、智能化的时代背景下，科技成为推动文旅产业升级的关键力量。利用大数据、人工智能、虚拟现实等前沿技术，实现文旅产品的创新设计、精准营销和高效管理。科技的融入不仅丰富了游客的体验方式，更提升了文旅产业的运营效率和竞争力，为产业的可持续发展注入了强大动力。

"十五五"文旅规划是文化保护与活化利用相结合的文化保障规划。文化保护工作是功在当代、利在千秋的工作。我国在文保与文物修缮方面取得了历史性突破，但也面临着文化事业财政负担重、保护经费不足、文物可持续利用程度低、文化遗产传承难度大等一系列问题。发达地区或省份，已经有对于文化遗产保护及活化利用的创新探索，"十五五"时期，文物保护、文化繁荣与文旅创新发展的关系有待进一步完善，这也将是"十五五"文旅规划对于文化保障领域的价值使命所在。

"十五五"文旅规划是践行生态文明与"两山"理论的绿色低碳实践规划。生态文明理念贯穿于整个文旅规划的始终，它强调对自然资源的保护和合理利用，避免过度开发和破坏生态平衡。在旅游景区的规划与建设中，注重生态系统的完整性，保留原有的山水林田湖草等自然景观，让游客能够亲身体验到大自然的魅力与神奇。在"十五五"文旅规划中，文旅项目的开发不再仅仅追求经济利益，而是将生态环境的保护和提升作为重要目标。通过发展生态旅游、乡村旅游等绿色旅游模式，将美丽的生态环境转化为经济发展的动力，实现生态与经济的双赢。绿色低碳实践体现在多个方面。在交通规划上，鼓励使用新能源交通工具，减少碳排放；在住宿和餐饮方面，推动节能减排，倡导绿色消费；在景区管理中，采用智能化的能源管理系统，提高能源利用效率。围绕低碳生态、绿色节能、自然体验等新需求，以规划为引领，服务生态经济的旅游创新变现将是"十五五"文旅规划的又一价值承载。

第二节 旅游目的地形象

一、旅游目的地形象的概念

自从20世纪70年代初，John Hunt、Clare Gunn、Edward Mayo三位学者最先开始研究旅游目的地形象以来，研究者们对旅游目的地形象的内涵一直有不同的理解。学者们从各自的角度提出了不同的定义。Hunt认为旅游目的地形象是人们对不在其中居住的地区所持有的印象。Walmslely从目的地的角度提出了设计性形象的概念，他认为目的地形象是对目的地内道路、小区、标志等"可见的物质的"风景要素进行规划设计。Kofler等人则从旅游者和目的地之间信息沟通的角度，提出了发射性形象和接受性形象的概念。

旅游目的地形象一般认为是旅游者、潜在旅游者对旅游地的总体认识、评价，是对目的地社会、政治、经济、生活、文化、旅游业发展等各方面的认识和观念的综合，是旅游地在旅游者、潜在旅游者头脑中的总体印象。旅游目的地形象研究的任务是要挖掘旅游地的核心资源，找准当地的资源特色，提炼出能充分展示地方自然特性和历史文化底蕴的形象理念；通过开发特色产品，突出特色，在旅游者心目中形成鲜明独特的印象。

目的地形象可以分为三类，即初始形象、诱导形象和复合形象。初始形象（Original Image）指个体通过教育或非商业营销性质的大众文化、公众传媒、文献等信息源形成的目的地印象，是内生的。诱导形象（Induced Image）指受目的地有意识的广告、促销、宣传推广影响产生的形象。复合形象（Compound Image）指旅游者到目的地实地旅行后，通过自己的经历，结合以往的知识所形成的一个更加综合的目的地形象。

二、旅游目的地形象内在维度

（一）主观与客观

旅游形象本质上来自认知心理学的感觉、知觉、认知等基本概念，最终表现为个体对某地的一系列心理期望或感知。然而形象必须以现实的旅游吸引物为依托，其建立和发展都须基于当地的旅游产品、环境、社会政治经济发展状况等客观条件，不能凭空产生。

(二) 个体化与社会化

早期研究者多从个体角度来界定形象。而 Granham 指出，当某种类型的目的地被相似人群分享的程度高时，该形象是社会化的。"桂林山水甲天下""香港——购物天堂"都是社会化形象的典型代表，对目的地具有重大意义。

(三) 发射与接受

Kotler（1991）等提出发射性形象和接受性形象，前者是旅游目的地对本身的各种要素资源进行整合提炼、有选择性地对旅游者进行传播的代表性形象；后者是旅游者通过各种传播媒介或实地经历所形成的印象，是对旅游目的地的客观现实的反映。

(四) 直接与间接

早期有西方学者仅将目的地形象限定为未到该地游览的人（潜在游客）头脑中的印象，但目的地形象的主体应包括现实与潜在游客，相应的形象应存在直接（基于游览经历）和间接（基于媒介信息）之分。这一观点已逐步获得多数学者的认同。

三、旅游目的地形象特征

(一) 综合性

旅游目的地形象是旅游地在游客心目中的感性反映。由于观察角度不同，旅游目的地形象因人而异，因地而异，因时而异，即每个旅游者都是从自己的特殊角度来观察旅游地，因而决定了旅游者对旅游目的地形象的心理感受呈现出多面性。例如，旅游消费者一般是从评价旅游地的旅游产品的角度来认识旅游目的地形象的，而旅游地的员工则往往是从旅游目的地的工作环境、管理水平、福利待遇等方面来认识旅游目的地形象的。

(二) 稳定性

旅游目的地形象一旦形成，便会在旅游者心目中产生印象，一般来说这种印象所积累成的形象具有相对稳定性。首先，稳定性产生于旅游目的地所具有的客观物质基础。如旅游目的地的建筑物、地理位置、员工队伍等，在短期内不会有很大的改变，只要旅游目的地的物质基础是稳定的，旅游目的地所树立的形象也是稳定的。其次，这种稳定性还反映在游客有相同的心理机制。形象的好与坏，直接影响旅游者选择旅游地，影响旅游地的经济效益。如果坏的印象一旦形成，就很难在短时间内改变，只有经过长时间的努力，才能逐渐改变。

(三) 可塑性

旅游目的地形象具有相对稳定性，并不意味着形象是一成不变的，只是旅游目的地形象的改变是一个渐进的过程。因此，旅游目的地可根据市场不同时期消费趋势和偏好树立不同的主题形象，如20世纪末，结合世界园艺博览会"人与自然"的主题，云南首次提出"万绿之宗、彩云之南"的旅游形象口号。2001年，国务院批准迪庆藏族自治州中甸县更名为香格里拉县，为配合旅游宣传，这一阶段云南的旅游口号为"七彩云南，永远的香格里拉"。随后，云南根据时代的发展特征，又将旅游形象口号改变为"七彩云南，旅游天堂"。总体而言，旅游形象一旦形成应保持相对稳定，避免因反复塑造导致形象混乱。

四、旅游目的地形象定位

定位理论的核心思想就是"去操纵已存在心中的东西，去重新结合已存在的连接关系"。因此，定位的前提是分析旅游者心中已存在的对旅游目的地的认知。旅游形象定位就是要使旅游目的地深入到潜在旅游者心中，占据某处心灵位置，使旅游目的地在旅游者心中形成生动如画、鲜明而强烈的感知形象。

（一）形象定位原则

1. 既尊重历史，又体现时代特色

现代和未来是历史的延续，旅游形象定位不尊重并体现历史，旅游就会失去赖以存在和发展的根基，文脉当然也无法谈起；不体现时代特色，则缺乏时代气息，同样无法获得准确的旅游形象定位。

2. 既立足当地，又放眼世界

当地文脉的形成需要一个历史过程，且一旦形成，就具有稳固性、连续性和持久性。立足当地挖掘潜力，才能体现特色和区域的个性魅力；其定位又不能囿于当地，仅从地方视角来看待旅游，还应面向世界来确立旅游形象。

3. 既标新立异，又合情合理

旅游在本质上是一种求新求异的活动，新异的经历和感受是每一位旅游者内心的追求与梦想，因此标新立异的原则应该贯穿于形象定位的全过程，但不能异想天开，完全脱离实际。形象定位要注意遵循合情合理的原则，使潜在的旅游者在心理上能接受的同时，又有一定心理遐想的空间。

（二）形象定位基础

旅游目的地形象定位是建立在地方性研究、市场分析和竞争性分析三方面基础之上的。

1. 地方性研究

地方性研究是目的地形象定位与设计的基础性工作之一。其主要任务就是通过对目的地文脉的把握，对历史文化的解读和对基本风格的提炼，包括文化特征和自然特征，为未来的旅游开发提供本土特征信息。如云南是我国少数民族最多的省份，民族文化丰富多彩且积淀极其丰富，自然景观与民族风情联手打造旅游形象是其成功的经验，如大理苍山洱海与白族，丽江古城雪山与纳西族，昆明石林九乡与撒尼人，西双版纳热带雨林与傣族，红河元阳梯田与哈尼族，迪庆香格里拉与藏族等。

2. 市场分析

主题形象的构建主要目的是向潜在旅游者推销旅游目的地，帮助旅游者更清晰、更方便地了解目的地的特点和差异，促使其产生旅游动机并由潜在游客变为现实游客。因此，有必要深入了解旅游者对目的地市场的需求状况及个性偏好。旅游目的地主题形象及其宣传展示必须对目标市场的潜在旅游者"投其所好"，当然也要符合实际和恰如其分。现在很多地区提出要建设某某地区的后花园和度假休闲基地，就是面对目标市场的主题形象策划。

3. 竞争性分析

在众多的目的地体系中任何一个目的地都面临着市场竞争压力。面对这种竞争，旅游形象定位就必须注重差别化，将目标市场和形象产品做对应分析，确定旅游目的地产品在产品谱上的位置以及与其他产品相比有何显著差异，即产品差异性分析或产品独特性分析，以避免出现旅游形象屏蔽现象。

（三）形象定位的方法

1. 领袖定位

领袖定位是指对唯我独尊、世界唯一或同类中的"之最"进行定位。由于人们总是对第一的东西印象最深，因此这种定位方式最能引起人们的注意。提起中国，外国人最先想到的就是万里长城、秦始皇兵马俑，因为这些是中国的特色，是独一无二的，这种"领袖"优势很容易进入人们的意识，在旅游者心中留下难以磨灭的印象。

2. 比附定位

比附定位是一种"退而求其次"的定位方式，依托已经被公认处于领袖位置的旅游点，通过对比，使人产生联想，借以提高自身的知名度。市场营销学的实践证明，与原有处于领导地位的第一品牌进行正面竞争往往非常困难，因此，比附定位避开第一位，但抢占第二位。如苏州市的旅游形象定位为"东方水城，天堂苏州"，海南三亚市誉为"东方夏威夷"，小浪底水库誉为"北方的千岛湖"，目的无非都是利用水城威尼斯、夏威夷、千岛湖等中外旅游胜地绝对稳固的旅游形象而较轻易进入游客心中，并占据较佳的位置。

3. 逆向定位

逆向定位强调并宣传定位对象是消费者心中第一位形象的对立面和相反面，同时开辟了一个新的易于接受的心理形象。在市场营销学中最经典的案例就是美国的"七喜"饮料的成功定位。当时"可口可乐"正如日中天，于是"七喜"就宣称为"非可乐"。从而将所有的软饮料分为可乐和非可乐两类，"七喜"则自然成为非可乐饮料中的第一位了。

4. 空隙定位

空隙定位的核心是根据自身的特点，针对旅游市场的空白和断裂地带挖掘，树立一个与众不同、从未有过的主题形象。与有形商品定位比较，旅游形象定位更适于采用空隙定位。因为尽管目前旅游点的数目呈爆炸性增长，特别是同类人工景点相互模仿严重，但相对来说，仍然存在大量的形象空隙，旅游者仍然期待着个性鲜明、形象独特的新景点出现。

5. 重新定位

旅游产品和其他产品一样，都有一个生命周期的问题。前些年在各地曾经红火一时的主题公园，现在已经落到了"门前冷落车马稀"的窘地。究其原因，虽有重复建设过多、竞争激烈的因素，但更重要的是缺乏推陈出新，使得该种旅游产品的生命已经走到了尽头。此时，旅游形象的重新定位就不可避免了。重新定位的方式有两种：一是对原有形象的充实改造，二是创造新的形象。

五、旅游目的地形象口号提炼

旅游形象定位最后还要落到形象口号的提炼上，通过形象口号来体现和强化形象定位，并对形象定位起到补充说明的作用。形象口号需体现所描述的地区旅游形象的精髓和主要特色，符合精练、简洁、易记、关联性强等特点，使人一看到或听到该形象口号，就联想到所指代的地区及其丰富的内涵。李蕾蕾（1998）提出了内容源自文脉、表达针对顾客、语言紧扣时代、形式借鉴广告的四原则。

（一）内容源自文脉

形象口号的实质内容必须来源于地方独特性，这样才能避免过于空泛；也就是说要充分挖掘和分析该地区的文脉到底是什么，往往差异性和新鲜感才是吸引旅游者的"撒手锏"。抓住了文脉，就树立了自己的风格和特色，这样的形象口号才会起到化腐朽为神奇的作用，为景点的形象锦上添花。如2008年山东省推出了高度概括山东文化、凝练现代旅游品牌形象的"好客山东"口号，对山东旅游形象的对外传播和塑造起到了积极的作用。

（二）表达针对顾客

形象口号的运用必须充分了解游客市场的心理需求和偏好。游客与普通消费者不同，旅游形象口号的诉求点一般具有一定的自身内涵，即形象口号要体现旅游的行业特征，如亲切、欢乐、和平、友谊、交流等。如天津市的形象口号"天天乐道，津津有味"；河南省的形象口号"心灵故乡，老家河南"；山西省的形象口号"晋善晋美"；深圳锦绣中华的主题口号为"一步迈进历史，一天游遍中华"；杭州宋城宋文化主题公园的主题口号为"给我一天，还你千年"等，都很好地迎合了旅游者的心理需求和偏好。

（三）语言紧扣时代

旅游形象口号在表述方面还要反映时代特征，具有时代气息，也就是说要反映旅游需求的热点、主流和趋势。大多数的旅游地在相当长的一段时间内将以本地游客和附近区域游客为主要的客源市场，特别是开展城市周边旅游和周末休闲旅游，就更要密切关注游客兴趣的变化，并随之调整旅游主题。如杭州的旅游形象口号为"东方休闲之都"，就迎合了现代人的减压休闲需求。

（四）形式借鉴广告

从市场营销的角度来看，旅游形象口号除了能够打动旅游者的心，激发旅游者的旅游欲望外，还要能被旅游者永久深刻地记忆并能广泛迅速地加以传播，即要有广告效应。因此，旅游形象口号要具备广告词的凝练、生动和影响力，同时，其创意也要借鉴广告艺术，用浓缩的语言、精辟的文字、独树一帜的风格创造出一个魅力无穷的旅游形象。如荷兰国家旅游会议促进局在北京举办的"海平面下的骑行"大型荷兰旅游推广口号征集活动，最后评选出5条最佳口号，有"一花一世界，一水一荷兰""去荷兰，留下骑迹，发现奇迹""金郁良缘，百年好合""微笑绽放的国度——荷兰""单车新体验，自游新主张"。

同步案例：中国各旅游目的地形象口号解读

在中国这片古老而又充满活力的土地上，每一个地方都有其独特的自然风光、丰富的文化遗产和别具一格的地方特色。为了更好地向世界展示这些魅力，各旅游目的地精心设计了自己的旅游形象口号。这些口号不仅是吸引游客的标语，更是对各地旅游资源和文化精神的精练诠释。

北京："魅力北京"强调了北京作为中国的首都，具有独特的魅力和吸引力；"东方古都　万里长城"则突出了北京深厚的历史文化底蕴和著名的长城景观。

贵州："山地公园省　多彩贵州风"描绘了贵州多山的地理特征和多彩的民族文化；"走遍大地神州　醉美多彩贵州"则是邀请游客体验贵州的自然美景和民族风情。

山东："好客山东欢迎您"体现了山东人民的热情好客；"文化圣地　度假天堂"则是强调山东丰富的文化遗产和理想的度假环境。

福建："清新福建"突出了福建的清新空气和自然风光；"全福游、有全福"则是以"福"字为谐音，寓意游客在福建旅游能够获得全面的幸福体验。

青海："大美青海"和"高原蓝宝石　梦幻青海湖"都强调了青海壮丽的自然景观，尤其是青海湖的独特美景。

江西："江西风景独好"简洁地表达了江西自然风光的优越性。

山西："华西古文明　山西好风光"展现了山西作为华夏文明发祥地的历史地位和优美的自然景观。

湖北："灵秀湖北欢迎您"传达了湖北自然景观的灵秀之美和对游客的欢迎之情。

湖南："锦绣潇湘　伟人故里"不仅描绘了湖南的自然美景，也突出了湖南是许多中国历史伟人的故乡。

云南："七彩云南　旅游天堂"以"七彩"形容云南的多样性和美丽，"旅游天堂"则强调了云南作为旅游目的地的吸引力。

新疆："新疆是个好地方"和"传奇丝路　大美新疆"都强调了新疆的自然美景和作为古丝绸之路一部分的传奇色彩。

海南："阳光海南　度假天堂"突出了海南充足的阳光和理想的度假环境。

宁夏："塞上江南　神奇宁夏"和"神奇宁夏"都强调了宁夏独特的地理环境和神奇的自然景观。

甘肃："交响丝路　如意甘肃"和"精品丝路　绚丽甘肃"都以丝绸之路为背景，展现了甘肃丰富的文化遗产和美丽的自然风光。

内蒙古："祖国正北方　靓丽内蒙古"强调了内蒙古的地理位置和美丽的自然景观。

浙江："诗画江南　山水浙江"以诗意和画意来形容浙江的自然风光和文化氛围。

河北："京畿福地　乐享河北"突出了河北靠近北京的地理优势和游客可以享受的旅游体验。

上海："乐游上海"和"发现更多，体验更多"都强调了上海作为国际大都市的旅游吸引力和丰富的旅游体验。

江苏："水韵江苏　有你会更美"和"畅游江苏　感受美好"都体现了江苏以水乡特色为主的自然风光和旅游体验。

辽宁："乐游辽宁，不虚此行"表达了游客在辽宁旅游将会获得满意的体验；"山海有情天辽地宁"则强调了辽宁的自然景观和宁静的地域特色。

广西："秀甲天下　壮美广西"和"遍行天下　心仪广西"都强调了广西壮丽的自然风光和作为旅游目的地的吸引力。

陕西："山水人文，大美陕西"突出了陕西丰富的自然景观和人文遗产。

安徽："美好安徽，迎客天下"表达了安徽欢迎世界各地游客的热情和安徽旅游资源的美好。

> 广东:"魅力广东"和"畅游广东 心悦诚服"都强调了广东的旅游魅力和游客的满意体验。
> 西藏:"畅游西藏 共享地球第三极"突出了西藏独特的地理位置和自然景观,邀请游客共享这一独特的旅游体验。
> 河南:"心灵故乡 老家河南"强调了河南作为许多中国人的祖籍地,具有深厚的文化和情感联系。
> 吉林:"清爽吉林·22℃的夏天"和"白山松水 豪爽吉林"都描绘了吉林凉爽的夏季气候和壮丽的自然景观。
> 天津:"天天乐道 津津有味"和"敞开天津门 笑迎八方客"都表达了天津的热情好客和独特的文化魅力。
> 重庆:"山水之城 美丽之地大山"突出了重庆以山水为特色的城市景观。
> 四川:"天府三九大 安逸走四川"和"天府四川 熊猫故乡"都强调了四川作为天府之国的富饶和作为大熊猫栖息地的特色。
> 黑龙江:"北国好风光 尽在黑龙江"突出了黑龙江作为中国北方省份的自然风光。
> 澳门:"安全宜游 魅力澳门"强调了澳门作为旅游目的地的安全性。
> 香港:"再遇·就在香港"和"动感之都 购物天堂"都突出了香港作为国际大都市的活力和购物体验。
> 台湾:"The Heart of Asia"和"魅力台湾宝岛行"都强调了台湾作为亚洲心脏地带的地理位置和旅游魅力。
>
> **问题:** 各旅游目的地形象口号是如何体现和强化当地形象定位的?

第三节 旅游目的地营销

一、旅游目的地营销的概念

由于对旅游目的地的认识不同,国内学界在对旅游目的地营销概念研究上也有不同切入点。综合各种观点,可以把旅游目的地营销概括为向旅游者提供旅游目的地相关信息,突出旅游地的形象,通过向潜在群体和目标群体进行营销从而吸引其注意力,诱发其对旅游目的地的向往,进而产生旅游消费。Lundberg(1990)认为,旅游目的地营销包括三方面的内容:(1)确定目的地能够向目标市场提供的产品及其总体形象;(2)确定该目的地具有出游力的目标市场;(3)确定能使目标市场信任并抵达该目的地的最佳途径。

二、旅游目的地营销的特点

(一) 营销效果的不确定性

旅游目的地营销与物质产品营销有明显差别。一般的物质产品营销,产品实体可直接到达消费者身边,消费者对产品的满意度也主要受物质产品本身属性的影响,营销主体容易控制。而旅游消费要求旅游者做出空间位移,游客在出游前对旅游目的地信息的认识是不完整的,游客满意度受到旅游行程多个环节多个因素的影响,营销主体往往难以完全控制。因此,旅游目的地营销的效果表现出更多的不确定性。

(二) 营销内容的宏观性、综合性

这是目的地营销与单个旅游企业营销的区别。目的地营销作为发生在区域层面的营销活动,在内容上主要从宏观层面和综合性角度宣传旅游目的地,不可能对本区域众多具体旅游企业的单项产品给予详细介绍,区域总体旅游形象、总体旅游产品(主要景区景点)才是其营销的重点,而单个旅游企业营销的重点是本企业的旅游产品,如各条线路、景区、各项服务等,以宣传本企业为主,关心的是其销售量、营业收入,营销局限于微观层面。虽然不少企业也顺便宣传所在地的景区,但毕竟是不完整的。

(三) 营销组织的多元性

一般认为,当地政府是旅游目的地营销活动的主体。因为只有当地政府最有能力组织整个地区的营销活动。但也应看到,由于营销内容的综合性、复杂性,当地各种公众和私人团体、旅游企业及其从业人员、当地居民,对目的地的营销也有着重要意义。旅游目的地的口碑好坏对当地的旅游发展十分重要。口碑的形成,既来自目的地内的居民,也来自现实旅游者对某地旅游体验的满意度,包括与当地居民的接触。因此,广泛吸收当地利益相关者参与营销活动,实施不同层面的"关系营销"和"整合营销",对旅游目的地提高营销成效将有积极意义。

(四) 营销范围的等级层次性

从国家、省到各个县市等不同等级范围的旅游目的地,均存在营销工作,中小区域不会因大区域进行了营销就不再进行该项工作。从文化和旅游部到各省、市、县文旅部门,均存在众多不同市场范围的营销系统,呈现出明显的等级层次性。这主要是不同区域旅游目的地的客源市场和竞争对手不同。国家层次的旅游营销主要是吸引海外客源,其他层次的区域兼有国内外两个市场。但除少数著名旅游目的地外,绝大多数中小型旅游目的地往往以邻近地区及国内若干城市为目标市场,其中以地级市为单位的旅游目的地营销具有典型性。

同步案例：哈尔滨冰雪旅游目的地营销

哈尔滨成功地将冰雪旅游打造成一个全球知名的旅游目的地，吸引了大量游客，实现了旅游经济的快速发展。哈尔滨冰雪旅游的成功是一个典型的旅游目的地营销案例，其成功的关键因素包括创新的营销策略、丰富的文化体验和真诚热情的服务，以下是一些具体的营销策略和做法。

1. **超级 IP 的打造**

哈尔滨通过冰雪大世界等冰雪文旅超级 IP，营造了沉浸式的冰雪旅游体验。冰雪大世界规划面积超过 81 万平方米，用冰用雪量达 25 万立方米，成为冰雪旅游的亮点。这些超级 IP 不仅吸引了大量游客，还通过各种活动如超级冰滑梯、雪花摩天轮等，满足了游客对冰雪的一切幻想。

2. **文化与创意的结合**

哈尔滨将冰雪旅游与文化创意相结合，推出了许多具有地方特色的文创产品。例如，将哈尔滨的特色元素如雪花摩天轮、东北虎、索菲亚教堂等制作成冰箱贴，成为游客喜爱的伴手礼。这种文化与创意的结合，不仅丰富了游客的体验，也提升了哈尔滨的城市形象。

3. **真诚服务与口碑传播**

哈尔滨在旅游服务上做到了极致的真诚和热情。例如，政府工作人员常驻网络评论区，及时回应游客的需求和建议；市民自发提供各种服务，如免费存放行李、提供冻梨等。这种真诚的服务不仅赢得了游客的好感，也通过口碑传播，吸引了更多的游客。

4. **新媒体营销与互动**

哈尔滨利用新媒体平台进行营销，取得了显著的效果。例如，通过短视频平台发布"哈尔滨的哈"系列短视频，展示了哈尔滨的冬季特色和旅游资源。这些短视频在短时间内获得了极高的观看量和转发量，极大地提升了哈尔滨的知名度和吸引力。

5. **娱乐化营销**

哈尔滨在营销中融入了娱乐化元素，吸引了大量年轻游客。例如，通过抖音等平台推广"小砂糖橘""小熊猫""小当归"等热梗，形成了广泛的传播效应。这种娱乐化营销不仅增加了旅游的趣味性，也通过互联网的传播效应，吸引了更多的年轻游客。

6. **多维度的推广内容**

哈尔滨在营销中注重多维度的内容推广，不仅宣传自然景观，还深入挖掘人文资源。例如，哈尔滨的红色纪念馆、高校博物馆等都成为游客的打卡地。

这种多维度的推广内容，丰富了游客的旅游体验，也提升了哈尔滨的文化吸引力。

7. 持续的创新与改进

哈尔滨在旅游营销中不断进行创新和改进。例如，第 25 届哈尔滨冰雪大世界通过线上线下相结合的方式，持续进行宣传和活动策划，形成了强大的宣传势头。这种持续的创新和改进，确保了哈尔滨旅游的持续吸引力和竞争力。

问题：哈尔滨冰雪旅游目的地营销符合目的地营销的什么特点？

三、旅游目的地营销的主体与对象

（一）旅游目的地营销的主体

由于旅游目的地的发展水平和大小范围不同，其营销活动的规模和层次也会有所不同。旅游目的地营销活动的参与主体通常包括：目的地旅游组织、有关政府机构、非政府的旅游专门组织、旅游产业协会组织、旅游企业、旅游营销辅助机构（如广告媒体、宣传促销机构、中介组织等）、旅游者等。一般情况下，不同级次的旅游组织分别对应各自管辖范围内的目的地营销活动。旅游目的地营销一般由区域性旅游组织承担；在一些采取行政主导型旅游发展模式的地区（或国家），可能由政府旅游行政管理机构承担旅游目的地营销组织的职责。与旅游企业营销过程中一切以企业利益为中心的组织形式不同，在旅游目的地营销活动中，旅游目的地组织处在营销活动的核心地位。上述营销主体中的其他成员均要围绕该组织开展营销活动。

我国香港旅游发展局就是这种组织系统的一个典型例子。我国香港旅游发展局是政府资助的半官方机构，它的成员构成具有广泛的代表性，根据 2001 年香港旅游协会条例规定香港旅游发展局成员为 20 人，其中 8 名需来自以下组织：客运商、旅馆营运人、持牌旅行代理商、旅游经营商、零售商及食肆营运人；其余 12 名成员由香港旅游发展局邀请有不同经验的人士出任，其中包括来自市场推广、法律、银行财经界的人士，以及消费者委员会代表、旅游业前线工作者代表。这种成员多样化的组织机构为香港旅游业的成功营销提供了组织保障。

（二）旅游目的地营销的对象

一般认为，旅游目的地的营销对象是旅游产品，然而，旅游目的地的吸引力来源远远超出了旅游产品的概念。旅游目的地营销的对象应该是旅游目的地本身。弗兰克·豪伊（2003）较为系统地讨论了地点是否能够作为对象进行营销的问题。在科特勒界定的 10 种营销对象中包括地点，他认为"地点，包括城市、州、地区和整个国家，它们都积极地争取吸引游客、工厂、公司总部和新的居民"。在科特勒的营销概念框架内，旅游目的地营销应该属于地点营销的范畴，而旅游目的地营销的对象就是被视为"产品"的目的地。目的地是设施和吸引物所在，也是"产品"本身，每个旅游者根据个人的口味和兴趣定义自己独特的"产品"。

四、旅游目的地营销的基本经验

（一）旅游目的地营销不宜孤立进行

营销意味着吸引旅游者到旅游目的地，如同家里请客，既要有招待客人的礼物，也要把家内环境卫生搞好，以给人良好印象。目的地营销也是如此，区域的主要"礼物"就是景区，"搞好环境卫生"就是要把区域规划好建设好，特别是游客的第一印象区和最后印象区。因此，旅游目的地政府应重视旅游大环境的建设，先围绕旅游"六要素"搞好接待设施配套，再扩展到其他领域，否则对旅游营销部门期望过高，是不切实际的。从这点看，应视旅游目的地营销为一项系统工程。

（二）不同目标市场宜采取不同的营销策略

一般旅游目的地均存在三类市场：传统目标市场、新兴目标市场和介于两者之间的机会市场。传统目标市场的人们对目的地已较为熟悉，营销的重点应是提高重游率，为此需要创新旅游产品、注重市场细分和提高游客满意度。新兴目标市场的群体对目的地相对陌生或了解不多，营销的重点应是提高知名度、介绍拳头旅游产品，激发人们的旅游欲望。机会市场则是前两类市场的过渡，人们对目的地的了解介于前两者之间。营销的重点是提高该类市场向传统目标市场的转换率，这里涉及较多因素，但目的地知名度、游客满意度是最主要的。

（三）不同发展阶段宜采取不同的营销策略

旅游目的地如处于旅游发展的起步阶段、知名度不高的时期或处于相对成熟、具有一定知名度的时期，以及出现影响目的地形象的重大负面事件的时刻，其营销策略均应有所不同，宜分别采取开发性营销、维护性营销和扭转性营销等不同策略。同时，一些较大的旅游目的地，往往包含较多次级区域，各区域旅游发展并不均衡。这要求对不同区域采取侧重点不同的营销策略，对整个区域的营销则需统筹兼顾。

（四）目的地宣传口号的提出要慎重讲究

宣传口号应突出重点，不宜面面俱到，针对不同目标市场，宣传口号可有所不同，针对不同等级、不同知名度、不同发育程度的旅游目的地，宣传口号的提出策略也应有所不同。等级和知名度较高、旅游发展时间较长的目的地（如一些省会、国际著名旅游城市），营销时可采取综合性、抽象性口号，如香港的"我们是香港"、西班牙的"阳光普照西班牙"等。相反的情况则宜采取相对具体的口号，以突出本区域特色，如能嵌入地名更佳。同时营销口号不宜频繁变动，但也非一成不变。设计宣传口号时不宜过分拔高，许多旅游目的地营销时拔高宣传，其结果是提高了潜在游客的心理预期，造成游客实地旅游后内心产生反感，回去后形成负面宣传，不利于后续客源的扩大。目的地宣传自己时既要实事求是，又要充满自信。

（五）提高游客体验满意度，重视口碑营销

游客对某旅游目的地的口碑主要由在当地的游览活动来决定。口碑好坏对目的地后续扩大客源有重要影响，故游客的到来并非营销活动的终止，而要将营销活动贯穿于游客旅游活动的始终。口碑取决于游客满意度，而满意度高低与游客旅游体验直接相关，影响旅游体验的因素较多，其中旅游服务人员的态度、当地社区居民的好客度是主要因素，故应强调目的地的接待服务质量。

（六）推进旅游目的地品牌化，注重品牌营销

旅游目的地品牌是"一种名称、术语、标识、符号或设计，或是它们的组合运用"。这些由文字、图案和符号所构成的名称、术语、标识等都是旅游目的地品牌的直接物质载体，它们赋予旅游目的地品牌的外在形式。旅游目的地品牌要素主要包括品牌名称、旅游口号、旅游标志，以及由此衍生的旅游形象宣传片、旅游微电影、旅游歌曲、旅游明信片、旅游形象大使等。除外在表现形式外，任何旅游目的地品牌都有其内核，这种内核表现为旅游目的地品牌向消费者所做的品牌承诺。旅游目的地品牌化的实质是：首先向目标市场做出鲜明、独特、具有吸引力的承诺，然后在旅游消费者访问旅游目的地时提供与承诺相一致或优于承诺的产品和服务，以在旅游消费者心目中树立独特、鲜明、积极的旅游目的地形象。简而言之，旅游目的地品牌化即"言"和"行"的结合。

知识链接：数字化时代的目的地营销成功案例与启示

随着数字技术的飞速发展，目的地营销正面临新的挑战和机遇。在这个信息爆炸的时代，如何利用数字技术和创新策略吸引游客的目光和提高知名度，已成为目的地营销的关键。以下是国内外成功的数字时代目的地营销案例，它们将为我们提供一些启示和借鉴。

1. 故宫博物院

故宫博物院通过官方网站、微博、微信、App 等多种渠道，向游客传递历史文化信息，成功吸引了大量网友的关注。在 App 方面，故宫博物院推出了多款具有创新性的应用，如"口袋故宫""韩熙载夜宴图"等，让游客通过手机就能轻松游览故宫，了解历史文化。

2. 九寨沟风景区

九寨沟通过与美团合作，推出了"九寨沟智能导游"服务。游客只需打开美团 App，就能实时获取景区导游图、景点介绍、游玩攻略等信息。此外，九寨沟还通过短视频、直播等方式向游客展示景区的美景和文化，吸引了大量网友的关注。

3. 瑞士旅游局

瑞士旅游局通过与谷歌合作，推出了"虚拟瑞士之旅"。游客只需打开谷歌地图和VR眼镜，就能在家中体验瑞士的壮丽景色和丰富文化。此外，瑞士旅游局还通过Instagram、Facebook等社交媒体，向游客展示瑞士的魅力，吸引了大量网友的关注。

4. 澳大利亚大堡礁

澳大利亚大堡礁通过与微软合作，推出了"大堡礁虚拟探险"。游客只需佩戴微软Hololens头盔，就能在虚拟世界中探索大堡礁，与海洋生物互动，了解环境保护知识。此外，澳大利亚大堡礁还通过Instagram、Facebook等社交媒体，向游客展示大堡礁的美丽和独特性，吸引了大量网友的关注。

这些成功的案例充分利用了数字技术和创新策略，吸引了游客的关注，提高了知名度。它们通过多种渠道向游客传递信息，满足游客的需求，为目的地营销提供了新的思路和方法。在数字时代，目的地营销需要不断创新，充分利用数字技术和社交媒体等渠道，提高游客的参与度和体验感。同时，目的地营销还需要注重与游客的互动和反馈，了解游客的需求和偏好，为游客提供更加精准和个性化的服务。

第四节 目的地节事旅游开发

一、节事旅游概念

节事旅游属于节事活动的一个范畴，和其他学科的研究一样，节事旅游的理论也包括一系列相互关联的概念，并形成了一个相对独立且完整的理论体系，这一体系包括以下一些基本的概念。

（一）事件

事件是短时发生的一系列活动项目的总和；同时，事件也是其发生时间内环境设施、管理和人员的独特组合。

（二）特殊事件

特殊事件有两个方面的含义：一方面，与事件的赞助者或主办者的例行事务不同，特殊事件是发生在赞助主体或举办主体日常进行的项目或活动之外的事件，具有一次性或者非经常性的特点；另一方面，与消费者或顾客的日常事务不同，特殊事件是发生在人们日常生活体验或日常选择范围之外的事件，它为事件的顾客提供了休闲、社交或文化体验的机会（盖兹，1997）。"特殊事件经过事先策划，往往能够激发起人们强烈的庆贺期待"（高布拉特，1990）。

(三) 节事

在事件及事件旅游的研究中，常常把节日和特殊事件合在一起作为一个整体进行探讨，在英文中简称为 FSE (Festival & Special Event)，中文译为"节日和特殊事件"，简称"节事"。

(四) 标志性事件

这是一种重复举办的事件，对于举办地来说，标志性事件具有传统、吸引力、形象或名声等方面的重要性。标志性事件使得举办事件的场所、社区和目的地赢得市场竞争优势。随着时间的消逝，标志性事件将与目的地融为一体（盖兹，1997）。例如，河南洛阳的牡丹节已经成为其旅游主题。

(五) 重大事件

从规模和重要性来看，重大事件是指能够使事件主办社区和目的地产生较高的旅游和媒体覆盖率、赢得良好名声或产生经济影响的事件（盖兹，1997）。在实际运作中，重大事件一般称为"大型活动"。

(六) 事件（节事）旅游

事件旅游专指以各种节日、盛事的庆祝和举办为核心吸引力的一种特殊旅游形式，也有学者称其为节事旅游或节庆事件旅游。若旅游者去一个地方旅游，主要是或仅仅是因为这一地方发生着什么事情，这种吸引就是"事件吸引"。这种由事件引起的旅游即称为事件旅游，而作为吸引物的事件则称为旅游事件。

1984年，雷奇首次给出了节事旅游的定义——从长远或短期目的出发，一次性或重复举办的、延续时间较短、主要目的在于加强外界对于旅游目的地的认同、增强其吸引力、提高其经济收入的活动。蒋三庚在其《旅游策划》一书中指出，节事旅游是指具有特定主题、规模不一、在特定时间和特定区域内定期或不定期举办的、能吸引区域内外大量游客参与的集会活动。对旅游者来说，节事旅游是一种让游客参与体验地域文化、认知社会特点、感受娱乐真谛的机会，也是一种公共的、具有明确主题和娱乐内涵的活动。从西方学者的研究成果看，关于节事旅游有两种说法：一为"Event Tourism"，中文译为"事件旅游"；另一为"FSE Tourism"，中文译为"节事旅游"。前者泛指所有类型的节庆而引发的旅游活动，后者更强调节日和特殊事件分别引发的旅游活动。

二、节事旅游特点

归纳起来，节事旅游有下列特点。

(一) 文化性

节事从出现至今，一直就作为一种文化现象的表现，在人类发展历史中延续着。作为以节事活动为依托的节事旅游，虽然是现代性的表述，但它却是历史性的载体，在它的发展过程中布满了文化的印记，不断地表现着历史和文化的特性。也正是由于它所具有的这种文化属性，旅游者才会把内心的情怀寄托于一项看似简单、休闲的旅游活动。所以说，文化性构成了节事旅游的根本特性。

（二）地方性

节事作为历史的产物，存在地域性的差异。不同地区由于风俗习惯，以及资源条件的差别会形成不同的节事活动。节事活动被普遍作为地区形象的塑造者，如此就使节事要更能体现地方和资源的特色。一些节事活动的举办地，为广大公众所熟悉，如巴西奥吉里奥狂欢节、澳大利亚乡村音乐节、苏格兰爱丁堡艺术节和伦敦泰晤士河艺术节。这些节事活动以"节事活动品牌代言城市"的形象来定义这些举办地。民族节日更是有其独特的地方性，节事活动的地方色彩更为浓厚。例如，泼水节总是与傣族的形象联系在一起的，而那达慕大会也总是代表着蒙古族的形象。此外，宗教的固定传统节日，与庙会活动融合，又成为该宗教圣地或该寺庙的代表。例如，福建、台湾等地的"妈祖诞辰"，几乎成为当地最隆重的节事旅游活动。

（三）时间性

节事旅游对节事的依托性决定了节事旅游的开展和节事活动的举行是同步的。而节事活动作为一种地方形象和传统文化的表现手段，一般举行时间是相对固定的，由此就使得节事旅游的进行也必须在此时间段内。在节事活动举办期间，怀有节事情怀的旅游者，在节事举办地才可以充分地体味节事的魅力，完成其内心对于节事的诉求。一旦节事活动结束，旅游者就无法参与节事，也不能感受节事的魅力，由此节事旅游就无法开展。所以说，节事旅游具有很强的时间性。

（四）交融性

正是节事活动的多样性，决定了节事活动必然有强烈的交融性，许多大型的节事活动，如奥运会、世博会、旅游节、服装节、食品节等都包含了许多会议、展示活动、宴会、晚会等。而在许多会议、展览、奖励旅游中也包含着许多节事活动。节事活动和会展业的其他细分市场都有一个共同的特点，那就是你中有我、我中有你，这些活动互相交融，共添光彩，使节事活动更具吸引力。

三、节事旅游类型

对节事旅游的分类是众说纷纭、见仁见智，习惯上可按节事的属性、影响范围、活动组织者和节事的主题对其进行分类。

（一）按节事活动的属性分

1. 传统节日活动

（1）古代传统型。如中国端午节的赛龙舟活动、西方的圣诞节等。

（2）近代纪念型。如各国国庆节、美国纽约的玫瑰花节等。

2. 现代庆典活动

（1）与生产劳动紧密联系的节庆活动。如广州花会、泰国象节、摩洛哥的献羊节等。

（2）与生活紧密联系的节庆活动。如上海饮食文化节、威尼斯狂欢节等。

3. 其他重大活动

其他一些重大活动，包括大型会议、体育盛事等。

（二）按节事活动的影响范围分

1. 世界性节事活动

世界性节事活动如戛纳国际电影节、慕尼黑啤酒节、国际孔子文化节等。

2. 全国性节事活动

全国性节事活动如厦门中国广告节、青岛啤酒节、洛阳牡丹花会等。

3. 地区性节事活动

地区性节事活动如上海南汇桃花节、浙江陆羽茶文化节等。

（三）按节事活动的组织者分

1. 政府性节事活动

政府性节事活动如五四青年节、教师节等政府组织的联谊活动、纪念活动。

2. 民间自发性节事活动

民间自发性节事活动如云南傣族泼水节、意大利狂欢节等。

3. 企业性节事活动

企业性节事活动如上海旅游风筝会等。

（四）按节事活动的主题分

1. 文化类

主要指在各地举办的宗教节日和庆典活动，如音乐节、艺术节、舞蹈节、戏剧节及各种一般文化活动节。

2. 体育类

包括各种体育赛事活动，如奥林匹克运动会、世界杯足球赛、国际马拉松比赛等体育活动。

3. 商业类

主要指在各地举办的商业活动，如广交会、南博会等。

4. 农业类

主要指各种与农业生态有关的节庆活动。

四、节事旅游作用

节事旅游的目的不仅仅在于吸引旅游者、投资者、赞助者等参与者，成功的节事旅游可以带来多方面的牵动效应。

（一）提高目的地的旅游竞争力和知名度

节事发生期间，高强度、多方位、大规模的宣传活动以及所引起的广泛关注，形成巨大的轰动效应，使更多更大范围的人通过各种媒介或实地游览对节事发生地留下深刻的印象，从而在短期内强化了旅游目的地形象。成功的节事活动的主题还能够成为旅游目的地形象的代名词，正如人们一提到斗牛就想到西班牙，一提到民歌节就想到南宁，一提到泼水节就会想到西双版纳，一提到啤酒节就会想到青岛。这些成功的案例都说明，节事活动与举办地已经形成了很强的对应关系，能够迅速提升举办地的知名度。

（二）弥补旅游淡季供给与需求不足的情况

旅游业受季节变化的影响会产生淡、旺季之分。旺季时，游人如潮；淡季时，资源闲置。多样化的旅游节事活动为游客提供更多的选择机会和较好的满足，因而也使得目的地的旅游资源在不超过承载力的前提下获得最大限度的利用。比如，在哈尔滨国际冰雪节期间，超过百万的游客前来旅游，市内各大宾馆、酒店的入住率比以往同期普遍提高了30%～50%。同样，在旅游景区的淡季，举办人们喜闻乐见的节事活动也会吸引大量的旅游者。

（三）可以满足游客多层次的需求

节事旅游的内容包罗万象，涉及服饰、建筑、宗教、礼仪、歌舞、戏剧、饮食等诸多方面。游客可以通过参加各种各样的节事活动，使身心得到放松，同时又可以领略异域的文化历史。例如，武汉国际旅游节通过节事活动充分展示湖北楚文化、三国文化、宗教文化、水文化、武汉近现代文化以及市民文化等。旅游者在文化氛围的陶冶中，既可以游览东湖、长江等优美的自然风光，又可以参与到花车巡游、焰火晚会等大型的娱乐活动中。游客不管男女老少，都能在节事活动中找到自己的所好，满足其体验的要求。

（四）提高和完善举办地的基础设施

良好的基础设施和旅游服务设施是旅游业发展强有力的依托和必不可少的条件。通过举办旅游节事，可以使举办地的各项设施，如交通、环境、宾馆、体育运动场所、休闲场地等得到改善，还会加大管理力度，建立健全规章制度，完善服务功能，从而进一步提高和完善举办地的旅游综合接待能力。如昆明世博会，为保证前来参加世博会的众多游客的需求，昆明除了对各个景区进行整治和宾馆的翻修外，还投资十多亿元进行了18项重点配套设施建设工程，同时购置了1000多辆出租车和近300辆公交车，完成了世博园及市区通信设施及旅游信息网络的建设，城市的基础设施得到了极大改观。这一切不但保证了世博会期间的交通、通信、咨询服务能力，而且为昆明市居民的日常出行带来长期效益。

五、节事旅游开发

(一) 节事旅游开发模式

分析我国现有的旅游节事活动，可以总结出四种经典的节事旅游开发模式，即经典回归模式、传统提升模式、提炼整合模式、无中生有模式。

1. 经典回归模式——"老壶装陈酒"

经典回归模式就是在保持地方传统节庆形式和内容不变的基础上，以体现地方风俗节庆的原真性为主，向旅游者展示其原有风貌。节庆策划者不需要对节庆的形式和内容进行改变，主要是保持传统节庆的"原汁原味"，通过对当地民俗节庆活动系统全面的调研，借助各种宣传策划活动，以传统活动的神秘感和个性化来吸引旅游者。例如，大理白族的三月街，古代又称观音市或观音会，是一个有着1000多年历史的大理各民族物资、文化交流的传统盛会，也是大理州各族人民一年一度的民间文艺体育大交流的盛大节日。

2. 传统提升模式——"老壶装新酒"

传统提升模式是采取向传统节日庆典"借壳"的方式开发新型节事，它要求策划者注重"老壶"与"新酒"间的匹配程度，既要有创新，又不能串味；既要保持传统风格，又要有内容创新。例如，民间庙会是一种特殊的社会形式，庙会最早的形式是隆重的祭祀活动，是人们敬祀神灵、娱悦身心的产物。随着社会的发展，特别是经济的发展，庙会和集市交易融为一体，成为人们敬祀神灵、交流感情和贸易往来的综合性社会活动。

3. 提炼整合模式——"新壶装陈酒"

前两种开发模式都是对已有的传统节庆活动进行开发，或是"原真性"的回归，或是"传统性"的提升，而提炼整合模式是在没有经典传统节庆依托的前提下，通过对旅游资源的整合开发，打造出来的旅游节庆活动，是以获取经济利益、提高地方知名度为主要目的，更看重的是旅游资源的经济价值，是现代节庆策划中较常用的一种模式。提炼整合模式的开发也要求"壶"与"酒"的吻合度要高，对"陈酒"的鉴赏要准要精，对"新壶"的开发利用合情合理，要求旅游节庆的形式、主题和内容与举办地的文脉特征要高度一致。例如，吴桥国际杂技节、山东曲阜孔子文化节、陕西黄帝陵祭祖等旅游节庆的开发都与当地的历史文化发展有着高度关联性，如果将这些节庆名称放到其他举办地则会"东施效颦"、笑话连篇。

4. 无中生有模式——新壶装新酒

无中生有模式正是应了"靠山吃山，靠水吃水"这句俗话。那么如果一个地方既没有特色的传统节日，又没有浓厚的文化民俗，如何来开发旅游节庆呢？无中生有型开发模式就是一种解决之道。它利用地方的典型环境、特色饮食、特色物产及流行元素等现代特色资源，选择适当的节庆主题和包装方式，通过现代的旅游节庆形式向旅游者展示现代节庆活动内容。这里的"无"并不是真的没有,而是已经存在但尚未系统化,没有形成节庆表现形式的旅游资源,这里的"有"是指经过提炼、包装、赋义、展示等系列化策划工作而形成的完整的旅游节庆活动。例如,青岛国际啤酒节、潍坊风筝节、大连国际服装节、哈尔滨冰雪节、洛阳牡丹花会等都是此类开发模式中的经典品牌项目。

(二) 节事旅游开发思路

在进行区域节事旅游开发时,要实现区域内的资源整合并让各个节事活动和谐共存,有六个关键点可以为节事旅游开发厘清思路。

1. 节事旅游品牌化

目前市场上节事旅游五花八门,种类繁多,但是能形成地方特色的却很少,有的地方看到举办节事能产生"井喷效应",便纷纷模仿或兴办,有的地方节事举办了一两次后就销声匿迹,各地"昙花一现"的节事数不胜数。造成的后果就是既劳民伤财,又没有对当地的旅游业产生应有的推动作用。节事旅游的开发要以品牌化开发为原则,以长时间的品牌塑造为目标。节事品牌化有利于游客及时了解旅游节事信息、缩短选择时间,能够增加节事旅游产品的附加值。品牌作为一种无形资产,能吸引游客再次参与旅游节事活动,延长节事旅游的市场生命周期,并对当地旅游品牌或形象的树立产生积极的推动作用。

2. 时间安排序列化

由于一些旅游资源本身具有很强的时间性,在节事开发上可以通过分时间序列将其分散于各个季节,避免内部恶性竞争带来的损失。时间安排序列化主要体现在三个方面:一是区域内各节事的开发按季节或时间进行分布,避免节事聚群现象。如西安曲江新区按一年十二个月进行节庆策划,每个月都策划出主题各异的节庆活动来吸引游客。二是区域内各节事的开发时序化,按照实际情况,分阶段对节事活动进行开发和推广。三是节事活动本身的安排要有时间概念,每个主题节事下一般都会设有若干的活动项目,策划方案要提前将这些活动顺序进行安排,避免由于不当操作带来的混乱场面。

3. 空间分布协同化

空间分布协同化主要体现在两个方面:一是在同一区域内,要注重对区域内各"点"旅游资源的挖掘,并最终按照某一思路将它们组合起来,实现这一区域的共同有序发展;二是不同区域间具有相关性文化的节事举办地可以进行整合策划,加强各地之间的相互配合。例如,融安的节庆活动可以和柳州市区及周边三江、融水等县的节庆活动在时间和空间上联动,共同推广。

4. 节事活动主题化

举办节事旅游活动必须有明确的主题,有了独特的节事旅游主题,节事活动的开发才会目的明确、层次清楚,从不同方面突出、加深主题,给游客留下深刻印象。而且节事主题会随着举办时间和环境而有所不同,如青岛啤酒节举办初期是以"市民狂欢节"为主题定位的,随着其影响的不断增强,节庆的主题定位也逐渐从国内转向国际,提出了"青岛与世界干杯"等主题口号。

5. 节庆事件区分化

节事是节庆和事件活动的综合体,节事的策划不仅包括节庆的策划,还包括大型事件或活动的策划。在节庆策划上,我们常说"大节造势、小节造市",就是要通过举办一个或两个较大规模的经典节庆在旅游市场上形成强大的宣传声势,使主题节庆快速地向规模大、影响大发展,保持良好的品牌上升发展势头。另外在小节的策划过程中,要充分运用多种营销手段,充分利用当地的各种旅游资源,寻求节庆本土化,并在本土化的基础上增强主题节庆的影响力,迅速扩大市场。在节庆活动期间,通过策划几个具有标志性的大型特殊事件,可以加深旅游者对举办地的印象,迅速提高举办地的影响力。

6. 节事内容体验化

举办节事的目的不仅仅是吸引游客"到此一游",更重要的是让游客"有所游、有所感、有所想、有所思、有所乐",从而对旅游目的地产生良好的品牌认同感。节事旅游的开发不仅应从形式上、内容上加以丰富,更要从活动体验上加以重视,要设计丰富、生动的体验活动,让游客从视觉、听觉、嗅觉、触觉、味觉等方面与旅游产品进行相互交流,满足个性化旅游需求,提高旅游节事对游客的吸引力。体验的精髓在于使游客身临其境,游客参与程度越高,体验效果越好,越能给游客留下难忘的记忆。

> **同步思考:** 你认为节事旅游面临的创新困境是什么?有什么出路?
>
> **理解要点:** 面临的创新困境:第一,节事创新动力不足。长期优先发展地方经济的思路,节事充当促进经济发展的"平台"而非作为具有吸引力的文化"产品",节事的内涵挖掘、节事品牌积累被忽视。第二,节事临时性组织架构不利于创新。节事组织结构的临时性特征使得节事积累的经验和技术很难实现共享和传承。第三,政府多目标要求导致节事倾向于保守。自上而下推动的新型节事更多地反映政府目标而非市场需求,既要在多项目标中求全,又要把组织实施的风险降到最低,还要在多个部门之间沟通协调,增加了节事创新的难度,节事创新的可行性变小。第四,节事持续创新是世界性的难题。文化传统薄弱是当代节事的软肋,特别是年度性节事在经历了初期的轰动效应之后,需要同当地文化传统相结合,并根据外部环境不断调整内容和形式,既坚守文化传统,又符合时代精神,这是相当大的挑战。

节事创新的出路：第一，文化创新。把握文化传统和时代精神的契合点。无论传统农耕文化、工业文明还是流行文化都构成了节事的根系，无论节事形态如何千变万化，文化才是节事的根基。第二，形态创新。人类文明滋养了形态万千的各类节事，大型节事、传统节日、产品产业类节庆、时尚创意类庆典、运动健身类竞赛等层出不穷，呈现出形态各异的繁荣景象。第三，理念创新。节事的理念创新关键在于明晰各个利益相关者，从政治、经济、文化、社会、环境这"五位一体"的高度来进行节事的创意、设计、立项、审批、组织实施和效果评估。这也是推动本土节事进行国际化比较、推动节事国际化传播并获得认同的前提。

【复习思考题】

1. 简述旅游规划的特征。
2. 简述旅游形象定位的原则和方法。
3. 以你认为成功的旅游目的地形象口号为例，分析其符合的定位原则和所应用的定位方法。
4. 简述旅游目的地营销的特点。
5. 分析节事旅游对旅游目的地开发的意义。

【案例分析】

法国格拉斯小镇旅游开发

格拉斯小镇面积44.44平方千米，人口25.3万，位于法国南部普罗旺斯区域内，尼斯和戛纳之间的一个山区小城，面对地中海、背靠阿尔卑斯山，距离地中海20千米，距离尼斯机场40分钟车程，距离戛纳20分钟车程。

格拉斯小镇养花业兴盛，使基于养花所延伸的香水产业迅速发展起来，产生了诸多香水产业巨头和全球知名品牌。这里是法国香水的重要产地和原料供应地，80%的香水在这里制造。每年花开时节，全世界的香水师都会从各地蜂拥而至。香水产业是当地的支柱产业，每年为格拉斯创造超过6亿欧元的财富。这里有花宫娜最古老的香水加工厂，还有香奈儿、莫利纳尔、嘉利玛等知名香水加工厂，被誉为"香水之都""全球最香的小镇""法国香水的摇篮"。

（一）格拉斯小镇发展历程

6世纪，这里的皮革产业十分兴盛，格拉斯的熟皮手套匠人制造出了香精用于改善皮革难闻的气味。

1614年，格拉斯开始种植各种香料花卉，随着王室大量使用香水，此业日渐兴隆。

1730年，法国第一家香精香料生产公司诞生于此。从此，香水业逐渐在格拉斯落地生根，法国80%的香水在这里制造。

格拉斯小镇的香水产业促进了其旅游业的发展，并最终演变成以香水制造和旅游业为核心的区域产业经济结构。

(二) 格拉斯小镇旅游产品

1. 香水制造体验

在格拉斯有许多香料店和香水博物馆。游客可以通过参观香水博物馆了解香水的制造过程，并在香水工厂体验亲手制作香水的乐趣。

2. 原产地购物

格拉斯是正宗的香水出产地，很多人专门前来调制购买专属自己的香水。

3. 花田观光

格拉斯四季皆能观赏到美丽的花田，圣诞过后黄绒花将格拉斯染成一片金黄，5月、6月玫瑰是田间的主角，8月、9月则是茉莉盛开。

4. 休闲节庆

格拉斯小镇通过主题旅游设施建设和节庆活动策划，使得"世界香水之都"魅力无限。节日中小镇里充满各种精彩的节目，还有烟花和歌舞表演，晚上广场上有草裙舞和花车游行，人们彻夜狂欢直到凌晨才结束离去。

(三) 格拉斯小镇旅游开发成功经验

格拉斯小镇是全球顶级的香水生产地和度假胜地，是特色产业小镇的典范，是以花田加工业为主导，拓展到香水旅游、花田高端度假，实现产业延伸驱动。其成功的关键要素在于：产业专门化及集群化，打造专门化的主导产业，形成产业集聚和规模化效应，向产业链纵深延展；原产地品牌形象打造，引入知名产品制造企业进行合作，将区域品牌与产品品牌相结合，从而形成强有力的原产地形象；优美的城镇地貌景观设计，为旅游观光提供了良好的视觉效果；复合型城镇功能的完善配套，不仅有利于吸引产业发展所需的人才，更有利于促进旅游的发展。

问题：格拉斯小镇旅游开发成功经验适合于何种类型旅游目的地？为什么？

参考文献

[1] 傅广海，邓玲. 会展与节事旅游管理概论 [M]. 北京：北京大学出版社，2007.

[2] 张秋芬，江五七. 旅游管理学 [M]. 北京：航空工业出版社，2008.

[3] 王红国，刘国华. 旅游目的地形象内涵及形成机理 [J]. 理论月刊，2010 (2)：98-100.

[4] 刘建峰，王桂玉，郑彪. 旅游目的地形象内涵及其建构过程解析 [J]. 旅游论坛，2009，2 (4)：479-484.

[5] 白丽明, 谢铌. 旅游目的地形象内涵研究 [J]. 广西教育学院学报, 2007 (2): 93-97.

[6] 唐娟. 关于旅游目的地定位的若干思考 [J]. 桂林旅游高等专科学校学报, 2007, 18 (3): 338-340.

[7] 曲颖, 李天元. 旅游目的地形象、定位和品牌化: 概念辨析和关系阐释 [J]. 旅游科学, 2011, 25 (4): 10-19+48.

[8] 苏文才. 会展概论 [M]. 北京: 高等教育出版社, 2009.

[9] 杨春兰, 韩芳. 会展概论 [M]. 上海: 上海财经大学出版社, 2006.

[10] 沈刚, 吴雪飞. 旅游策划实务 [M]. 北京: 清华大学出版社, 2008.

[11] 傅广海, 邓玲. 会展与节事旅游管理概论 [M]. 北京: 北京大学出版社, 2007.

[12] 张秋芬, 江五七. 旅游管理学 [M]. 北京: 航空工业出版社, 2008.

[13] 舒伯阳. 实用旅游营销学教程 [M]. 武汉: 华中科技大学出版社, 2008.

[14] 肖光明. 旅游目的地营销特点与策略研究——以肇庆市为例 [J]. 热带地理, 2008, 28 (5): 488-492.

[15] 肖江南. 国外旅游目的地营销研究现状及启示 [J]. 地理与地理信息科学, 2006, 9 (5): 16-21.

[16] 任春. 整合营销传播理论在旅游目的地营销中的应用分析 [J]. 企业经济, 2008 (7): 75-77.

[17] 田里, 李雪松. 旅游管理学 [M]. 3版. 大连: 东北财经大学出版社, 2021.

[18] 金露. 电视节目对旅游目的地发展的影响研究——以亲子类节目《爸爸去哪儿》为例 [J]. 中国广播电视学刊, 2015 (7): 120-122.

[19] 吴必虎, 宋治清. 一种区域旅游形象分析的技术程序 [J]. 经济地理, 2001 (4) 496-499+512.

[20] 王雷亭. 旅游规划原理与实务 [M]. 重庆: 重庆大学出版社, 2009.

[21] 邹统钎, 陈芸. 旅游目的地营销 [M]. 北京: 经济管理出版社, 2012.

[22] 李蕾蕾. 旅游地形象策划: 理论与实务 [M]. 广州: 广东旅游出版社, 1999.

[23] 邹统, 王欣. 旅游目的地开发与管理 [M]. 北京: 北京师范大学出版社, 2012.

[24] 王衍用, 殷平. 旅游规划与开发 [M]. 北京: 北京大学出版社, 2007.

[25] 何锡瑜. 开创旅游规划3.0时代 [J]. 中国房地产, 2016 (17): 52-53.

[26] 揭筱纹, 罗言云, 王霞, 等. 乡村旅游目的地环境生态性规划与管理 [M]. 成都: 四川大学出版社, 2018.

[27] 倪欣欣, 马仁锋. 海岛旅游地域系统演化与旅游规划转型 [M]. 杭州: 浙江大学出版社, 2017.

[28] 刘建峰, 王桂玉, 张晓萍. 基于旅游体验视角的旅游规划形式与内容的反思 [J]. 地域研究与开发, 2014, 33 (2): 88-93.

[29] Lew AA, 何景明, 高彬. 尺度、变化和恢复力: 社区旅游规划的视角 [J]. 资

源科学，2016，38（9）：1635-1642.

[30] 李磊，陆林，杨钊. 温泉旅游规划中的利益冲突与协调［J］. 经济地理，2018，38（2）：206-212.

[31] 龙江智，朱鹤. 国土空间规划新时代旅游规划的定位与转型［J］. 自然资源学报，2020，35（7）：1541-1555.

[32] 袁媛，周剑云，程序，等. 柳州市全域旅游发展规划探析［J］. 规划师，2022，38（12）：161-168.

[33] 苟雨君，何孝凡，苏振宇. 国土空间规划视角下区域旅游空间结构识别与规划路径［J］. 经济地理，2023，43（4）：184-193.

[34] 胡智行，翟华鸣，赵彬. 边疆地区旅游度假区与镇区融合发展思路探讨——以伊犁那拉提景镇国土空间规划为例［J］. 规划师，2023，39（2）：101-108.

[35] 新年"顶流"哈尔滨的出圈之路［EB/OL］.（2024-01-08）［2024-08-19］. https：//mp.weixin.qq.com/s/UTw6ysbi0UIWr7bFo36SiA.

[36] "十五五"规划前期启动，旅游业应关注8大重点［EB/OL］.（2024-06-17）［2024-08-19］. https://mtz.china.com/touzi/2024/0617/062024_117732.html.

[37] "十五五"规划解读 | 文旅规划的时代使命与价值内涵［EB/OL］.（2024-07-09）［2024-08-19］. https：//mp.weixin.qq.com/s/Vl6zIeTQRutnAHppGQ1fRQ.

第五章 旅游目的地管控

　　旅游目的地在发展过程中面临各种挑战与问题，包括旅游目的地之间的可替代性挑战，大量游人涌入造成的环境生态压力挑战，旅游活动组织过程中突发事件发生对旅游目的地造成的危害，以及旅游目的地生态、经济、社会可持续发展问题，这些也构成了本章将要介绍的内容，即旅游目的地竞争力、旅游容量管理、旅游目的地危机管理和旅游目的地可持续发展。这些内容是旅游目的地管理者应该具备的管理理念和管理方法。

【学习目标】

　　1. 了解旅游目的地竞争力概念，认识竞争力影响因素；
　　2. 了解旅游容量概念并掌握其应用；
　　3. 了解旅游安全、旅游危机的概念和特点，理解旅游目的地危机管理原则，掌握旅游危机应对措施；
　　4. 了解可持续发展思想及其内涵，认识旅游可持续发展观。

【导入案例】

守护清迈：旅游目的地管控与可持续发展

　　在泰国北部的心脏地带，坐落着一个古老而充满活力的城市——清迈。作为泰国第二大的城市，清迈不仅以其悠久的兰纳文化和丰富的历史遗产闻名于世，还因其独特的自然风光和友好的当地居民成为国际游客的向往之地。然而，随着旅游业的蓬勃发展，清迈也面临着环境保护、社会变迁和经济增长之间的平衡挑战。

　　近年来，清迈旅游业的快速增长带来了显著的经济效益，但同时也对当地的环境和社会结构造成了压力。城市和周边地区的自然景观受到了游客增多带来的影响，垃圾处理和水资源管理成为亟待解决的问题。当地社区在享受旅游带来的经济利益的同时，也在担忧传统文化的保护和生活方式的快速变迁。此外，清迈经济过度依赖旅游业，缺乏多元化的经济结构，这使得城市在面对市场波动时显得相对脆弱。

为了应对这些挑战，清迈市政府、当地社区和私营部门联合起来，采取了一系列措施，推动旅游业向更加可持续的方向发展。通过实施严格的环境保护政策，推广生态旅游和社区旅游，清迈成功地将旅游活动与自然保护、文化遗产保护和当地居民生活改善相结合。这些措施不仅减轻了环境压力，还增强了社区的凝聚力，促进了经济的多元化发展。

清迈的绿色转型是一个持续的过程，它需要政府、社区和游客的共同努力和参与。通过教育和培训提高居民对可持续旅游的认识，通过推广环保实践减少旅游活动对环境的影响，通过支持当地小微企业和文化活动增强经济的多元化和韧性。清迈的可持续旅游实践为其他旅游目的地提供了宝贵的经验和启示，展示了如何在经济增长与环境保护、文化传承与社会发展之间找到平衡点。

清迈的成功转型证明了可持续旅游不仅是一种理念，更是一种可行的实践。通过创新和合作，清迈正在成为全球可持续旅游的典范，为世界其他旅游目的地提供了学习和借鉴的榜样。随着可持续旅游理念的深入人心，清迈将继续在全球旅游业中发挥领导作用，引领旅游业走向更加绿色、健康和可持续的未来。

第一节　旅游目的地竞争力

一、旅游目的地竞争力概念

（一）竞争力的概念

竞争力理论可以追溯到古典经济学派，其代表是李嘉图的比较优势理论和马歇尔的聚集优势理论，这些理论框架虽未明确竞争力命题，却清晰地揭示了国际分工体系下国家间绝对和相对优势的形成机制，因而被视为竞争力理论的基础。而真正以一套完整的理论体系或者评价体系揭示竞争力形成和演变规律的理论，直到20世纪80年代才出现，主要包括产业组织学派的竞争优势理论、企业资源基础论、企业能力论、竞争动力学理论以及国际竞争力理论等。

国内外相关学者和机构从不同角度对这一概念做过很多尝试性界定，根据其界定可以总结出"竞争力"所要表达的两层核心含义：（1）竞争力强调的是一种"经济能力"，这种能力包括提升资源收益率、提供高标准化的生活、增加人民的实际收入、创造更多财富以及更强的获利能力等，即"竞争力"更多的是一种经济意义上的概念。（2）竞争力是由比较产生的，它的落脚点在于不同竞争主体之间的强弱比较，通过市场占有率、盈利率等终极表现形式来反映。但这是基于产品同质化假设得出的结论，主要是针对制造性企业而言的。"旅游目的地竞争力"概念的内涵需要基于以上两层核心含义，并结合旅游目的地的特性来进行归纳和总结。

（二）旅游竞争力的概念

旅游领域的竞争力研究始于20世纪90年代，研究的视角涉及旅游产品、旅游企业、旅游产业、区域以及国家等诸多层面。关于"旅游竞争力"内涵的提法主要可以归纳为两大类：一类是关于总的旅游竞争力的内涵界定，其竞争力主体通常是国家；另一类是关于特定旅游竞争力的内涵界定，其竞争力主体包括区域、城市、景区、旅游产品等。

就第一类而言，又有两种代表性观点。一种狭义的观点认为，国际旅游竞争力属于产业国际竞争力研究范围，它研究的是旅游地的国际旅游业开拓、占据国际旅游市场并获取利润的能力。另一种广义的观点认为，国际旅游竞争力的内涵更为宽泛，它是指通过旅游企业在国际旅游市场上销售的旅游产品而反映出的生产力，表现为旅游产品所具有的开拓市场、占据市场并以此获得盈利的能力，主要体现在旅游产品竞争力、旅游企业竞争力和旅游业竞争力3个层次。

就第二类而言，主要包括"城市旅游竞争力""景区旅游竞争力""旅游产品竞争力"等。其中，"城市旅游竞争力"是指在旅游产业本身素质和城市旅游环境的综合作用下，通过旅游企业在旅游市场上销售其产品而反映出来的持续发展壮大的能力；"景区旅游竞争力"是指旅游景区的旅游市场占有能力、旅游创造利润能力和旅游可持续发展能力；"旅游产品竞争力"是指一地的旅游产品在国内外旅游市场上与其他旅游产品相比所具有的自身创造财富以及推动地区、国家创造社会财富的能力，主要包括形象力、销售力和产品力。

从以上有关"旅游竞争力"内涵的表述中不难看出，旅游竞争力囊括了竞争力所要表达的两层核心含义：一方面，旅游竞争力强调其竞争力主体的"经济能力"，虽有定义涉及"旅游可持续发展能力"等因素，但总的来说，旅游竞争力归根结底还是一个"经济意义"上的概念。另一方面，旅游竞争力同样是比较的产物，它需要在竞争主体之间进行强弱比较，这是旅游竞争力与竞争力的共性之所在。

（三）旅游目的地竞争力的概念

旅游目的地不同于一般的制造型企业，经济目标并非其首要的、唯一的目标。正如马尼拉世界旅游宣言（*The Manila Declaration on World Tourism*）所指出的，旅游的根本目的是"提高生活质量并为所有的人创造更好的生活条件"，实现旅游目的地居民生活质量的提升才是旅游目的地发展旅游业的根本目标。所以，旅游目的地竞争力不仅仅是"经济意义"上的概念，它需要考虑环境的保护、资源的永续使用等，从而保障旅游目的地居民及其他利益相关者的长远利益，也就是说，旅游目的地竞争力包括为旅游者提供满意旅游经历、提高旅游目的地居民生活质量与旅游目的地其他利益相关者福利的能力。基于此，"旅游目的地竞争力"可以界定为，旅游目的地能够持续地为旅游者提供满意的旅游经历，并且能够不断提高旅游目的地居民生活质量以及旅游目的地其他利益相关者福利的能力，其表现形式为具有共同目标市场的旅游目的地之间市场占有率的大小和旅游收入的高低。

二、旅游目的地竞争力的影响因素

旅游目的地竞争力主要受三个层次因素的影响，即外层环境因素、中层条件因素和核心效率因素。

（一）外层环境因素

环境因素是影响一个目的地旅游产业发展的宏观因素，包括自然环境、经济环境、技术环境和社会文化环境。这四类环境因素有些直接对目的地旅游业发展造成影响，如自然环境及居民好客度、社会安定度等社会文化环境是旅游者能够直接感受到的，是目的地旅游吸引力的组成部分。良好的自然环境有利于构筑旅游业发展的空间平台，同时也是目的地旅游业可持续发展的反映。还有一些环境因素对旅游业形成间接影响，如经济环境影响目的地的旅游投资能力、开发规模和方向；技术环境因素渗透到旅游产业的各个因素中，对旅游产业的价值创造过程起放大作用等。社会文化环境则决定旅游目的地的文化底蕴，有利于提升旅游竞争优势。整体而言，尽管这些宏观环境因素是旅游业被动接受的产业发展条件，旅游业在其制约下进行控制和影响的能力都很小，但环境因素仍是可以认识和影响的。

（二）中层条件因素

中层条件因素，即资源因素，主要包括旅游资源、区位条件、生产要素和旅游设施。它们是旅游业发展的资源赋存条件，是相对静态的因子，共同构成某一目的地旅游业的比较优势。旅游管理者和从业者可以对各类资源因素进行改造和利用，从而产生经济效益。

1. 旅游资源

旅游资源包括自然旅游资源和人文旅游资源（现实的和潜在的），是开发旅游产品、规划旅游项目、安排旅游线路的必要前提，直接影响目的地旅游产品的供给数量和质量。诱发旅游活动产生的根本原因是旅游资源对游客的吸引力，因此，旅游业具有很强的资源依赖性。旅游资源吸引力的大小直接决定目的地旅游市场规模的大小和旅游需求的层次、旅游收入的高低。可以说，一个地区在自然及人文等旅游资源上，拥有一定得天独厚的稀缺资源或高品质资源将是形成其旅游目的地竞争力的重要来源。

2. 区位条件

区位条件主要指与客源市场的相对位置和交通状况、周边区域旅游经济发展情况以及与周边区域旅游的竞合关系。旅游资源的不可移动性、旅游产品生产和消费的同时性使得区位条件在目的地旅游竞争力的形成中占有重要地位。区位条件在某种程度上决定旅游目的地的旅游资源的市场规模和相对价值，进而影响其在空间上的旅游竞争力。优越的区位条件，如旅游目的地地处交通要道或枢纽，能够为当地旅游业的发展提供良好的基础条件,并在一定程度上增强旅游业的竞争力。

3. 生产要素

在旅游业中,生产要素指发展旅游业所需要的各种投入,包括旅游企业生产经营中所需要的人力资源、资本资源、物质材料以及与旅游相关的知识资源等。也可以分为初级生产要素和高级生产要素,前者是指只需简单得到私人及社会投资就能拥有的要素,如生产中使用的适用范围广泛的一般性原材料、流动资金等;后者是指需要花费很大代价才能取得的要素,如旅游管理专门人才、旅游企业经营管理模式及旅游服务的专门技能和知识等。一般来说,初级生产要素较易获得,难于形成竞争优势,而高级生产要素较难获得,因而易于形成竞争优势。其中,旅游业的服务产业性质,决定了在目的地旅游竞争力中人力资源是最重要也是最容易产生比较优势的生产要素。

4. 旅游设施

旅游业是综合性很强的产业,需要满足旅游者食、住、行、游、购、娱等多方面的需求。旅游设施就是专门为旅游者提供服务的各种服务设施设备,如住宿设施、餐饮网点、区域内交通、娱乐购物场所等。旅游目的地的旅游设施状况虽然不是决定旅游者旅游动机的根本原因,却是一个旅游目的地整体形象的重要组成因素,也是旅游者消费决策的辅助要素。优质的旅游设施对于旅游者在整个旅游过程中就好像起到"润滑剂"的作用,使旅游者心情更舒畅,旅游经历更完美,直接影响旅游者旅游的质量和旅游过程的满意度。不仅为旅游目的地的形象加上一个重要的"砝码",而且也增强了旅游目的地竞争力。

(三) 核心效率因素

由目的地旅游资源禀赋等因素形成的区域比较优势,只是一种产业发展的潜在优势,要使这种潜在优势真正转化为现实的产业经济发展优势,关键是高效率地配置和利用这些资源。核心效率因素,正是在资源因素的基础上,通过构造产业结构、进行产业管理与信息管理、提高旅游企业经营能力等主体行为,几倍地放大资源因素优势,从而维持和不断创造比较优势,实现可持续发展的竞争优势。

1. 产业结构

产业结构因素一方面指旅游产业内部各大行业之间的经济技术联系与比例关系,如饭店、旅行社、旅游景区、旅游交通等旅游业主要企业形式的规模比例关系,旅游企业的集团化程度,不同所有制旅游企业比重等。另一方面指影响旅游产业发展的国民经济结构,如第三产业占GDP比重,旅游占第三产业的比率等。产业结构反映了一国或一地区产业资源配置格局及其配置效率。上述这些结构因素并非比重越高越好或越低越好,而要有一个最适宜的度,最贴近适宜度的结构比例是最有利于产业发展的。目的地主体通过调整产业结构的相关因素,使得产业结构得到优化,结构效应得以发挥,从而使产业经济总体在产业结构效应的积极作用下实现更快增长。

2. 产业管理

产业管理是指目的地产业主管部门为保障产业发展而进行的行业管理、制定产业政策和地方旅游法律法规等管理活动。我国大多数地区实施的是"政府主导型"的旅游业发展战略，在一定时期内政府的政策、规划、管理体制对旅游业竞争力的形成是不可忽视的。因此，旅游产业管理水平的高低直接影响到企业、产业的竞争力，在对旅游目的地竞争力的形成中发挥一定的促进作用。

3. 信息管理

当前全球已进入信息时代，信息的管理和运用对经济运行效果起到越来越重要的作用，旅游业更是如此。旅游产业的信息管理，包括对目的地旅游客源市场信息的调查研究及传递、旅游目的地整体形象的宣传、品牌管理、敏锐地捕捉市场信号和对外界经济变化做出反应等。良好的信息管理，有助于及时把握旅游市场的变化趋势，有效传递目的地旅游业的信息，树立目的地旅游品牌形象，进而增强对客源市场的吸引力，保证目的地旅游产业发展的稳定性和持续性。

4. 旅游企业经营能力

产业的微观竞争主体是企业，目的地旅游竞争优势的最终形成需依靠目的地的旅游企业来完成。因此，虽然产业内企业竞争力总和并不等于该产业的竞争力，但可以肯定的是，如果一个目的地有一批在旅游市场竞争中占优势地位，甚至处于支配地位的企业，那么这个目的地的旅游产业必将表现出很强的竞争力。一般来说，旅游企业的规模、经营策略、技术水平、管理能力、营销能力和创新能力等都是影响旅游企业竞争力的因素。

三、旅游目的地竞争力评价

（一）评价指标

一般来说，旅游目的地竞争力的评价指标可分为显性指标和隐性指标两种。显性指标，又称"硬"指标，反映旅游目的地竞争力的最终结果，大部分源于现有的旅游统计体系，主要包括现实能力和未来潜力。其中，现实能力可以通过旅游收入、旅游价格、旅游人次、人均旅游消费等指标来反映；而未来潜力则可以由旅游投诉比率、旅游就业、旅游投资等指标衡量。隐性指标，又称"软"指标，反映同类旅游目的地未来一段时间的竞争力状况，主要来源于市场调查。它涉及的是旅游目的地竞争力的影响因素，包括当地居民生活质量、旅游资源品级和目的地形象、政府管理能力、环境对当地的经济支持度等。"软"指标为综合性的非数量指标，需要采用数据提取技术转化为可以比较的指标。

（二）评价方法

在21世纪之前，关于旅游竞争力的研究以定性评价为主，发展至今，各国的学者不再只局限于定性方面的研究，而是更多地关注定量方面的研究，把各类指标量化，再做深入的分析。特别是面板数据模型的引入，使科学地衡量目的地竞争潜力成为可能。学者朱明芳（2007）对各种竞争力测评方法进行了如下的研究总结。

1. 定性方法

定性方法主要包括归纳法、演绎法、德尔菲法和情境法等。G. I. Crouch 和 J. R. B. Ritchie 1999 年在波特的国家竞争力"钻石模型"的基础上提出的应用于旅游目的地竞争力评价的综合模型，采用的主要是这种方法。

2. 定性与定量相结合的方法

定性与定量相结合的方法主要采用的是层次分析法，将决定旅游目的地竞争力的评价因素概括为几个层次，以问卷或访谈的方式获得数据确定因素权重，并进行统计分析，获得方差、均值等分布状态。

3. 定量方法

常见的有因子分析法、核函数主成分分析法、模糊数学法、面板数据模型和聚类分析法。

（1）因子分析法。因子分析法是从多个实测的原变量中提取出较少数的、互不相关的、抽象的综合指标，即每个原变量可用这些提取的公共因子的线性组合表示。因子分析法可以达到降低维数的目的，又可以对变量进行分类，因此在量表的构建效度评价中得到了广泛的应用。

（2）核函数主成分分析法。核函数主成分分析法是利用降维的思想，根据相关性的大小进行分组，使得同组内变量之间的相关性较高，不同组的变量相关性较低。最终用少数几个综合指标的线性函数和特定主成分之和来表达原来观测的每个变量，以达到合理地解释存在于原始变量间的相关性和降低变量维数的目的。

（3）模糊数学法。模糊数学模型包括模糊聚类、模糊识别、模糊线性规划等，在旅游目的地竞争力研究方面，特别是在综合评判模型中模糊识别应用得最多，如 Gooroochurn 和 Sugiyarto（2005）用因子分析、聚类分析和判别分析的方法进行了国家竞争力的研究。

（4）面板数据模型。面板数据是一种特殊的数据类型，从横向角度分析，具有横截面数据的特征，而从纵向角度分析，又具有时间序列数据的特征。因此，也可以将面板数据理解成横截面数据和时间序列数据的特殊组合。在面板数据样本中，随着时间的推移，相同的观察对象被连续不断地记录着，因此面板数据也可以理解成由相同横截面数据构成的时间序列数据。因此，在面板数据模型中对回归系数的解释，既可以解释不同时间段的变化差异，也可以说明不同研究单体（截面）的差异表现。基于面板数据模型双重性的特点，该模型在应用于竞争力分析时解决了可持续竞争力的衡量问题。

（5）聚类分析法。聚类分析法是根据事物本身的特性研究个体分类的方法。其原则是同一类中的个体有较大的相似性，不同类个体的差异很大，包括样品聚类和变量聚类两种。进行聚类分析首先应该进行相似性度量，即采用一定的方法来确定相似系数。在相似矩阵的基础上，把变量分为不同的类别。当要聚成的类数是外生变量时，可以采用K均值分类法对观测量进行快速聚类。

四、旅游目的地竞争力提升策略

旅游目的地竞争力的提升要围绕影响旅游竞争力的要素进行，因而可以从以下几个方面进行。

（一）旅游产品开发策略

旅游产品开发可从如下三个方面考虑：第一，增加文化内涵，感受文化、理解文化、掌握文化是旅游者的精神追求所在。在旅游产品开发中，深入挖掘文化内涵，突出其时代或传统的文化特色，丰富旅游产品文化内涵，挖掘各类文化旅游产品。第二，提高品位，塑造精品。杜绝开发粗制滥造、重复雷同的旅游产品，开发前要经过严格的规划论证，在旅游规划和审批时把好关。第三，开发多种类型的旅游产品。除传统的观光旅游、度假旅游外，注意开发多种旅游产品，如商务旅游、会议旅游、生态旅游等，以适应旅游者的不同需求。

（二）人才培养优质化策略

旅游业的竞争，归根结底是人才的竞争。营造人才成长的氛围和机制，必须强化旅游教育培训，学历教育和继续教育两手抓，从院校、社会和企业几个方面进行培训。高等教育应重视师资的培养和锻炼，提供进入行业锻炼的机会，使旅游管理专业人才在院校中就能够与行业实践紧密结合；加强社会培训，引入社会力量，通过专门的培训机构和社会团体，对社会人员和在岗人员进行培训；旅游服务需要一定的专业技能和服务意识，从业人员必须具备一定的能力和素质才能做好相应岗位的工作，因而应推行持证上岗和资格认证制度；尽快建立激励评价机制，认真制定全面、系统、科学的旅游人才培训规划，努力创造和培养更多的旅游专业人才队伍。

（三）旅游产业结构的优化策略

旅游业是关联度很强的产业，旅游业内部六大要素互相联系、互相制约。产业结构优化的总原则是加强薄弱环节，提高配套水平，促进协调发展，强化推动功能。六大要素中重点扶持"游"和"购"，即旅游资源和旅游商品的开发，这是制约旅游业发展的两大要素；积极发展"行"和"娱"，即旅游交通和娱乐设施；自发调节"食"和"住"，即宾馆和餐饮设施，通过市场经济运行机制自行调节。在产业结构的优化过程中，全面提高旅游业的整体素质和产出水平。其中，旅游交通可根据区域旅游业发展需要适度超前发展，以发展方便灵活的旅游包机和适合本区域实际的交通方式为主；进一步增设基础设施，提高服务水准，与国际旅游区域接轨；住宿设施遵循完善结构、丰富类型、合理布局、连锁式经营、集团化发展的原则，尤其要加强特色住宿设施的建设；餐饮设施要进一步规范市场，提高质量，突出特色，应开发自己的特色菜；购物设施要调整结构，合理布局，强化管理，特别是要建立特色街区、特色商店等；娱乐设施要充分展示民族文化，开展一些富有文化底蕴的旅游娱乐活动。

（四）企业经营管理策略

旅游竞争优势的最终形成需依靠旅游地的旅游企业来完成，旅游企业经营管理所反映的竞争力决定着旅游目的地竞争力。旅游企业是促进各地旅游业不断发展的行为主体，旅游目的地旅游企业的企业规模、发展战略、目标、经营策略、企业自我积累和发展机制等对旅游竞争力的形成无疑起着更为积极、主动的作用，尤其是旅游企业间的竞争是否合理、公平、有序，竞争机制是否有效等都对旅游竞争力的形成有着重要的影响。

（五）旅游业发展的区域联动策略

旅游业是一个关联度很高的产业，同时也是一个开放性的产业，旅游业区域之间的联系十分密切。要正确认识区域旅游联动的意义和作用，加强目的地联合，建立目的地旅游协调机构和旅游协作制度。目的地旅游协调发展要考虑如下因素：一是地理的相邻性；二是资源独特性；三是文化的继承性；四是产品的互补性；五是市场的关联性；六是相对区划的统一性。通过对目的地旅游产品的组合搭配，形成互补性的旅游产品群，有效地避免近距离内的重复建设和浪费资源的现象。在目的地旅游开拓方面，目的地内部应加强联系，制订共同的整体促销计划，树立目的地旅游整体形象，加强对目的地旅游联合发展的宣传。此外，应建立联合发展机制，既可以成立由政府牵头的协调领导小组，定期或不定期地进行旅游磋商；也可以成立专门的合作公司，组建大型旅游企业集团，负责具体项目的运作。根据目的地联合开发、资源优势互补的原则，为自己的资源和产品特色定位，走与相邻地区和省份既有区别又有联系的协调发展之路。

（六）政府政策支持策略

政府应该在旅游业发展中发挥宏观调控作用，加强职能部门的协调和总体的宏观协调能力。制定政策，做好科学合理的发展规划，减少盲目性，建立健全旅游法规，规范旅游市场行为，加大力度支持旅游企业的改制工作，培育或提升旅游企业的竞争力。从自然环境到社会环境、建筑风格到民风民俗，要进行统筹规划，加强环境容量的研究，确定每一个旅游接待地的自然环境与社会环境的最大容量。

第二节 旅游容量管理

一、旅游容量概念

旅游容量是在不破坏和不改变旅游地生态环境，不明显降低旅游者旅游质量和当地居民生活质量的前提下，旅游地所能容纳旅游者的最大数量。按照这个定义，旅游容量用接纳旅游者人数来表示，它与旅游地的开发强度有一定的关系，是从环境容量的角度来认识旅游容量。旅游容量受两个因素影响：一是旅游地环境性质与结构；二是旅游活动性质与结构。同时，旅游活动不仅对环境有影响，而且对社会、经济也会产生影响。因此，旅游容量作为一个全面反映旅游地旅游活动的综合性指标，是一个概念体系。

二、旅游容量调控

旅游资源虽然对一地的旅游容量有影响，但旅游资源具有自在性，尤其自然资源是天然赋存的，人们无法直接对其进行调控，只能在遵循自然规律的前提下合理利用。

旅游者是旅游活动的主体，也是旅游业服务的对象，其对旅游容量的影响是首要考虑的。在对旅游容量进行调控时，首先要对旅游者进行管理和引导，对游客的管理可以分为直接管理和间接管理。

直接管理在旅游容量的调控上是必不可少的，例如，一些实施规则的制定，像加强巡视，使用闭路电视或摄像设备进行实时监控；在旅游景区内进行合理分区；还可以通过限制利用量和旅游活动来调控，如通过限制游客数量、团队规模、停留时间、活动区域和禁止某些如超出游径行走等不良行为。

间接管理是改变影响游客行为的因素，这些方法不会被游客看作对自己行动的限制，如可以对旅游景区进行一些物理变更，像有选择地封闭或新建某些道路，增加游览范围、扩大视野等；还可以通过平时宣传来引导旅游时尚，如推广生态旅游等，向游客介绍活动的类型特别是开放的场所和时间，号召游客予以协助等；还可以制定适度的规则、注意事项等来引导游客。通过对游客的管理可以实现旅游景区客流宏观时空的分流。

三、旅游容量类型及测算

在旅游环境容量的体系中，有四种基本容量，即旅游者心理容量、旅游地的生态环境容量、旅游地的旅游资源容量、旅游地的社会经济容量。其中旅游者心理容量代表需求方面的容量，其余三种容量为供给方面的容量。

（一）旅游者心理容量

旅游者心理容量是指保证旅游者旅行和游览舒适满意的极限游客接待量，超过这个极限则旅游者的舒适感和满意程度就会下降。对旅游者心理容量的测算，是在保证游客的舒适和满意的前提下，采用最低极限来测算游览空间或间距标准。这个标准通常可根据问卷调查或经验估计而获得，也可以直接采用表5-1中的国际标准或参考其他国家的标准。

表5-1 旅游资源容量的国际标准

旅游活动场所	世界旅游组织（WTO）标准		日本标准	
	基本空间标准（m^2/人）	单位空间合理标准（人/公顷）	基本空间标准	平均滞留时间（小时）
森林公园	667	15	300m^2/人	2.5
郊区公园	143~667	15~70	40~50m^2/人	
乡村休闲地	50~125	80~200	15~30m^2/人	2.0
高密度野营地	16~33	300~600	250~500人/公顷	
低密度野营地	50~167	60~200	50~100人/公顷	
高尔夫球场	677~1000	10~15	0.2~0.3人/公顷	5.0
滑雪场	100	100	200m^2/人	6.0
滑水	677~2000	5~15（水面）		
垂钓	333~2000	5~30（水面）	80m^2/人	5.3
徒步旅行		40	400m^2/人	3.5
赛场（参观）	25	40	25m^2/人	2.0
野外露营	33	300	25m^2/人	3.5

（二）旅游地的生态环境容量

旅游地的生态环境容量是指接待旅游者或容纳旅游活动的数量极限，超过这一极限则旅游活动将对生态环境产生不利的影响。尤其是旅游者进入任何一个旅游地后，都会产生食、住、行、游、购、娱等各种消费，这些消费必然直接或间接地产生一定的废水、废气和固体垃圾，从而对环境造成污染或破坏。因此，通过测算旅游者所产生的污染物、环境自净能力和人工治理污染的能力，就可以大体测算出生态环境的容量。旅游地的生态环境容量的计算公式如下：

$$Ce = \frac{\sum_{i=1}^{n} N_i S + \sum_{i=1}^{n} Q_i}{\sum_{i=1}^{n} P_i}$$

式中：Ce——旅游地生态环境容量；

N_i——旅游地单位面积对i种污染物的日自净能力；

Q_i——旅游地每天人工处理i种污染物的能力；

P_i——平均每个旅游者每天产生污染物的数量；

S——旅游地面积。

（三）旅游地的旅游资源容量

旅游地的旅游资源容量是指在保持旅游活动质量的前提下，旅游资源所能容纳的最大旅游者人数或旅游活动容量，也是旅游资源可持续利用的最大边界。对旅游资源容量的测算，一般是对旅游地已开发的旅游景区的容量测算，其具体方法有面积法和线路法两种。

1. 面积法

面积法是根据旅游景区的空间面积或可供游览的规模、游客周转率和人均游览空间标准进行测算的方法。不同类型的旅游地游览空间标准是不同的，可根据世界旅游组织提供的标准进行计算。面积法计算公式如下：

$$C_{r1} = \frac{S_A}{S_B} \times R$$

式中：C_{r1}——旅游景区日容量（面积法）；

S_A——旅游景区游览规模（平方米）；

S_B——旅游景区人均游览空间标准（平方米/人）；

R——游客周转率（每天开放时间÷每个游客滞留时间）。

2. 线路法

线路法是根据旅游景区的线路或可供游览的规模、游客周转率和人均游览间距标准进行测算的方法。不同类型的旅游地游览空间标准是不同的，可根据世界旅游组织提供的标准进行计算。其计算公式如下：

$$C_{r2} = \frac{2L}{I} \times R$$

式中：C_{r2}——旅游景区日容量（线路法）；

L——旅游景区游览线路总长度（米）；

I——旅游景区人均游览间距标准（米/人）；

R——游客周转率（每天开放时间÷每个游客滞留时间）。

（四）旅游地的社会经济容量

旅游地的社会经济容量是指一定时期内旅游地社会经济发展程度所决定的能够接纳的游客人数和旅游活动量，超过这个限量就会引起旅游地居民对旅游者的反感，并带来一系列社会经济问题，甚至出现旅游地居民与旅游者的对立和冲突等。对旅游地社会经济容量的测算比较复杂，一般通过测算住宿能力或食品供应能力来反映。旅游地的社会经济容量的计算公式如下：

$$C_h = \frac{\sum_{i=1}^{n} F_i}{\sum_{i=1}^{n} D_i}$$

式中：C_h——旅游地社会经济容量（日容量）；

F_i——第i类食物或住宿设施的日供应能力；

D_i——每个旅游者平均每天对i类食物或住宿设施的消费能力。

四、旅游容量的应用

在不同的情况下，旅游容量有着不尽相同的意义，这充分反映了旅游容量的丰富内涵和复杂结构，也预示着这一概念的巨大应用潜力。

（一）在旅游规划中的应用

1. 在旅游规划开发中加强旅游容量意识

旅游规划中存在较为普遍的问题在于容量确定得过大，尤其是旅游开发与房地产开发相结合的项目，出于现实利益考虑，相当部分的项目规划中存在容积率过高和城市化倾向，即使在标明高档旅游度假区的规划中这种情形也屡见不鲜。因此，应该用旅游容量相关知识，明确不同档次的旅游地旅游容量标准。

2. 加强旅游规划协调，解决旅游热点的超载

旅游超载通常集中出现在某些旅游热点地区，因此应该在其周围加大开发力度或者开发新项目，以实现旅游分流。如颐和园陆续重建了后山的"苏州街"和西湖部分建筑，在北门扩建了停车场，对缓解前山的压力有明显作用，而且通过开发新项目，取得了更大的经济效益。

（二）在旅游经营管理中的应用

热点旅游地，特别是那些知名度很高的旅游地，当旅游高潮到来时，常常出现人满为患的情景，造成旅游接待地的全面紧张；而有时却又要面临淡季的闲置，对此主要可以采取以下措施。

1. 有计划地分散旅游客流

旅游之所以有淡旺季，存在需求和供应两方面的原因：旅游者方面，其出游大部分在假期，人群聚集。旅游供给方面，必然是具有垄断性的、知名度极高的旅游资源，容易出现超载。所以，应该有计划地从时间和空间两方面分散客流。最普遍的方法是利用价格杠杆来平抑旅游淡旺季的差距，使旅游地终年保持较高的接待规模而不超载；有计划地安排可能导致客流重大变化的各种大型活动，在高峰可能出现超载情况的旅游点实行机动车领取通行证的办法；对少数旅游点实行限时错开。例如，北京在春游高峰期和秋季香山观赏红叶期间，都采用了错时开放或限量售票办法。在持续超载的旅游点的次要景区，开辟新的参观游览场所，增加新项目，以引导游人缩短在主要景区的停留时间，减轻其接待压力。

2. 把握旅游营销时机和力度

在旅游条件尚不完善时，若盲目进行宣传和营销，不仅涉及宣传的真实性，而且客观效果也不好。如果当旅游者蜂拥而至后，却发现旅游资源开发粗放，接待设施、交通、供应等方面都不尽如人意，旅游者事后难免有意无意地做反面宣传。

3. 妥善解决发展旅游业和当地居民间的矛盾

旅游业的发展，尤其是在超载情况下，会给当地居民生活带来不便，包括交通阻塞、物价上涨等。旅游业的发展，应该运用旅游容量理论，妥善解决发展旅游业和当地居民间的矛盾。

第三节 旅游目的地危机管理

旅游业是脆弱的行业，尤其是突发事件随时都可能对旅游业造成危害，这时就需要进行及时的应对和处理。因此，旅游目的地对旅游安全与危机要有清醒的认识。

一、旅游危机管理概念

（一）旅游危机

旅游危机是旅游安全的升级版，是旅游安全出现问题后造成了一定的危害所呈现的一种状况。

1. 旅游危机的概念

世界旅游组织（WTO）认为旅游危机是指影响旅游者对一个目的地的信心并扰乱继续正常经营的非预期性事件。这类事件可能以无限多样的形式在许多年中不断发生。旅游危机就是旅游活动过程中出现的困难，影响其正常活动并带来一定危害的事件。这些事件是非预期性的，并且扰乱了旅游者的信心，对目的地的管理和企业的经营造成了困难，甚至带来一定的危害。如果不加以解决，任其发展扩散的话，可能会对发生地造成严重的影响。

2. 旅游危机的特点

旅游危机具有非常明显的特点，主要表现在以下几个方面。

（1）隐蔽性。旅游危机具有非常强的隐蔽特征，是在人们意想不到、没有做好充分准备的情况下突然爆发的，如自然灾害造成的危机、食物中毒事件造成的危机等。

（2）紧迫性。旅游危机爆发后，会以十分惊人的速度以及出人意料的方式演变或恶化，并且会引发一系列的后续问题。例如，游客的安置、转移的难度、旅游外部声誉的损害、旅游企业经营环境的恶化等。

（3）危害性。旅游危机发生后会在短时间内对旅游业造成严重的影响甚至会造成一定的打击，而且涉及面较广，后续影响持续时间较长，可能对旅游"六要素"造成连带影响等。

（4）双重性。即危险与机遇并存，危机处理及时就能够挽回影响，把坏事变成好事。如果处理不及时或处理不当，会加重危机的负面影响。

（5）扩散性。危机爆发之后，扩散非常快速，会冲击到其他地区，甚至影响到全球。

（二）旅游灾难

旅游灾难是旅游危机的升级版，是比旅游危机更为重要的、造成重大生命财产损失的一种境况。

1. 旅游灾难的概念

旅游灾难就是由于自然或人为的原因破坏了旅游业表面的和潜在的经营并造成重大人员和财产损失的旅游事故，如洪水、飓风、火灾、火山爆发等自然灾害以及政治动荡、恐怖袭击、重大犯罪、恶性疾病等事件对旅游业造成破坏性影响的事故。灾难的结果造成了人员的伤亡和重大财产损失。

2. 旅游灾难的特点

（1）突发性强。旅游灾难是在人们毫无防备的情况下爆发的，它是偶然发生、没有规律可循的。

（2）波及面广。旅游灾难的波及面会非常广，可能是全国性，也可能是全球性的。

（3）破坏性大。旅游灾难性事件会造成重大人员伤亡和财产损失，具有较大的破坏性。无论是对游客还是旅游企业，甚至对社会都会造成很大的负担。

（4）影响深远。旅游灾难使人印象非常深刻，在很长的时间内人们仍然记忆犹新，难以忘怀，甚至永远无法抚平悲痛。

（5）恢复困难。灾难发生后，对人员的损失永远不可能挽救。而对旅游基础设施的破坏难以恢复，需要大量的资金、时间、科技才有恢复的可能。

（三）旅游危机管理

管理是指通过计划、组织、领导、控制及创新等方法和手段，综合运用人力、物力、财力、信息等资源，使组织目标能够顺利达到的过程。旅游危机管理（Crisis Management）是指目的地为避免和减轻旅游突发事件所带来的严重后果，并通过危机预测、危机预警和危机救治达到恢复旅游经营秩序和环境，消除旅游者紧张心理的非程序化决策过程。

这里的旅游突发事件，是指自然灾害以及政治动荡、恐怖袭击、重大犯罪、恶性疾病等对旅游业造成破坏性影响的事故。因此，为了提高旅游危机管理的针对性和有效性，旅游危机管理的出发点和落脚点应该是旅游者。一方面，要高度重视旅游安全，旅游企业需要加强安全意识的教育和培训；另一方面，需要为旅游者着想，努力消除他们的心理阴影。

二、旅游危机管理原则

旅游危机管理需要掌握一些基本的原则和方法，以便于进一步做好预防和处置工作，尽快消除其负面影响。处理旅游危机的管理原则主要有以下几点。

（一）预防性原则

旅游危机虽然有其突发性的特点，但是，一些带有共同性的规律或现象还是可以提前预防的。需要分析旅游危机的特点、概率，做到未雨绸缪。例如，下雨天容易出现泥石流灾害，需要加强防范；南方的夏天在野外活动要预防毒蛇，北方的冬天在野外活动要预防冻灾等。

（二）公开性原则

在网络时代和信息时代，任何旅游危机都很容易第一时间在媒体上曝光。旅游安全事故或灾难出现后相关部门必须公开信息，不能隐瞒或包庇。公开信息有利于占主动地位，否则会造成"屋漏又遭连日雨"的困境。

（三）公众利益原则

无论是自然因素还是人为因素造成的旅游危机事件，处理的原则必须牢记"生命至高无上""人民利益高于一切"的原则。

（四）诚实性原则

诚实性原则包括公开安全处理或危机处置的真实状况，不能歪曲事实真相，更不能嫁祸于人、逃脱责任。

（五）及时性原则

旅游危机事件发生后会成为社会的焦点，所以必须果断决策、迅速处理，并及时发布信息，在第一时间公开事实真相，以防不明真相的人或媒体随意猜测，发布谣言，增加处理难度。更要防备别有用心的人扰乱视听，制造更大灾难。

（六）权威性原则

旅游危机事件发生后，决策者、信息发布者、事件评论者等必须是权威性人物，有公信力的人物。不能由与事件毫不相关或公信力低下者应对媒体，否则会失去大众及受害者的信任。

三、制订旅游危机预案

旅游业的脆弱性和敏感性决定了旅游目的地对于旅游的安全等需要事先做好预案，以防任何"风吹草动"对旅游业的影响和冲击。

（一）旅游危机前的预警系统

旅游危机的处置首先是要做好预警工作，这是预防的前提。有了预警工作，能够使目的地更加清楚危机发生的概率与位置，也就为后续处置提供了依据。

（二）危机预警原理

危机预警的原理主要是根据以往发生事件的频率、事物的普遍性等予以推理。主要有下面三种。

——类推原理：依据历史因素进行相关的推断。例如，夏天容易发生中暑、游泳、溺水等事件。

——因果原理：依据事物的普遍联系性原理。事物总是有内在的联系，如大的自然灾害之后容易暴发瘟疫，政治冲突事件发生后会影响旅游业等。

——概率原理：依据变量之间的互相作用原理。例如，食物中毒的概率、缆车的事故概率、汽车的事故概率等。

（三）预警等级

按照国际惯例，旅游危机预警可以选择不同的词语来表示。依据危险程度警示危险级别，常用以下几个词语：旅游警告、旅游劝告、旅游忠告、旅游建议、旅游提醒。

在美国，关于其他国家的信息是由美国国家领事信息计划署向旅游者提供的。在领事信息手册上，基本可以获得每个国家的信息，它定期地全面描述了那些受质疑国家的基本情况，包括政治稳定性、犯罪、恐怖主义及医疗保健情况等。在英国，由外事与联邦办公室的旅行咨询处提供关于旅游的信息。在德国，外交部则通过其分布在世界各国的200多个领事代表处提供的帮助做出旅行忠告。

我国在2006年之前并没有旅游警示发布形式。2006年4月公布的《中国公民出境旅游突发事件应急预案》（以下简称《预案》）中，第一次有了危机预警等具体内容。该《预案》明确规定，我国将按照旅游安全的轻重程度，采取提示、劝告、警告三种警示形式发布旅游预警信息。

（四）平时做好教育、培训工作

（1）危机意识的教育。加强对旅游从业人员和旅游者的教育。旅游从业人员要树立危机意识，正确认识危机，主动承担社会责任，积极参与自然灾害的应对，加强职业培训与学习，掌握相关救护处理技能。教育旅游者首先培养良好的应对自然灾害的心理素质，面对灾害不惧怕、不惶恐；其次，提高个人应对自然灾害的能力，学会紧急自救、逃生技能和灾害的常识，能正确辨认灾害爆发的征兆，提前预防。

（2）安全法规的学习。加强对旅游从业人员安全法规的学习和对旅游者安全活动的教育，提高其旅游安全的法律意识。

(3) 危机防范的技巧培训。加强对旅游从业人员防范危机的技巧。例如，如何防止食物中毒，如何防止中暑，山洪暴发如何躲避，遇到火灾如何逃生等。这些都是有技巧的，需要对相关从业者进行专业培训，可通过比赛、考核、演练等办法进行培训。

(4) 危机处理应急能力的提高。旅游从业人员对旅游危机有一定的知识和处理能力的话，在某些情况下可以避免或减少损失。尤其在爆发初期，事件还没有蔓延开来，如果处置得当，可以把危机消灭在萌芽状态。

四、旅游危机应对措施

旅游危机的发生发展会呈现出一定的阶段性。在每个阶段应该采取不同的应对措施，才能有的放矢地处置危机。

（一）危机的阶段性

危机的发生有着一定的阶段性，危机管理需要分阶段、分步骤地进行。李锋提出的"7R"模式具有一定的参考价值。他把危机分为七个阶段：侦测、缩减、预备、反应、恢复、重振、提升（见图5-1）。

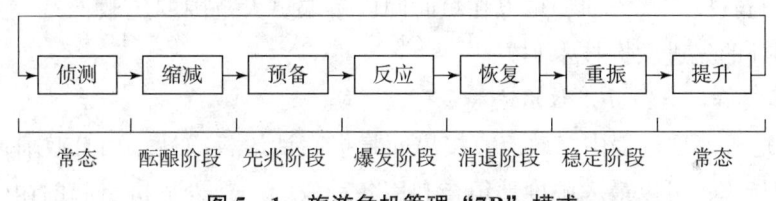

图5-1 旅游危机管理"7R"模式

侦测：收集分析和传播信息是危机管理的首要和直接任务。

缩减：增强危机意识、化解危机根源，尽量避免危机生成因素的恶化和危机的形成。

预备：成立危机管理小组，选取危机应急预案。

反应：依据管理过程中的信息反馈灵活执行危机应急预案。

恢复：评估旅游危机的影响和发展趋势，采取合理措施，恢复旅游业。

重振：旅游形象的修复和重振。

提升：从危机中寻求机遇，促进旅游业素质的提升。

（二）旅游危机中的应对措施

由于旅游危机的阶段性特点，处理危机的应对措施也要根据不同阶段的特点采取不同的策略。根据以往的经验，比较有效的方法有以下七个方面。

1. 迅速反应，把握危机的最佳应对时机

——危机发生以后，必须在第一时间迅速做出反应，充分利用第一个"24小时"的宝贵时间，控制危机局势，最大限度地降低危机造成的损害。

——实际上，社会公众关心的可能并不是旅游危机事件本身，而是决策者对于危机事件的反应速度和态度。所以，迅速做出反应是第一位的措施。

2. 查找危机根源，果断做出危机决策

——首先是对危机的性质进行清楚的而且非常明确的界定。第一时间告诉公众到底发生了什么事情，属于什么性质的事件，等级如何。

——其次是初步判断危机影响有多大、范围有多广。

——最后是要判定引发危机的原因是什么，并要告知公众。

3. 实施危机隔离与救助

——对危机的范围进行划定，必要时进行适当的隔离或分离，避免更大范围的公众伤害。

——组织军队、警察、医疗机构、相关的专业救援队伍马上采取救援行动，在危机扩大前进行施救，对受到伤害的旅游者实施专业救护。

4. 积极面对公众，争取外界援助

——通过媒体和网络，告知了解到的事件真相，不留任何隐瞒地充分告知。

——如果事态比较严重，需要与外界（甚至国外）救援组织建立联系，争取外界救援组织参与救援。一方面，可以在短时间内争取更大范围的施救；另一方面，可以借机学习国外的先进救援技术和方法。

5. 发挥政府职能，寻求权威支持

——在危机处理过程中，政府直接出面将提高话语权威性。而且政府高层领导直接参与现场指挥，可以最大限度地组合利用各种资源，减少危机引起的内部混乱，能让公众看到政府的诚意和能力，提升公众面对危机的信心，从而起到稳定局面、避免事态进一步扩大的作用。

——适当运用第三方权威机构发布正面信息，邀请权威专家进行分析和评判比目的地的旅游企业自身的说法更具有说服力，更容易被公众接受。

6. 加强信息沟通，统一消息口径

——在危机爆发的第一时间，指定新闻发言人，召开记者通报会，统一对外宣传口径。在实事求是的前提下，确保发布的信息统一、客观、严谨。新闻发言人要注重媒体在危机传播中所注重的议题（见图 5-2）。

国内外的学者列出了几十个危机之下媒体和公众可能关心的议题。调查结果显示，有三大议题是最重要的，其他议题不是不重要，而是越纠缠越混乱。指定的新闻发言人应集中精力回答这三个议题，具体如下：

第一，局面是否得到了控制？也就是说，现实状态如何？

第二，危机为何发生？也就是说，危机的诱因何在？

第三，危机中的受害人是否得到了妥善安置？也就是说，受害者的命运如何？

在以往的个别案例中，一些没有受过训练的危机管理者，往往纠缠于边缘议题。

例如，危机发生后，上级工作组到出事地点的第一件事往往不是救灾，而是宣布主管行政一把手或者分管领导停职检查。事故责任人虽然要依法处理，但应该在危机结束后再根据党纪国法、功过得失进行处理。在危机处置过程中，首要的工作是救灾，而不是奖惩，奖惩工作要放到总结阶段再进行。

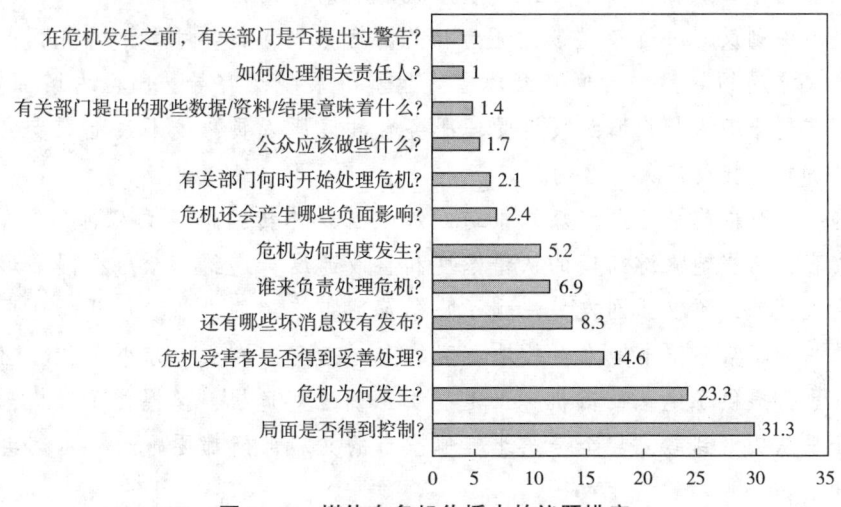

图5-2 媒体在危机传播中的议题排序

7. 收集舆论动态，及时调整应对策略

——对于媒体和网络就危机处理过程中的某一问题提出的猜测，旅游目的地政府要及时地进行回复或公告，排除"非议"。

——对于媒体提出的正当批评，旅游目的地及其相关企业要认真思考，如果媒体批评得正确，要勇于承认错误，而不是敷衍了事。

——根据舆论动态信息，目的地要调整危机处理的方式和方法，提高危机处理的能力。

同步案例：哈尔滨如何从"退票"事件中成功逆袭

哈尔滨宠溺游客走红网络后，带来的是旅游经济的飞速增长。相关数据显示，2024年元旦假期，黑龙江哈尔滨文旅市场异常火爆，累计接待游客304.79万人次，实现旅游总收入59.14亿元，游客接待量与旅游总收入达到历史峰值。而这漂亮数据的背后，起点居然是一次"退票风波"。

冰雪大世界是哈尔滨冬季旅游热度很高的项目。12月18日是"哈尔滨冰雪大世界"开园的第一天，超过4万游客进园，导致排队时间过长，不少人无法玩到想玩的项目，现场就有人大喊"退票"。相关争论经过网络发酵后不断白热化,有业内人士开始担忧,哈尔滨如此被"骂上热搜",极大可能会影响到珍贵而短暂的冰雪季旅游市场。

面对该起舆情,当地文旅部门的处理模式堪称业界模板。冰雪大世界在事件发生后的第二天就发布了题为《致广大游客的一封信》的道歉声明,对服务不周进行深刻反思并连夜整改,还为相关游客办理了退票手续。与此同时,哈尔滨市文旅局领导第一时间就到冰雪大世界开展现场督导,园区内增加安保、接待、志愿服务人员,增加投诉受理服务台和客服人员,线下线上同步受理解决游客诉求,接受广大游客的监督。

这些整改措施经过主流媒体报道,加上自媒体传播的"白嫖冰雪大世界"攻略内容,将当地旅游部门的认错态度和整改速度传递给公众。在网上形成了一种巨大反差,不仅让网友关注到了哈尔滨冰雪旅游的火热,也开始让更多网友记录并分享哈尔滨本地人对外地游客的友好态度,给"南方小土豆"出场来缓和气氛,提供了绝佳的时机。正是一次正确应对危机,把握住了时机,让哈尔滨几乎从头火到尾,甚至是东北其他省市的文旅部门都要跑到哈尔滨去蹭一蹭热度。

复盘这些年的旅游舆情事件,因为景区体验感不佳引发的游客不满情绪是很常见的,很多景区都不太当回事,一般都是低调处理,等待舆论声音过去。然而,当代年轻游客群体更注重旅游体验,玩得舒适和开心成为他们选择旅游目的地的重要考量,这也是一些体验感不佳的老牌景区客流量流失严重的原因。

冰雪大世界在面对"退票门"事件时所采取的妥善处理措施,让游客感受到自己的声音被倾听,需求被重视。通过迅速的官方回应、真诚的公开道歉以及实际的整改行动,哈尔滨不仅化解了游客的不满情绪,还让哈尔滨旅游持续升温,更多人愿意奔赴该城市,来一场浪漫的冰雪之旅。

问题:基于哈尔滨市的成功案例,其他地区的文旅部门可以从中学到哪些应对危机的经验和教训?

第四节 旅游目的地可持续发展

一、可持续发展思想的提出

人类社会在经济增长与环境保护相背离的道路上走过了数百年的历史,人类在追求发展的过程中往往以牺牲生态环境来换取经济增长,这种竭泽而渔的做法短期可能会降低自然资源的恢复和自净能力，长期则会导致环境恶化、资源枯竭等威胁人类生存的全球性问题。直到20世纪70年代，人类才开始用一种理性的思维冷却追求经济高速增长的热情，重新审视经济与环境的关系，与此同时，一股以"保护环境、崇尚自然"为宗旨的绿色浪潮也迅速在全球范围内掀起。人类关于经济与环境关系的问题可以粗略描摹出一条探索轨迹：

1972年，罗马俱乐部出版《增长的极限》一书，警示性地罗列了经济增长所引发的种种环境问题。同年，第一次人类环境会议在斯德哥尔摩举行。

1980年，国际自然与自然资源保护同盟在其制定的世界自然保护大纲中首次提出全新的可持续发展概念。

1987年，世界环境与发展委员会（WCED）出版的《我们共同的未来》一书，首次指出了以可持续发展原则来迎接人类面临的环境与发展问题的挑战。此后不久，世界资源研究所（WRI）、国际环境与发展研究所（IIED）联合声称"可持续发展为我们的指导原则"。世界银行也在其指南中强调将可持续发展作为开发资助的首选目标。

1992年，里约热内卢环境与发展大会上通过了《里约宣言》《21世纪议程》等重要文件，签署了《生物多样性公约》，体现了人类社会可持续发展的新思想。

1994年，中国政府制定通过了《中国21世纪议程——中国21世纪人口、环境与发展白皮书》。继而，国家环保局提出了"中国跨世纪绿色工程计划"，国务院下发了《关于环境保护若干问题的决定》。

2007年，党的十七大提出了人与自然的和谐发展观。

二、可持续发展思想的内涵

《我们共同的未来》一书首次赋予可持续发展完整的含义，"既满足当代人的需要，又不损害后代人满足其需要的能力的发展"，并且包含三重含义。（1）满足需要，尤其是世界上贫穷人民的基本需要。对发展中国家来说，可持续发展首先要求实现长期稳定的经济增长，并改善增长的质量。（2）限制。不可更新资源的数量、可更新资源的承载力和自然环境的容量都是有限的，而人类的社会组织和技术水平会延缓或加剧这种限制。（3）平等。可持续发展在很大程度上是资源分配问题，要求在各代人之间（intre-generation）和同代人之间（intra-generation）实现社会公平。

国际学术界一般认为，可持续性包括生态、经济、社会三个方面：生态可持续性指维持健康的自然过程，保护生态系统的生产力和功能，维护自然资源基础和环境；经济可持续性指保证稳定的增长，尤其是迅速提高发展中国家的人均收入，同时用经济手段管理资源和环境，使仍为经济外在因素的环境与资源内在化；社会可持续性指长期满足社会的基本需要，保证资源与收入的公平（包括代间和代内）分配。

可持续发展的核心思想就是：人类必须改变以人类为中心实行"改造自然、征服自然"的传统思想，而强调人类应该与自然协调和谐地共同生存与发展，保护人类赖以生存的物质基础和生存空间，限制人类的经济活动和社会发展超过自然资源和生态环境系统可以承载的能力。

三、旅游业的可持续发展观

（一）旅游业对环境的依赖与破坏

由于"旅游业是一个资源产业，一个依靠自然禀赋和社会遗赠的产业"（Murphy，1985），自然资源和人文资源共同构成吸引旅游者的最根本的力量，并经由旅游经营商整合成为旅游产品，向目标客源市场投放，资源因此成为出售对象的组成部分。因此，保持优良的生态环境和人文环境是旅游业赖以生存和发展的重要根基。

然而，由于旅游业发展速度较快，在短短的几十年时间内就一跃成为全球产值较大、吸纳就业人数较多的产业类型，人们在陶醉于新产业模式带来的经济利益的同时几乎无暇思考发展旅游业的方法论问题。在趋利动机影响下，将旅游业发展简单化为数量型增长和外延的扩大再生产，如对资源的掠夺性开发、对旅游景区的粗放式管理、旅游设施的病态膨胀等，从而导致环境美学价值损失、环境宁静度和舒适度降低等。由于旅游在时空上相对集中（表现为旅游旺季和旅游热点、热线），旅游破坏因此具有明显的集聚和堆积特征，加上污染源由多方面共同构成，因而"先污染后治理"的事后行为难以奏效，进而引起旅游破坏的恶性循环，西方学者称之为"旅游摧毁旅游"现象。

（二）旅游业对自然、生态以及人文环境的影响分析

1. 旅游业发展对环境的贡献

旅游能增加人们的文明程度从而减少对环境的破坏和污染。旅游需求是一种较高层次的需求，对于增加旅游者的科学文化知识（包括环境科学知识）、更新观念（包括环境保护观念）、提高劳动者素质（包括自觉地维护生态环境的素质的提高）等都有益处。协调的旅游建筑可以美化自然和人文环境，旅游收入的再分配有可能使政府增加对环境的投入。古往今来，许多使人们流连忘返的地方，不仅具有良好的自然环境，还有许多与环境相协调的人文景观和为山河增色的旅游建筑。

2. 旅游业发展对环境的负面影响

旅游供给方面，它是在旅游开发建设过程中和旅游经营过程中发生的，作为一种污染源与工业污染源有共同之处，即以旅游服务设施所排放的废气、废水、废渣这"三废"和布局不当为主。

旅游需求方面，它是在旅游者的流动和暂时停留的过程中发生的。主要表现在大量旅游者的涌入带来拥挤、混乱；人的破坏性行为对环境造成污染和破坏；大量旅游者的践踏使土质变化；大量旅游者的暂时停留带来超出以往的生产、生活资料的消耗和能源的使用，人群的集中所带来的大气污染、噪声污染、视觉污染等。旅游污染的后果是十分严重的，它造成了景物损耗、意境衰退，致使整个旅游区生命周期缩短，

甚至废弃。据此，旅游业是"无烟工业"的观念必须改变，否则是不可能引起人们对旅游所带来的环境问题给予重视的。

（三）旅游业可持续发展思想进程

无论是从旅游业对自然禀赋和社会遗赠的依赖还是从旅游破坏的产生来看，都说明旅游业是最需要贯彻也最能体现可持续发展基本思想的领域之一，因而应该成为积极倡导可持续发展的产业。鉴于可持续发展思想与旅游业的密切关系，国际社会对于可持续旅游发展也特别关注。

1990年，在加拿大召开的全球可持续发展大会上，旅游组行动策划委员会会议就提出了一个《旅游持续发展行动战略》草案。

1995年4月，联合国教科文组织、环境规划署和世界旅游组织等又在西班牙专门召开了"可持续旅游发展世界会议"，制定了《可持续旅游发展宪章》和《可持续旅游发展行动计划》两个重要文件，提出"可持续旅游发展的实质，就是要求旅游与自然、文化和人类生存环境成为一个整体"，这应当成为我们发展旅游业的一个准则。

《中国21世纪议程》也对旅游有明确的要求，即开辟新旅游专线，加强旅游资源的保护，发展不污染、不破坏环境的绿色旅游，加强旅游与交通、机场建设以及其他一些服务行业（包括饮食业）的合作，解决旅游景区污水排放处理及垃圾收集、运输、处理、处置问题，解决好旅游景区有危害的污染源的治理与控制。

（四）旅游业可持续发展思想的内涵

所谓旅游业可持续发展，简言之就是在保持和增进未来发展机会的同时，满足旅游者和旅游地居民当前的各种需要，其实质是要求旅游与自然、文化和人类的生存环境成为一个整体，以协调和平衡彼此间关系，在全球范围内实现经济发展目标与社会发展目标的统一。可持续发展的旅游业主要包含以下三重含义。

（1）满足需要。发展旅游业首先是通过适度利用环境资源，实现经济创收，满足目的地人们的基本需要，在此基础上，再满足旅游者对更高生活质量的渴望（如获取更多的度假机会），满足其发展与享乐等高层次需要。在发展中国家，由于人类基本需要尚未得到完全满足，因而发展旅游业有别于发达国家经济与文化并重的情形，首先应体现为经济增长取向，把旅游业当作经济特性第一、文化特性第二的行业来加以扶持和培育。

（2）环境限制。资源满足人类目前和未来需要的能力是有限的，这种限制体现在旅游业中就是旅游环境承载力，即一定时期、一定条件下某地区环境所能承受的人类活动作用的阈值。它是旅游环境系统本身具有的自我调节功能的度量，而可持续旅游的首要标志是旅游开发与环境的协调，因此，作为旅游环境系统与旅游开发中间环节的环境承载力，应当成为判断旅游业是否能够可持续发展的一个重要指标。只有寻得承载力的一个最优值域并将旅游开发控制在这一范围之内，才能保证环境系统自我调节功能的正常发挥,进而实现可持续旅游。可持续旅游业与其他产业一样,强调资源的节约利用、再利用和再循环。

(3)平等。一是同代人之间的社会平等,可持续旅游发展必须重视目的地对旅游者感受所做的贡献,当地居民有权参与本地旅游开发的有关决策,并分享发展旅游业所带来的收益。而在发展中国家,由于跨国旅游企业大肆渗透,旅游收入漏损严重,目的地在承担旅游业大量外部不经济效应(如拥挤、污染等)的同时,却不能相应分享旅游收入。二是不同代人之间的平等,旅游业可持续发展重视环境资源的非利用或"隐藏"价值,因而旅游业必须采取"安全的最小标准"(Safe Minimum Standar)发展模式,加强资源管理,尽可能降低由环境的不可逆转性变化所导致的未来各代人拥有隐藏价值的损失风险,从而实现不同代人之间的平等。

知识链接:旅游碳足迹:全球变暖下的行业自我审视

旅游碳足迹是一个综合性的环境指标,它量化了旅游活动对气候变化的贡献,涵盖了旅游过程中产生的所有温室气体排放。这一概念不仅包括旅游者在旅途中直接产生的碳排放,比如乘坐飞机、汽车等交通工具,还涉及旅游者在目的地的住宿、餐饮、购物等活动所产生的间接碳排放。此外,旅游碳足迹还扩展到了旅游产业的整个供应链,包括旅游服务和产品的生产、运输、消费和废弃等各个环节所产生的碳排放。

随着全球气候变化问题日益受到重视,旅游碳足迹的研究和实践正在不断发展和深化。最新的研究进展显示,旅游碳足迹的量化研究变得更加精确,借助遥感技术和大数据分析,可以更准确地评估旅游活动对环境的影响。同时,生命周期评估(LCA)方法被广泛应用于评估旅游产品和服务从生产到消费的整个生命周期中的环境影响。

地域差异在旅游碳足迹研究中也日益受到关注,不同地区的地理、文化和经济因素对旅游碳足迹有不同的影响。政策制定者和规划者正在研究如何通过政策引导和规划来减少旅游业的碳排放,如通过推广公共交通、鼓励使用可再生能源等措施。

技术创新为减少旅游碳足迹提供了新的可能性,电动车辆、能效更高的住宿设施和数字化服务等技术的应用,有助于降低旅游活动的碳排放。同时,碳补偿和碳交易机制的引入,使得旅游企业和消费者可以通过购买碳信用来抵消旅游活动产生的碳排放。

在实践应用方面,旅游业正逐步转型为更加环保和可持续的行业。旅游企业正在开发低碳旅游产品,如生态旅游、探险旅游和文化体验旅游,以减少对环境的影响。绿色旅游认证计划为旅游企业提供了减少碳足迹和提高可持续性的标准。教育与培训项目的增加，有助于提高旅游从业人员和游客对旅游碳足迹的认识，并提升减少碳排放的技能。技术集成，如使用移动应用进行预订和导航，减少了纸张使用并提高了效率。同时，企业和目的地管理组织正在实施更严格的碳足迹监测和报告制度，以跟踪减排进展并对外公布信息。

通过这些最新的研究和实践，旅游业正逐步转型，为应对全球气候变化做出积极贡献，同时促进了行业的可持续发展。

四、旅游业可持续发展战略

（1）加强宣传教育，增强旅游从业人员、旅游者和目的地居民的可持续旅游发展意识。旅游资源和环境质量不仅仅是为维持人们正常生活基本保证的一般质量要求，而应该有比这更高的心理和审美质量要求，并符合相应特色旅游产品的特殊质量要求。可以充分利用各种新闻媒介普及可持续旅游发展基本知识，在大中专院校开设相应的课程或讲座，举办各种类型的讲习班、培训班、报告会，努力使可持续旅游发展思想在旅游界以至于全民中深入人心，为实施可持续旅游发展战略和规划奠定良好的思想基础。

（2）制定旅游可持续发展战略和规划。适度开发旅游资源，至少在制定旅游规划时，强调包含环境保护的内容，争取旅游发展与环境保护的永久和谐。在新建的旅游区，做到绿化、美化环境与项目建设同步进行，保护好目的地内的地形、地貌和自然植被。适度开发旅游资源，防止掠夺性开发。此外，要设置环境容量界限，如对于一些重点文物保护单位，必须防止过多的游人进入，有的不能开放旅游。即使是一般旅游区，也应严格控制超容量吸引游人，以免资源和环境的过量损失。

（3）建立旅游可持续发展评估指标体系、统计指标体系，确定评价和测算方法。目前我们对旅游业发展的评估和统计指标只注意经济指标，而忽略了社会、文化、环境等方面的考虑，缺乏可持续发展的思想指导。特别是对于环境，要建立环境质量监测和效应评估体系，根据质量标准，责成有关机构及时监测和评估，并把数据存入数据库，定期公布，及时分析，发布预警，以形成一种社会力量，及时地、全方位地控制旅游污染。

（4）开发符合可持续发展原则的旅游产品。比如，生态旅游——在生态学的观点和理论指导下享受、认识、保护自然和文化遗产，带有生态科教、生态科普色彩的一种特殊形式的专项旅游活动，它提供给旅游者的必须是具有良好生态环境的基本上是以大自然为目标的旅游产品，要求旅游从业人员和旅游者必须具有良好的生态环境意识。诸如森林公园、乡村旅游、探险、漂流之类都可归结为生态旅游的范畴，由于它顺应了世界旅游回归自然的趋势，因此颇受旅游者的青睐。再比如，休闲旅游也逐渐兴起，我国众多的自然保护区、风景名胜区、文化历史遗产等都是建立可持续发展旅游区的理想之地。一些新建立的如国家级旅游度假区更要按照此类原则进行建设,成为全国旅游业可持续发展的样板。

(5) 加强法制建设,依法保护旅游环境,合理利用旅游资源。目前,我国已经制定了《旅游法》《土地管理法》《城乡规划法》《文物保护法》《环境保护法》《森林法》《草原法》《风景名胜区管理条例》《自然保护区条例》等20多部法律和法规,对自然的、人文的资源保护分别做出了详细的、具体的规定,旅游者、旅游经营者在旅游活动中都应当依法履行相关的保护义务。《旅游法》在对上述法律法规进行衔接性规定的同时,确立了旅游业发展坚持社会效益、经济效益和环境效益相统一的原则,提出对旅游资源依法保护的原则和总体要求。

在可持续发展的思想和理论指导下,我国已有了一定的实践经历,只要继续沿着这个方向走下去,中国的旅游业一定可以做到经济、社会、资源和环境的协调发展,从而真正成为一项永久的"朝阳产业"。

【复习思考题】

1. 简述旅游目的地竞争力概念和影响因素。
2. 如何提升旅游目的地的竞争力?
3. 简述旅游容量概念。
4. 简述旅游目的地危机管理的原则。
5. 如何将旅游可持续发展观与旅游容量管理相结合?
6. 当前我国旅游发展中存在哪些与旅游可持续发展背道而驰的做法,并分析其原因。

【案例分析】

三亚市旅游管理:构建和谐共生的旅游生态

三亚市,中国南端的璀璨明珠,以其得天独厚的海滨风光和热带风情,成为国内外游客向往的旅游胜地。近年来,三亚市政府在推动旅游业发展的同时,也面临着旅游市场监管、生态环境保护和提升旅游服务质量等挑战。为了实现旅游业的可持续发展,三亚市政府出台了一系列旅游目的地管理政策,以打造世界级滨海旅游城市,建设三亚人民的幸福家园。

2016年,三亚市发布了"十三五"城乡统筹发展规划,旨在通过城乡一体化发展,提升城市整体功能和居民生活质量。同年,高新技术产业和九大产业的"十三五"发展规划也相继出台,推动产业升级和经济结构优化。文化部在2019年发布了艺术创作规划和引导迷你歌咏亭市场健康发展的新政策,同时规范了营业性演出票务市场,禁止囤票炒票和虚假宣传,以促进文化产业的健康发展。

为了提升旅游业的服务质量，三亚市政府在 2019 年通过制度创新和铁腕治旅，推动旅游业高质量发展。2018 年，公共文化机构法人治理结构改革深入推进，提升文化机构的服务效能。此外，三亚市还出台了旅游市场违法经营行为举报奖励办法，鼓励社会公众参与旅游市场的监督。

在对外开放方面，2018 年实施的 59 国人员入境旅游免签政策，进一步扩大了三亚的国际吸引力。2020 年，海南离岛旅客免税购物政策的公告发布，吸引更多游客到三亚旅游消费。同时，三亚市也积极响应国家政策，推动"无废城市"建设试点工作，促进城市的可持续发展。

在旅游市场监管方面，三亚市政府通过科学规划、精准备案和依法监管，促进水上旅游项目持续健康发展。2021 年，《海南省电动自行车管理条例》发布，规范了电动车的管理。同年，国家发展改革委解读了《海南自由贸易港鼓励类产业目录（2020年本）》，为海南自由贸易港的发展提供了政策支持。

2022 年，三亚市旅游和文化广电体育局发布了多项政策解读，包括旅游和文化市场诚信建设管理制度、水上旅游项目促进和管理办法等，进一步规范旅游市场秩序。2023 年，三亚市旅游产业发展专项资金奖励办法出台，鼓励旅游业的创新和发展。

通过这些政策的实施，三亚市在提升旅游服务质量、规范旅游市场秩序、推动文化产业发展等方面取得了显著成效。旅游市场更加健康有序，游客体验得到显著提升，本地居民的生活质量和幸福感也得到了增强。三亚市的旅游目的地管理案例为其他旅游城市提供了宝贵的经验和启示，展示了如何通过政策创新和综合治理，推动旅游业的转型升级，为建设世界级滨海旅游城市奠定了坚实的基础。同时，也为居民营造了一个更加幸福和美好的生活环境。

问题： 三亚市在未来的旅游目的地管理中可能面临哪些新的挑战和机遇？

参考文献

[1] 世界环境与发展委员会. 我们共同的未来[M]. 长春：吉林人民出版社，1997.

[2] 中国国家环保局等. 中国 21 世纪议程——中国 21 世纪人口、环境与发展白皮书[M]. 北京：中国环境科学出版社，1994.

[3] 匡林. 旅游业与可持续发展[J]. 南开经济研究，2000（3）：56-60.

[4] 谢彦君. 永续旅游：新观念、新课题、新挑战[J]. 旅游学刊，1994（9）：21-26+62.

[5] 傅文伟. 发展旅游与环境管理[J]. 旅游科学，1992（3）：11-15.

[6] 陈仙波. 论可持续旅游发展的理论与实践[J]. 商业经济与管理，2001（5）：52-55.

[7] Bryan H F, Farrell B. Ecology and Tourism[J]. Annals of Tourism Research，1991，

18（4）：637-665.

[8] Simmons D. G. Community Participation in Tourism Planning [J]. Tourism Management，1994，15（1）：38-47.

[9] 付蓉. "全国旅游业可持续发展研讨会"综述 [J]. 旅游学刊，1998（3）：9-12.

[10] 田里. 旅游业可持续发展研究 [M]. 北京：高等教育出版社，2004.

[11] 柏杨. 旅游学概论 [M]. 合肥：安徽大学出版社，2009.

[12] 方增福，夏传辉，赵希勇. 全国高等院校旅游系列规划教材 [M]. 北京：科学出版社，2005.

[13] 后东升，樊丽丽. 旅游学概论 [M]. 杨凌：西北农林科技大学出版社，2007.

[14] 韩云. 旅游经济学导论 [M]. 天津：南开大学出版社，2010.

[15] 王明星. 旅游学基础教程 [M]. 北京：中国林业出版社，2009.

[16] 叶骁军. 中国旅游资源基础 [M]. 天津：南开大学出版社，2008.

[17] 戚能杰. 旅游区域竞争力研究 [J]. 商业时代，2009（13）：29-34.

[18] 臧德霞，黄洁. 关于旅游目的地竞争力内涵的辨析与认识 [J]. 旅游学刊，2006（12）：29-34.

[19] Gooroochurn Sugiyama Y. Competitiveness Indicators in the Travel and Tourism Industry [J]. Tourism Economics，2005，11（1）：25-46.

[20] 钟海生. 旅游业的两种发展观和政策导向 [J]. 旅游学刊，1999（1）：10-15＋73.

[21] 凌常荣，刘庆. 旅游目的地开发与管理 [M]. 北京：经济管理出版社，2013.

[22] 李锋. 目的地旅游危机管理 [M]. 北京：中国经济出版社，2010.

[23] 鲁元珍. 如何从"景点旅游"走向"全域旅游" [N]. 光明日报，2016-07-21.

[24] 吴智明. 泰国清迈古城区旅游开发与保护研究 [D]. 广西师范大学，2021.

[25] Torres-Delgado A, López Palomeque F, Elorrieta Sanz B, Font Urgell X. Monitoring Sustainable Management in Local Tourist Destinations：Performance, Drivers and Barriers [J]. Journal of Sustainable Tourism，2021，31（7）：1672-1693.

[26] 徐海知. 王毅谈澜湄合作下阶段发展 [EB/OL]. （2024-08-16）[2024-08-19]. http：//www. news. cn/politics/leaders/20240816/b43c41db2c904ac1a5e95dbc83922d27/c. html.

[27] 张言雪. 游客体验视角下哈尔滨冰雪旅游产品开发策略研究 [D]. 哈尔滨师范大学，2020.

[28] 沉浸城市. "沉浸式文旅丨'流量里的文旅，狂飙中的哈尔滨'：文旅'热'背后的'冷'复盘" [EB/OL]. （2024-01-23）[2024-08-19]. http：//sanyamuseum. com/a/chenliexuanjiao/2024/0122/5343. html.

[29] Chen S, Tan Z, Chen Y, Han J. Research Hotspots, Future Trends and Influencing Factors of Tourism Carbon Footprint：a Bibliometric Analysis [J]. Journal of Travel & Tourism Marketing，2023，40（2）：131-150.

［30］甘枝茂，马耀峰. 旅游资源与开发［M］. 南开：南开大学出版社，2007.

［31］吴必虎. 区域旅游规划原理［M］. 北京：中国旅游出版社，2001.

［32］初梓瑞. 旅游业碳足迹占全球温室气体排放8%［EB/OL］.（2018-05-09）［2024-08-19］. http://travel.people.com.cn/n1/2018/0509/c41570-29975492.html.

［33］. 徐浩然. 全球旅游业碳足迹量化为世界第一［EB/OL］.（2022-09-27）［2024-08-19］. https://www.rtans.com/article/16642861079446.html.

［34］叶霖嘉. 三亚打出组合拳加强旅游市场监管［EB/OL］.（2023-10-20）［2024-08-19］. http://www.hi.chinanews.com.cn/hnnew/2023-10-20/691520.html.

［35］赵腾泽. 标准化建设引领行业提质增效［EB/OL］.（2018-01-01）［2024-08-19］. http://www.ctnews.com.cn/paper/content/202312/05/content_84411.html.

［36］. 罗芬，钟永德，王怀採. 碳足迹研究进展及其对低碳旅游研究的启示［J］. 世界地理研究，2010，19（3）：105-113.

［37］宋江浩，王鹏，陈洁，等. 文旅融合背景下三亚国际旅游目的地建设探究［J］. 边疆经济与文化，2020（3）：24-26.

第六章 主题旅游目的地管理

依托不同类型旅游资源形成的旅游目的地，其开发方向、功能定位和管理方式也会有一定差异，目的地管理者只有掌握好不同类型旅游目的地的概念、特征和管理特性，才能对其进行正确的、有针对性的管理。本章以目的地依托的主要旅游资源类型，划分了城市、乡村、海滨、森林、遗产地和温泉地六类具有代表性的旅游目的地，并对开发与管理每一类型目的地的相关问题进行了探讨。

【学习目标】

1. 认识六类代表性旅游目的地的概念及特点；
2. 能够准确辨识六类旅游目的地；
3. 掌握各种类型旅游目的地的开发及管理办法。

【导入案例】

2024 年度携程口碑榜

携程根据用户真实口碑、全年销量热度、持续品牌保证以及主题特色鲜明等多维度评选标准，综合评选出 2024 年的旅行年度榜单。其中，目的地的评选基于目的地热度、目的地访问量、目的地搜索量以及目的地相关订单数量 4 项指标，挑选出前 100 名，旨在打造真实公正、权威专业、值得信赖的旅行口碑榜，解决用户的旅行选择难题。全球热门目的地上榜前十名如下：

1. **法国·巴黎**

上榜理由：浪漫的代名词。凯旋门见证历史，香榭丽舍大街繁华无比，埃菲尔铁塔与卢浮宫的神秘魅力令人沉醉。

2. **泰国·曼谷**

上榜理由：夏日永不落幕的城市，古老与现代并存。探索大皇宫、漫游湄南河，感受泰式美食与独特风情。

3. 中国·北京

上榜理由：千年古都与现代都市的融合，拥有6处世界文化遗产，长城壮丽、故宫辉煌，尽显中华文明的精髓。

4. 新加坡

上榜理由：多元文化融合的花园城市，圣淘沙度假、漫游融合街区，滨海湾夜景迷人。

5. 英国·伦敦

上榜理由：英伦风情与文化交融，是欧洲旅行的必打卡之地。大英博物馆的世界珍宝、白金汉宫的王室气息、伦敦眼的独家浪漫，是古典与时尚的穿越。

6. 日本·东京

上榜理由：霓虹都市与文化科技的交会。可浅草探古，也可在东京塔上俯瞰，登晴空塔赏天际线，感受樱花之国的独特魅力。

7. 中国·上海

上榜理由：东方明珠，历史与现代交融的典范。黄浦江夜景、陆家嘴繁华、豫园古韵尽显魔都风采。

8. 美国·洛杉矶

上榜理由：加州西海岸的阳光之城，日落大道美景、66号公路终点、海滩日落不可错过。

9. 日本·大阪

上榜理由：道顿堀霓虹闪烁，心斋桥美食诱人，大阪城夜樱绚丽，感受关西名城的热情洋溢。

10. 澳大利亚·悉尼

上榜理由：海港城市气候宜人，适合在晴朗的天气里来一场 City walk。悉尼歌剧院、达令港、邦迪海滩，尽情感受南半球的动感魅力。

目的地榜单中，中国共有30个城市上榜，除上述城市外，还包括香港、成都、广州、西安、重庆、南京、杭州、深圳、三亚、武汉、长沙、澳门、厦门、天津、苏州、青岛、昆明、哈尔滨、沈阳、郑州、大连、海口、南昌、大理、台北、丽江、张家界、桂林等城市。

第一节 城市旅游目的地

一、城市旅游的概念

Page（1995）将城市旅游定义为"由于城市提供的专业化功能与一系列的服务设施，使得旅游者被城市所吸引，因此产生了城市旅游"。国内学者也对城市旅游进行了定义，如保继刚等（2005）认为城市旅游是指以城市为目的地的旅游活动；吴志强和吴承照（2005）认为城市旅游是以城市为载体的观光游憩体验活动，城市旅游的范围是建成区和市域，主体是国际游客、国内游客和本市居民，客体是组成城市的各类物质和非物质要素，包括自然、文化、产业、建筑、居民、事件等各类景观。

从城市旅游的定义可以看出，城市旅游具有独特性、复杂性和综合性等特征。Blank 和 Pearce 等人（1995）认为城市旅游以城市为目的地，由于城市本身具有的四个独特特征，即高密度的建筑、人口，社会和文化多元性，经济多功能性以及地域的中心集聚性，使得城市旅游与其他景区旅游相比具有独一无二的特征。此外，Pearce（2001）又提出还有一些因素导致了城市旅游的独特性：一是旅游仅仅是城市提供的众多功能之一；二是旅游者与城市居民在使用服务、空间和设施时将出现共享与竞争；三是一个城市在更大的空间视角上将扮演多种旅游角色，包括门户、中转站、目的地和客源地等。Shaw 和 Williams（2002）认为城市旅游的多样性体现在三个方面：一是城市区域的多样性，即城市的大小、区位、功能和发展阶段的不同；二是城市提供的服务设施的多样性；三是使用这些设施的使用者的多样性，包括旅游者和当地居民。

二、城市旅游的特性

城市的性质和特点决定了城市旅游不同于传统旅游。

（一）城市旅游吸引系统的整体性

城市作为一个旅游目的地，其吸引力不同于风景区——以某一方面的资源优势为主要吸引要素，而是以整个城市的整体形象形成综合吸引力。这是城市自然、文化遗产及其政治、经济、文化、信息、科技中心等城市基本和非基本功能以及动态、优美的城市环境，丰富多彩的城市娱乐活动、城市娱乐设施等多种因素综合作用的结果。

（二）城市旅游产品的多元性

作为人类集中活动的区域，城市的内涵极其丰富，这就导致了城市旅游不同于主题相对单一的度假、观光等旅游，在旅游产品和旅游功能上呈现出多元化的特点。除了传统的观光旅游之外，城市还可满足多种旅游需求，提供包括商务、购物、会议、展览、度假、节庆、主题公园、研学、美食、生态等复合型旅游产品。

（三）城市旅游的统一性

城市旅游的统一性主要表现在三个方面：一是城市旅游主体的统一性，即城市居民既是城市游憩者，又是城市旅游接待者；二是旅游主客体的统一性，即作为城市旅游对象的旅游城市既是城市旅游的目的地，又是其他旅游城市的重要客源地，是旅游目的地和客源地的统一；三是城市旅游和游憩设施的统一性，对城市而言，其旅游和游憩、产品及空间有区别，但更多的是统一，许多旅游设施和空间既为旅游者服务，同时也为游憩者提供服务。

三、城市旅游的影响

旅游业的发展对城市的影响主要表现在经济、社会文化和环境三个方面。

第一,经济方面的影响。旅游业对城市经济的带动作用不仅体现在它对现有的经济活动产生了促进作用,还体现在旅游业本身创造了大量的经济利润,提供了就业机会并增加了居民收入。据统计发现,旅游业的经济带动作用远远超过了城市其他部门。此外,城市旅游的多样性使得城市经济更加多元化,减小了城市的经济敏感性,能够更好地应对外部冲击。另外,城市集中发展旅游也有可能对工业发展产生负面影响,引发工业的衰退。

第二,社会文化方面的影响。旅游对城市的形象和商业声誉具有积极的影响,它通过提供大量的文化设施改善居民的生活环境,同时旅游业增加的就业岗位大多是针对低技能的劳动力,可以在一定程度上缓解城市的贫富差距。Fox(1977)把旅游对社会、文化的影响定义为"人类之间的冲击",即指旅游者对东道主社区的影响及与当地人之间相互影响的过程。Smith(1977)提出"旅游人类学"的概念,今天的学者更多地借用人类学、社会学的观点、理论来分析城市旅游,以更好地理解城市旅游人文化的一面。

第三,环境方面的影响。旅游业的发展一方面有助于改善城市环境质量,另一方面也会由于旅游者的过量涌入而使得环境恶化。自20世纪70年代可持续发展概念兴起,生态旅游的概念在城市旅游中得到了发展。生态旅游是一种既能发展旅游业,又能有效解决旅游对生态环境造成破坏的发展方式。Walpole(2000)也认为生态旅游是一种可持续的、可选择性的旅游,发展生态旅游是为当地社区提供效益的一种途径。

四、城市旅游的规划

世界旅游组织在1990年就城市旅游规划提出了八条原则:区域整体性原则、生态型原则、可持续原则、公平原则、充分的信息与沟通、地方公众主导、规划分析有限、良好的规划检测。在规划技术方法上,城市旅游规划具有如下特点:强调合理的环境承载力;强调对地方传统文化的再现;重视地方居民的介入;重视城市旅游和地区经济、社会、文化的协调发展。

城市规划、城市旅游规划及城市旅游区规划由于其规划对象的层次性,使得三者客观存在相应的层次关系,表现出相互的依赖性与适应性。一方面,城市旅游规划是城市规划中一个必不可少的组成部分,城市旅游规划对城市规划具有较大的依赖性,表现在五个方面:依据城市的发展方向确定城市旅游的性质和发展目标;依据城市用地规划确定城市旅游的空间发展规划;依据各项城市工程规划确定城市旅游基础设施的专项规划;通过城市规划的法律效应制定城市环境规划;依赖城市规划协调旅游发展与城市其他方面发展的关系。另一方面,由于城市旅游的不断发展,旅游因素在城市规划和管理实践中受到越来越多的关注和考虑。城市规划做出了许多相应的旅游适应性调整，如增加城市形象规划、城市旅游用地规划、城市景观和城市道路的旅游适应性规划等内容。

五、城市旅游的管理

城市旅游管理涉及旅游产业政策、旅游发展战略以及在实现政策和战略中各政府部门的合作及政府和私人代理商们的合作。城市旅游管理的主体涉及多方面。政府在培育和管理旅游发展并协调城市各部门方面具有举足轻重的作用，因此政府需要成立专门机构来管理旅游资源和规范旅游发展。此外，公共部门与私营部门的合作也是旅游发展的重要政策工具，公众和社区的参与对城市旅游发展也能起到一定的作用。

Ashworth（2003）认为城市旅游政策的发展经历了三个阶段：共赢阶段、对抗阶段和协调阶段。共赢阶段出现在城市旅游发展的最初阶段，当时的人们认为发展旅游业对城市来说是一个"意外的收获"，旅游业的发展不需要任何成本，游客和居民互不影响，旅游业对城市只产生正效益，同时旅游业的利润在所有的利益主体中公平分配，在此假设下，城市旅游不需要任何管理，处于一种自然和谐的理想状态。当然这种理想模型在长期是不可能存在的，因此城市旅游的发展进入了对抗阶段，此时城市旅游的发展对城市造成了搭便车、资源破坏、环境污染、损害居民利益、商业化等一系列负面影响，旅游的两面性开始被城市管理者认识，他们制定了模棱两可的城市旅游政策，以解决现实存在的矛盾和潜在可能的冲突。现在，随着可持续旅游理念的兴起，城市旅游发展进入了协调阶段，城市旅游规划成为城市"绿色规划"和"责任规划"的重要组成部分，可持续性已不仅是城市旅游管理承诺，还被运用到了实际管理手段中。在此阶段，城市旅游政策已成为城市政策整体中的一个重要组成部分，城市旅游政策从被动地解决问题进入了主动地预知问题阶段。

同步案例：世界上第一个慢城

随着城市化进程进入快速发展阶段，城市居民在感受丰富的城市物质生活的同时，也越来越深刻地感受到节奏太快，压力较大，身体出现亚健康问题。而在此背景下，从国外兴起的一场以慢生活为主题的新的生活理念应运而生。该理念提倡亲近自然、顺应自然来舒缓心情、排解压力，让工作与生活能够平衡发展。慢生活的核心理念和追求的生活状态，符合旅游业由观光旅游向休闲度假旅游过渡的发展趋势。

世界上第一个慢城——意大利奥尔维耶托（Orvieto）小镇，就是这种慢生活理念的代表。奥尔维耶托有近3000年的历史，分为地上城和地下城，是地中海地区著名的旅游城市，每年接待200万人次游客。城市建筑由当地石灰岩块建成，

> 街道有很多小的广场，最壮观的是大教堂门前的广场。由于地形的限制和偏远的区位，使得奥尔维耶托逃过了工业革命的污染，造就了"最富戏剧性"的慢城，具体特色如下：（1）封闭的慢行系统，台地地形、步行道、因地制宜的慢交通方式；（2）"慢"的传统生活方式，慢餐、慢行、午睡；（3）"慢"旅游目的地，符合欧洲中产阶级的生活习惯。
>
> **思考：**"慢城"概念的出现对我国城市旅游产品开发有何启示？

第二节 乡村旅游目的地

一、乡村旅游的概念

欧盟和世界经济合作与发展组织（1994）将乡村旅游（Rural Tourism）定义为"发生在乡村的旅游活动"，并且认为乡村性（Rurality）是乡村旅游整体推销的核心。Gibber 和 Tung（1999）认为乡村旅游是农户为旅游者提供住宿条件，使其在农场、牧场等典型的乡村环境中从事各种休闲活动。杜江和向萍（1999）认为乡村旅游是以乡野农村的风光和活动为吸引物，以都市居民为目标市场，以满足旅游者娱乐求知和回归自然等方面需求为目的的一种旅游方式。从以上定义来看，乡村旅游的内涵应该有以下几点：（1）从地理角度看，乡村是一个空间概念，与城市相对，是指从事农业生产为主的劳动人民居住地；（2）从乡村资源看，不仅包括乡野风光等自然资源，还包括乡村建筑、聚落、民俗、文化、饮食、服饰、农业景观和农事活动等；（3）乡村旅游的特色是乡土性和地域特征，要让旅游者体验到与城市不一样的生活。

二、乡村旅游的特点

（一）乡村性

乡村旅游的活动内容有别于城市旅游，它是以浓重的乡村性来吸引广大游客的。现代社会中，随着生活节奏的加快，工作压力的增大，人们逐渐怀念起农村的恬静与惬意。无论是美丽的自然风光，还是各具特色的民俗风情，抑或味道迥然的农家菜肴、风格各异的居民建筑以及充满情趣的传统劳作，都具有城市所缺乏的优势和特色，为游客提供了返璞归真、重归自然的机会。

（二）参与性

区别于城市旅游等偏向纯观光的旅游方式，乡村旅游具有很强的参与性。游客到达目的地后，除了欣赏农村优美的田园自然风光外，更可以亲自参与到一系列的活动中。在农家乐中，游客可以参与茶农们采茶、炒茶和泡茶的全过程，也能上山下地进行农耕、采摘蔬菜瓜果等；在渔家乐中，游客也可进行垂钓、划船等活动。通过这些活动，游客们能更好地融入乡村旅游，对农家的生活状态、乡土民情有更深入的了解，而不是作为旁观者纯粹地欣赏风景。因此，参与性、体验性是乡村旅游的重要特点。

（三）差异性

乡村旅游的差异性着重体现在地域和季节两个方面。在地域方面，由于气候条件、自然资源、传统习俗等的差异，不同地方的乡村旅游活动内容体现出很大的差异性。在季节方面，由于农业活动在很大程度上依赖于季节，因此，随着季节的转变，乡村旅游的内容也体现出明显的季节性。

（四）目标市场是城镇居民

乡村旅游的特点就在于其浓重的乡村气息，因此这种旅游形式对于生活在农村的人并不具有吸引力。但是，对于生活在高度商业化的大都市的居民而言，钢筋水泥的建筑、繁重的工作压力以及浑浊的空气都让他们对于乡村旅游充满了幻想和憧憬。

（五）费用低

乡村旅游的经营主体是农民，旅游资源也大多依赖于现有的农业资源，不用进行大量的投资就可投入使用并获得经济收益，因此属于投资少又见效快的旅游方式。也正因为成本较低，游客在进行消费时所支出的费用也相对较低，无论是住宿、餐饮还是交通，都比城市旅游的开支低得多。

三、乡村旅游的功能

（一）审美享受

长期生活在城市之中，看到的都是钢筋水泥，听到的都是汽车喇叭，呼吸的都是浑浊的空气，在这种情况下，人们不禁会追求一种别样的审美愉悦，而乡村旅游正符合了这种需求。这种美是纯自然的，是历史遗留的。无论是宜人的自然风光，还是充满了趣味的田园生活，抑或清新的空气都让在都市中生活久了的居民体验到别样的审美情趣。

（二）缓解压力

旅游者之所以选择乡村作为旅游地点，究其原因不仅是因为优美的风景或别样的生活方式，还因为人们想要摆脱城市中快节奏的生活方式，卸下沉重的工作压力。乡村有别于城市的生活环境，能让人们暂时逃避现实生活，遗忘生活和工作中的不快。经过一段时间的放松之后，游客能以一种全新的状态进入到现实生活中，重新接受挑战和机遇。

（三）教育体验

国外的乡村旅游，很多家长都愿意带孩子一同前往，其中的原因除了娱乐之外主要是能对孩子进行最直接、最现实的教育。通过体验农村生活、品尝乡村野味、参与农业劳动，从小生活在城市中的孩子能够领略到农村中别样的生活方式，体味到农村人的辛苦和勤劳，学习到有关自然的知识，即寓教于乐，是一种很好的教育体验方式。

（四）文化传承

相比于城市，农村往往保留了更多中国的传统文化。通过乡村旅游，建设民俗体验村，举办民俗文化节，都市人能够更好地了解乡村社会文化和民俗风情，起到传承中国传统文化的作用。

（五）促进农村经济发展

旅游业通过初次分配和再分配的循环周转，不仅促进了经济的发展，而且促进了贫困地区产业结构的优化、转变，从而提高了贫困地区人民的生活水平，缩小与发达地区之间的差距。同时，发展乡村旅游能使那些拥有丰富旅游资源而经济贫困、交通落后的地区，加快招商引资步伐。在贫困地区，由于土地资源有限，农村剩余劳动力一直存在。因此，通过发展乡村旅游，可以安置过剩劳动力，扩大就业面，极大地维护和促进当地社会的稳定，提高社会的整体效益。

（六）更新社会观念

农村地区之所以落后，很大一部分原因是观念的落后，而乡村旅游的发展可以吸引大量城市游客的进入，农民在为游客服务的同时也可以开阔视野，接收城市中先进的思想和理念，更新陈旧的思想观念。

四、乡村旅游地管理

（一）加大政策扶持力度

首先，政府应充分发挥在旅游业融资中的主导作用。建立多元化投资机制，大力招商引资，积极引入企业和民间资本，形成多元化的投资格局。其次，政府相关部门应制定并落实乡村旅游发展规划。再次，每年必保一定额度的拨款，用于乡村道路、电、水、住宿等硬件设施建设。最后，各级旅游部门要制订乡村旅游宣传促销方案和促销计划，设立专项资金，系统宣传乡村旅游。

（二）培育产品的特色化，增加文化内涵

根据国外经验可知，具有品牌化、特色化的乡村旅游目的地才能吸引更多的游客。要实现产品的特色化，首先，要因地制宜地设置旅游项目，因为不同地区自然条件、民俗等旅游资源不同，旅游项目也各异。其次，在开展乡村旅游时，要大力宣扬当地的民俗文化。我国各地农村的饮食、穿着、节庆、建筑等乡土文化都充满浓郁的地方色彩，再加上专业人员的解说，不仅可以使游客寓教于乐、接受乡土文化的熏陶，提升旅游产品的附加值，还可以使民俗文化得到更广泛的传播。

(三) 采用"农户+协会+政府"的供给模式

我国乡村旅游也正从单一的农户供给模式向"农户+协会+政府"的供给模式转变。农户利用当地的农业、特产、民俗等资源为旅游者提供观光、体验型服务；乡村旅游协会给农户或从业人员提供旅游、礼仪、规范、管理等知识的培训，帮助从业人员更好地为旅游者提供服务；政府应支持并指导乡村旅游从业人员的培训工作，积极地和教育机构联系，开展相关专业培训工作。

(四) 制定有效的营销策略

有效的营销策略是促进乡村旅游发展的前提条件。除了使用口碑传播、节假日宣传等手段外，还要重视网络营销，网络营销是21世纪商业活动中最重要的一项营销模式。此外，应加强与中间商的合作，提高乡村旅游目的地的知名度和美誉度。

第三节 海滨旅游目的地

一、海滨旅游的概念

海滨旅游是一种依托沿海优美的景观资源和温和的气候条件，开展以休闲度假为主体的旅游活动，具有形式丰富多样，集知识性、娱乐性、参与性于一体等特点，自20世纪50年代以来成为世界旅游休闲度假的主导产品。与发达国家相比，我国的海滨旅游出现得较晚，但我国拥有1.8万千米的海岸线以及众多滨海名胜，海滨旅游发展迅速。

二、海滨旅游的类型

(一) 度假疗养型海滨旅游

度假疗养型海滨旅游要求风平浪静，气候温和，设施舒适。游客停留时间相对较长，住宿与餐饮是游客的主要开销。游客数量受季节气候影响大，尤其是高纬度地区，如北戴河、青岛、烟台等。

(二) 自然型海滨旅游

自然型海滨旅游容量低，游客停留时间短，旅游方式以潜水、游船和沿岸观光为主。注重设施建设与海滨环境相协调，宜使用当地自然材料构筑，避免引入外来动植物，保持原汁原味是该类型的基本要求。南海的珊瑚礁岩、浙闽海岸的花岗岩离岛、珠江口红树林等属于自然型海滨旅游。

(三) 人文景观海滨旅游

人文景观海滨旅游包括海滨产业景观、渔村体验与历史古迹观光等。苏北晒盐、海岸捕捞、滩涂养殖、渔产品曝晒加工、港口码头泊靠装卸等均属于海滨产业景观，可以吸引旅游者前来观览体验，购买特色产品。海岸地区常有海防战役历史，现场凭吊传奇探索是许多外来游客的愿望。大海风云莫测，各地的渔港村镇也常有特殊的宗教信仰或民俗节庆。海滨海岛因位置偏远发展迟缓，相对于城市有更多优美的古厝旧街或历史痕迹留存下来，成为有趣的历史教室，深具旅游吸引力。

（四）活动参与型海滨旅游

活动参与型海滨旅游承载力最大，游客可停留一天或数天，可开展沙滩排球、堆沙堡、游泳、潜水、滑水、冲浪、帆船、划船、动力艇、热气球、滑翔翼、拖曳伞等多种活动。活动参与型海滨旅游对经营管理要求较高，并非所有的海岸沙滩都符合游泳、滑水等项目要求，气象气候、海洋地理或交通环境条件都需仔细调查与评估。

（五）离岛型海滨旅游

海滨离岛交通条件不良，建设落后，人烟稀少，但正因为如此也更具独特旅游体验，并且自然风光与生态环境更有观赏体验价值。中国浙闽粤沿海有1000多个小型岛屿，有着丰富的具有旅游体验价值的海滨旅游资源，如渔村民宅、近海捕钓、离岛古刹等，都极具旅游开发利用价值。

（六）主题乐园型海滨旅游

海滨地区的主题乐园开发常会结合当地环境特色定位主题，如海洋公园、水上乐园以海滨海洋动植物或生态环境为主题。香港的海洋公园、泰国的普吉岛与新加坡的圣陶沙岛都是很成功的开发案例。主题乐园型海滨旅游以高投入、高技术以及先进的经营管理为核心。如果客源市场与交通条件不佳，主题设施不能求新、求变或服务水平与经营管理低下，主题海滨乐园可能在3～5年后使游客失去新鲜感而趋向没落亏损。

三、海滨旅游的特点

（一）适游期短，季节性明显

我国海滨地区开展旅游活动，主要集中在夏季，尤以7月、8月为高峰期。这段时间天气炎热，海滨旅游地作为最好的亲水旅游休闲度假地成为人们出游首选的目的地。其他季节天气较冷，而洋面海风大，不适合开展海上或海滨活动，因此11月至次年4月是海滨旅游目的地的旅游淡季。

（二）自然灾害频繁

海滨地区受台风影响严重，每年6～9月是台风最频繁的季节。台风到来时，不但海上旅游活动不能进行，而且严重时可能破坏海滨旅游设施。此外，海滨地区多数处在大陆板块交接地带，地震活动频繁，强烈的地震将使山石崩塌，大浪扑岸，使海滨旅游设施遭受严重破坏。海啸是危害海滨旅游的又一大灾害。海啸带来的灾难往往是毁灭性的，所有海滨地区的建筑、设施将完全毁坏，人员大量失踪或伤亡。在2004

年印度洋海啸中，印度洋沿岸国家或地区遇难者总人数超过 30 万，沿海的东南亚国家旅游业受海啸影响陷入低谷。

（三）设施较难维护

由于海洋气候湿气重、盐分高，海滨旅游度假设施容易受潮腐蚀或腐烂。同时，由于洋面风力较大，会带来细沙，或覆盖、或渗入度假旅游设施，增加设施的摩擦，加快设施损坏。因此，海滨旅游度假需要投入更多的资金进行设施的保养和维护。

（四）市场竞争激烈

国际旅游市场上，滨海旅游业异军突起。在欧美、大洋洲和东南亚一些滨海地区，滨海旅游业早已成为国民经济的重要组成部分。众多海滨旅游度假区的开发，导致有限的客源市场被瓜分，没有一定特色，很难在激烈的市场竞争中站稳脚跟，并取得长足发展。

四、海滨旅游的趋势

随着旅游产品结构调整的逐步深化和旅游市场的逐步成熟，海滨度假旅游在未来发展中将主要呈现以下五大趋势。

（一）大众化趋势

度假旅游在国际上已经是一种大众化的旅游形式，如欧洲的英国、德国、西班牙以及亚太地区的日本、韩国等地每年进行度假旅游消费的旅游者均占到了其旅游总人数的 50% 以上。我国的度假旅游虽然起步较晚，但是随着"休闲时代"的到来、时尚旅游的兴起，海滨度假旅游必将受到更多旅游者的青睐，同时随着社会经济的发展，海滨度假旅游也将能为更多的中层消费者所接受，成为一种大众化的消费。在这一趋势下我国海滨度假旅游还将伴随家庭化、中档化等特点。

（二）多元化趋势

我国海滨度假旅游的多元化趋势：一是指旅游功能的多元化。具体而言，主要指观光、休闲与度假、康体、娱乐、疗养等功能的有机结合。一方面，从海滨旅游的自身发展看，其经历了三个阶段，即治病疗养阶段、疗养游乐阶段、游乐度假阶段。在发展过程中，康体、娱乐等功能越来越为现代旅游消费者所需；另一方面，由于我国旅游业是从观光旅游发展起来的，其本身仍有一定的发展潜力，因而在开发海滨度假旅游产品时不能忽视观光休闲功能，度假与观光的结合既是我国海滨度假旅游的一种趋势，又是其一大特色。二是指旅游产品类型的多样化。海滨旅游产品将由传统的阳光、沙滩、海水等单一产品逐步扩展出高尔夫、滑水、摩托艇、海底观光等项目，形成滨海、海面、空中、海底立体式的海滨度假旅游产品系列。

（三）生态化趋势

海滨度假旅游的生态化趋势一方面源自旅游者对良好生态环境的追求，另一方面则源自度假区生态环境的退化。摆脱城市生活的负效应，回归自然、放松身心是海滨度假旅游者的主要动机之一。对我国上海市民周末度假旅游意向调查的结果显示，选择"回归大自然、野趣浓、环境幽静"为目的者占到了51.2%，由此可见，良好的生态环境本身就是一种吸引力，对海滨度假旅游意义重大。同时，可持续发展观念的引入也是海滨度假旅游生态化发展的一大动因，海滨度假旅游产品的生态含量也将越来越高。

（四）休闲化趋势

美国未来学家甘赫曼将人类社会发展的第四次浪潮预言为"休闲时代"，随着休闲时代的到来，休闲体验将成为旅游者消费需求的一大特征，而海滨度假旅游区所具有的良好环境、丰富内容又能为游客休闲提供特殊的经历与体验。为适应这一市场需求，我国海滨度假旅游区在未来发展中将不断增强旅游产品的休闲功能，增加休闲设施和服务，使旅游者在享受大自然所赐的同时还能享受到民俗、文化、艺术等无限的休闲乐趣，这也将大大延长游客的平均逗留时间并提高重游率。

（五）创新化趋势

创新是发展的原动力，海滨度假旅游本身就是为适应不断变化的旅游市场需求而在持续创新的作用下出现的高级旅游形式。而随着市场的逐步成熟化，海滨度假旅游必将出现一系列新的需求特征，为求得持续稳定的发展，就必须根据市场变化做出及时的创新与调整，以实现综合竞争力的提升。近年来我国海滨度假旅游发展中的一些新特点充分表明了这一趋势，如无主题旅游向主题旅游转化等从规划开发、经营模式、产品设计和营销管理等方面都体现了海滨度假旅游的创新。

同步案例：国外滨海旅游发展经验

法国"蔚蓝海岸"景观路是世界上最早的海滨度假胜地，18世纪末专供英国贵族使用，目前已经成为大众化的旅游胜地，具有非常浓厚的历史文化气息。"蔚蓝海岸"景观路的开发注重自然景观与人文景观的搭配。"蔚蓝海岸"的人文景观体现了法国厚重的历史文化内涵，历史古迹、文化艺术、阳光沙滩、帆船码头、休闲高尔夫、自然风光、民俗风情、美食等旅游资源既能够使游人领略到自然风光、享受休闲度假，又能使游人了解当地乃至整个法国的历史和文化。"蔚蓝海岸"景观路的开发注重借助本身特有优势开发特色旅游项目。由于世界90%的豪华游艇在服役过程中至少访问过其游艇码头一次，景观路着力开发游艇业。"蔚蓝海岸"景观路的开发注重基础设施和配套设施的建设，别具特色的餐馆旅店等使"蔚蓝海岸"的配套设施本身也成为一种景观。

> 澳大利亚维多利亚州的"大洋路"旅游带形成于20世纪30年代,位于维多利亚州的西南部沿岸,筑有全长350千米的滨海公路,是全世界最为壮观的海岸旅游带之一。"大洋路"沿途的旅游资源开发以自然风光为重点,兼顾人文景观,最大限度地整合了旅游资源;"大洋路"旅游带的开发注重旅游配套设施建设,尤为重要的是配套设施建设特别注重人性化;"大洋路"旅游具有完善的媒体宣传,并且通过各种大型活动来聚集人气,宣传与大型旅游活动并举。
>
> 新加坡的圣淘沙滨海旅游地位于新加坡岛以南500米,是新加坡本岛以外的第三大岛,面积3.47平方千米。昔日是无人居住的荒岛,1972年以来,小岛在新加坡政府旅游政策的鼓励下逐渐被开发成为旅游胜地。圣淘沙依托新加坡重要的地理位置和发达的经济,开发其滨海旅游业,同时也抓住了客源优势;圣淘沙的旅游产品结构也经历了从单一到多元化的转化过程。圣淘沙在开发滨海旅游产品过程中,除了注重传统的滨海观光旅游产品的开发,更侧重于交互式娱乐产品的开发;也注重当地规范完善的交通系统的建设及对旅游用地进行科学合理的布局。
>
> **问题:**从上述几个国外海滨旅游发展中你能总结出什么成功经验?

第四节 森林旅游目的地

一、森林旅游的概念

世界上第一个森林旅游场所是美国建立的,早在1872年,美国创建了黄石国家公园(Yellowstone National Park),简称黄石公园。黄石国家公园是因火山喷发后遗留的,具有特殊地理地貌及自然景观的自然遗址。100多年来,已有100多个国家和地区先后建立各类森林公园和自然保护区3000多个,总面积达400亿公顷。其中,一些国家级保护区(森林公园、国家公园、植物园、自然保护区等)面积占到国土面积的10%以上。在一些经济发达国家,森林旅游业已成为最大的产业之一。

中外学者关于森林旅游概念的阐述很多,总括起来,其概念有广义和狭义之分。广义的森林旅游是指在森林环境下所开展的一切旅游活动。美国学者Robert W. Douglass认为"在林区内发生的不管活动主要目的为何的任何形式的野游"即为森林旅游,它包括在林区内的野餐、野营、狩猎、垂钓、划船、漂流、乘车、骑马、歌舞、漫步、疗养、登山、滑雪、探险、摄影、观光、科学考察、采集标本、教育宣传等。我国学者认为:狭义的森林旅游是指人在业余时间,以森林为背景所进行的各种游憩活动,包括野营、野餐、登山、赏雪、观鸟、滑雪、狩猎等。

综上所述,无论广义还是狭义,森林旅游都是野外游憩方式的一种,它与城市、海洋、田园等旅游环境相比较，是在特定的森林地域为旅游者提供游览观光、度假休闲、狩猎探险、健身疗养、科普教育等多种旅游产品和服务的一种特色旅游，具有使旅游者放松、怡情、猎奇、求知、健身等多种功能，是满足人们回归大自然，追求人与自然和谐，享受自然乐趣愿望的一种旅游方式。

二、森林旅游的功能

森林之所以成为越来越多旅游者的目的地，主要在于森林旅游本身拥有的多种功能。

（一）康体保健功能

森林植物以绿色和青色为主，对人体神经系统、大脑皮质和视网膜组织的刺激较柔和，使人的眼睛不易疲劳，可保护人的视觉神经。植物精气可以治疗多种疾病，对咳嗽、哮喘、慢性气管炎等均有一定疗效，尤其是对呼吸道疾病的疗效十分显著。森林中的空气负离子具有杀菌、降尘、清洁空气的功效，能消除疲劳，促进新陈代谢，提高人体的免疫力，对人体健康非常有益。森林内普遍具有日照少、日射弱、夜间有明显的逆温现象的小气候特征。这种独特的小气候环境延长了植物精气在林内的停留时间，增强了森林的卫生保健功能。另外，森林小气候一般空气湿度相对较大，风速较弱，使人感觉舒爽，在炎热的夏季，亚热带森林环境的气候舒适期长达196天，非常适合人们度假避暑。

（二）游憩观赏功能

森林具有很高的美学观赏价值，森林的美是以自然美为主，主要体现在生机勃勃、欣欣向荣的自然风景之中。丰富多彩的植物引起了人们视觉、嗅觉、听觉等多方面的美感。森林美具有复合性，森林美体现了自然界的生态平衡，进化演替的客观规律同时也反映了人类对自身生存环境的态度。森林植物的色彩、形态、形状、气味和声响，都可以给人一种美的感受。

（三）学习教育功能

森林中的景观，不仅可以陶冶旅游者的情操，增强旅游者的想象力和创造力，而且大量的珍奇动植物资源，让旅游者在观赏游憩中，不断地增长见闻，学习大量的自然界知识，从而了解森林生态系统内部的物质、能量和信息流程与循环，认识森林，保护物种。

（四）经济社会功能

森林旅游除了具有自身的意义外，还具有广泛的社会作用。比如，可以提供就业机会，增加当地居民的收入；带动一系列相关产业如交通业、餐饮业、加工业、种植业、零售业等产业的发展；推动林业产业结构调整，促进地方公益事业的发展；增强人们的爱国主义精神和对大自然的喜爱之情；等等。

三、森林旅游资源

森林旅游资源主要有自然保护区、森林公园、植物园和国有林场等类型，是我国开展森林旅游的主要依托。

（一）自然保护区

自然保护区是保护、利用、监测与研究自然资源和自然环境的特定区域。自然保护区具有独特的地理环境和典型的森林生态系统，自然景观丰富集中、景色宜人，体现出较高的旅游（游憩）价值。

（二）森林公园

森林公园是以大面积人工林或天然林为主体，设计出具有审美价值并能满足人们观赏游憩需要的公园。森林公园是一个综合体，它具有观光、疗养、林木经营等多种功能。

（三）植物园

植物园是按照植物分类的生态原理配置植物和建立展区，从而构成大小不同的植物群落和多层次的植物景观，成为都市居民和青少年学生进行游览、科考的良好去处。

（四）国有林场

国有林场是国家培育和保护森林资源的林业生产性的事业单位，林场境内林木繁茂、空气清新，适宜观光游览。

四、森林旅游的开发

森林旅游开发应符合人与自然和谐、保护地球生态环境的生态伦理。因此，森林旅游应以生态理念为先导、以产品创新为核心、以主题形象为特色、以本土文化为依托、以休闲体验为重点进行开发。

（一）以生态理念为先导

森林是陆地生态系统的主体，肩负着维护地球生态系统的重任，森林旅游作为资源依赖性很强的活动，必须满足生态环境和社会利益。以生态理念为先导符合生态伦理道德要求，体现了生态可持续性、社会—文化可持续性和经济可持续性，将生态意识贯穿于森林旅游开发之中，实施生态环境教育，保护生态系统完整，提高森林旅游资源可持续的经济价值，重视环境及利益相关者的生态补偿，在人与自然之间建立和谐长久的经济关系。

（二）以产品创新为核心

产品创新是解决森林旅游产品雷同重复、单一无特色，实现可持续发展的根本手段。森林旅游开发就是将森林风景的自然美、艺术美和生活美变成旅游者可欣赏到的具象化的美，是空间和时间并存的点线艺术，森林旅游产品的艺术性和审美需求对产品开发创新提出了高要求。在这样的艺术创作过程中，创意至关重要。只有开发创意，森林旅游才能获得艺术升华、推陈出新，才能形成形象独特、与众不同的个性产品，满足市场需求，获取持久的经营利润。

（三）以主题形象为特色

特色是森林旅游质量和竞争力的标志，提炼主题形象是挖掘特色的有效方法，也是营销森林旅游目的地及其产品的重要手段。确立森林旅游主题形象对旅游空间布局具有统领全局、明确空间划分、完善空间功能组织的作用，能够使不同区域在产生分异、表现特色的基础上，进行产品组合，避免各森林旅游目的地空间划分简单而零乱，克服项目重复和资源浪费，通过主题形象反映人与自然和谐的整体关系，增强森林旅游目的地对游客的吸引力，实现永续经营而获取效益。

（四）以本土文化为依托

发掘和利用本土文化，应用于森林游憩项目设计，将富有地域特色的乡村民俗节事、农林生产生活、家乡菜、乡土建筑等本土素材融入森林旅游产品，赋予森林旅游产品丰厚的文化内涵。应用独具本土特色的建筑符号，还原当地的建筑和景观风格，可以呈现一个原生态的生存状态，为游客创建本土特色浓郁的游憩环境。应用本土材料，配置本土植物，开发富有本土元素的本土园林景观，符合生态理念的要求，不仅能反映当地的特色，而且节约项目建设、管理和维护的成本，使当地居民直接获益。还原本土古朴的生活方式和娱乐方式，在本土环境中开展包括食、住、行、游、购、娱及康体、疗养、学习在内的本土游憩活动，让游客参与风格迥异的游憩活动，体验当地生活，使传统文化遗产在旅游活动中获得发展的活力，在恢复和开发中获得经济效益。

（五）以休闲体验为重点

森林旅游体验就是调动森林旅游者的视觉、味觉、嗅觉、听觉、触觉，通过森林审美体验、享受森林生态环境，从而获得精神享受和感悟的经历。因此，基本层次的森林旅游产品必须以休闲和体验功能为重点，通过市场调研，辨识和预期森林旅游产品的消费需求，开展休闲和体验活动的绿色营销，使产品因销售休闲体验而赢得利润，进而给予森林生态环境及利益相关者以补偿，达到人与自然和谐的新境界。

同步案例：美国森林公园管理体制

100多年前，美国最早创立了森林公园，时至今天，美国森林公园管理积累了丰富的经验，形成了较为完备的管理体制。

1. **管理体制**

美国森林公园大多采取垂直管理模式,由美国政府的森林管理局(Forest Service)直接管理,其产权和管理权直接归联邦政府掌控。森林公园的管理者不能将森林公园的资源作为生产要素投入商业性经营活动中。

2. **服务性特许经营机制**

美国采用有限范围的特许经营,美国森林管理局首先确定了森林公园的服务性经营权的界限仅仅限于公园服务业,包括旅游纪念品、公园餐饮服务等,同时经营者在经营规模、经营质量、价格水平等方面必须接受管理者的监管,并以此为依据进行公园的管理工作。

3. **法治化监督机制**

几乎每一个美国森林公园都有独立立法,森林公园管理工作的开展都是以联邦法律为依据。同时,森林公园发展所有的重大举措必须征询公众意见,甚至需要进行一定范围的全民公决。因此,美国森林公园管理体现了资源的所有者——公众利益的最大化,而不是管理部门利益的最大化。

4. **资金来源**

美国森林公园的资金大部分是经国会批准,从财政中直接划拨。森林公园的门票收入,也作为公园管理资金的重要补充。美国森林公园的资金来源构成包括:基本资金,该资金每年由国会批准,并根据森林公园服务法划拨给每一个森林公园;特殊项目酬金,除门票以外,森林公园还被授权对特殊的活动收取酬金;项目的拨款,划拨给公园的年度拨款还包括一些针对特别项目的资金。这些项目必须是在森林公园服务法中认为是值得的,才能够被批准获得拨款。

问题: 对比分析中美森林公园管理机制的异同。

分析提示:

中美森林公园管理体制对比

	中国	美国
所属关系	名义上国家所有,实际为地方政府所有	其产权直接由联邦政府掌控
资金机制	以地方财政拨款和森林公园经营筹资为主	联邦政府财政拨款和社会捐款
管理机制	中央政府统一领导下的属地管理	垂直管理模式
经营机制	政企合一或者经营权转让	有限范围的特许经营
监督机制	地方政府监督为主,上级业务主管部门为辅	主管部门和民众共同监督

第五节 遗产地旅游目的地

一、遗产旅游的概念

(一) 遗产资源的范畴

在人们的心目中,"遗产"狭义上的理解是从祖先流传下来的钱财资产;广义上是指自人类有史以来的一切创造物。遗产也称作遗产地(Heritage Site)、遗产吸引物(Heritage Attraction)。1982年《世界遗产宪章》将遗产划分为自然遗产、文化遗产以及非物质遗产。自然遗产指那些朴素、原始的自然风景地,如未砍伐的森林、没有筑坝的河流、没有开垦的荒山等。文化遗产包括历史遗迹、建筑物,国家或民族的思想、价值、信仰,重要历史事件的发生地,艺术、文学、音乐、舞蹈、雕塑等,传统节事活动以及典型生活场景等。国外经历了从"特殊的"遗产系统走向"一般的"遗产系统,从作为历史的遗产时代走向作为纪念的遗产时代。随着社会的发展,将会有更多种类的物质被视作遗产。

(二) 遗产旅游的概念

遗产旅游(Heritage Tourism)的概念,在国外是有争论的。国外有许多学者对遗产旅游的起源进行过探讨,总体上是从其文化属性进行界定的,而国内对遗产旅游的界面基本以遗产旅游观光为主,包括自然遗产、文化遗产以及自然文化复合型遗产等。要准确界定遗产旅游,需要从供给和需求两个角度来考虑。遗产旅游可以定义为:以遗产资源(目前主要是世界级遗产)为旅游吸引物,到遗产所在地去欣赏遗产景观,体验遗产文化氛围的一种特定形式的旅游活动,使旅游者获得一种文化上的体验。

(三) 遗产旅游的内涵

目前国外存在两个学派:(1) 景观怀旧学派认为,在当今全球化的不安定时期,遗产旅游可以提供一定程度上的安全感和稳定性,但他们认为遗产旅游的体验是非原真性的。(2) 以 MacCannell D.(1979)提出的"展示的原真性"为中心形成了第二个学派,是指对遗产场景的有目的的展示,以使其看起来是原真性的,旅游者通过遗产旅游来寻求真实,因为在日常的生活中充满着不真实和大量复制品。Palmer C. 认为,遗产旅游是一种构建与维持国家身份的强有力工具,它主要依靠国家的历史象征物来吸引游客,对国家、民族、个人的文化认同更有意义。Fyall A. 和 Garrod B. 认为遗产旅游是一种利用社会文化资源吸引旅游者的经济行为。Deepak Chhabra 认为遗产资源的原真性(Authenticity)是衡量遗产旅游产品质量和游客满意度的决定性因素,遗产旅游应注重体现遗产的原真性。

对于旅游者，遗产旅游是一种高层次的旅游活动方式，是旅游活动的高级阶段，主要获得一种文化上的审美体验和景观欣赏；对于遗产旅游产品供给者，包括旅游企业、当地社区、遗产管理部门等，遗产旅游是一种更深层次的旅游开发经营管理理念，是一种遗产资源的可持续利用模式；对于地方政府部门来说，遗产旅游是以科学发展观为指导，注重保持遗产资源的真实性和完整性，以保护遗产地的原生态文化和生态系统的平衡，提高居民生活质量，发展地区经济，让社区居民和旅游者在遗产旅游的互动过程中得到教育，是旅游业可持续发展的一种实现方式。

二、遗产旅游真实性构建

"真实性"一词源自拉丁语，译自英语 Authenticity，国内也常译为"原真性""原生性"或者"本真性"，自 MacCannell D. 30 多年前将 Authenticity 一词引入旅游社会学研究领域以来，游客体验的真实性问题一直是西方学界的热门话题，遗产旅游真实性构建也成了遗产旅游开发成功与否的关键。

（一）引导媒介真实性的构建

在真实性的认识与理解过程中，媒介起着非常重要的作用。一方面，旅游经营者往往会通过媒介去宣传遗产旅游地，利用媒介为游客构建一个虚拟的"天堂"，引导游客去追寻这个"天堂"。另一方面，游客从媒介获得这些"天堂"的"印象"，然后根据这种印象去追寻心中的"家园"。在整个过程中，媒介起着连接旅游目的地与游客的作用，如果这种作用发挥得好，游客往往会有"不虚此行"的感慨，并将这种感受借各种渠道表达，网络媒体的发展为这种表达提供了便利，他们的这些感受也因此无限地传播，对遗产旅游地起到了积极的宣传作用。反之，则会对遗产旅游地发展起到消极的作用。因此，实践中要特别注意媒介宣传方式，要充分利用媒介构建与遗产真实相符的、积极的形象，在潜在游客心中构建一个真实而正面的旅游目的地形象，增强游客对旅游目的地现场的真实感，避免游后的失落感造成情绪反差而产生消极的口碑传播。

（二）重视解说系统的建设

在旅游活动中，解说也对游客的真实性体验有着重要的影响。研究表明，解说是保证游客体验质量的关键，旅游地解说可以通过影响游客的情感而影响游客的真实体验。因此，如果要让游客有一个"真实"的体验，或者说让他们更认同旅游目的地的物质形态与文化展示方式，旅游经营管理者应该重视景区的解说系统建设。一方面，要注意解说牌的制作，如数量要充足，内容要详略得当、生动有趣，位置要在游客容易注意的地方，解说牌上的字体要清晰易认等。另一方面，应注重解说员的培养，如用语的生动、多种语言的使用等。除此之外，还应开发其他的解说方法，最好能与游客实现互动，力图提高他们对当地文化的兴趣，如利用一些影音材料和模拟体验进行解说。

(三) 增强居民的文化认同

居民对自身文化的认同感能增强他们对旅游展示活动的"真实"感，从而也影响游客的"真实性"体验。因此有必要增强他们对自身文化的认同，培养他们的文化自豪感，帮助他们识别自身文化的价值。在旅游发展的现阶段，建立前台的文化表演是符合现实需要的，这意味着对后台的保护，避免大众旅游对文化的破坏，而居民对前台表演的认同将进一步增强文化表演与展示活动的真实性，从而让游客在文化展示活动中自身具有"真实感"，也因此增加游客的真实性体验，让旅游目的地的发展进入一个良性循环。

三、遗产地旅游开发模式

根据世界遗产本底资源、世界遗产地周边旅游资源的状况以及世界遗产的特殊性，世界遗产地旅游开发模式可以概括为以下几种。

(一) 分区开发模式

分区开发模式源于生物圈保护区的分级分区保护理论。人与生物圈计划（MAB）由联合国教科文组织（UNESCO）于1971年发起，生物圈保护区是人与生物圈计划的重要部分，它是受到保护的陆地、海岸带或海洋生态系统的代表区域。生物圈保护区的目标是建立人与自然和谐相处、利用与保护协调发展的模式。生物圈保护区分为3个管理地带：核心区、缓冲带和外围过渡带。这3个区通常以许多不同的方式落实，以便适应当地的地理条件和局限。生物圈保护区的分区模式同样适用于世界遗产，对世界遗产地进行开发时根据世界遗产的景观价值将之分成几个区，界定每个区的范围、界限和活动类型，在不同的地区进行不同的旅游产品开发。

(二) "轮休型" 开发模式

轮休主要指时间和空间上的交替，这种模式最初应用于农业中对耕地的使用，即每年让一定比例的耕地"休息"，以此保持土壤的肥力，保证农作物的产量。这种方法同样可以应用到世界遗产开发中，即每年或每个旅游旺季开放一部分景区，而将另一部分景区关闭，让景区轮流休整，以缓解其保护压力，更好地保护遗产。这一模式比较适用于占地面积较小、景点相对独立，且生态或文化较脆弱的遗产地，如龙门石窟、莫高窟、云冈石窟、大足石刻、苏州园林等，也适用于世界自然遗产地受到特别保护的主景区。

(三) 景区与社区联动开发模式

这种模式分两种情况：一是在景区内或者周边地区有少数民族社区的世界遗产，少数民族社区本身就是一种旅游资源，有的本身就是世界遗产的一部分，如丽江古城。古城中不仅有独具特色的纳西古民居，还有以东巴文化、纳西古乐为精髓的纳西民族文化，把传承人活"东巴"和纳西古乐的演奏者以及纳西族居民参与到世界遗产旅游产品开发中来，通过社区居民参与旅游获取一定的经济利益，增加社区居民保护世界遗产的动力。二是存在于城市中的世界遗产，如故宫、天坛、苏州园林、布达拉宫、曲阜三孔等，可以在其周边社区开发出各具特色的街区和文化体验活动区。旅游者在游览世界遗产景区后，到社区的特色街区、特色文化体验区进行娱乐、参观等休闲活动或度假旅游，既丰富了旅游者的体验，也优化了世界遗产地旅游产品结构。

（四）区内与区外相结合开发模式

这是一种区内开发精品旅游产品、区外开发配套旅游产品的模式。世界遗产地的精品旅游产品充分展示世界遗产价值，是旅游地的主力产品；配套产品可以丰富产品结构，满足中小尺度客源市场和低消费市场群体的需求，可以有效分流游客，达到保护世界遗产的目的。这种开发模式适合于在世界遗产地周边地区自然和人文资源丰富的世界遗产地。具体的世界遗产地采取怎样的旅游开发模式，需要根据世界遗产地资源类型、周边资源等状况进行分析，综合权衡。

知识链接：古村镇遗产地开发模式

古村镇遗产地旅游开发主要有三种模式，分别是生态博物馆模式、前台—后台模式和双村模式。

1. 生态博物馆模式

生态博物馆是兴起于20世纪70年代的一种创新的文化景观保护与展示方式，最初由法国人提出，其基本理念是以生态学为基础，以特定地域某一特定群体的全部文化内涵为展示内容。与传统博物馆相比，其最明显的创新在于，它以社区为基础，以就地保护的方式进行原生态状况下的"活态文化遗产"的保护和展示。生态博物馆的模式多适用于少数民族聚居地，但是这种模式的弊端在于如何使旅游者不打扰这些居民的传统生活。如果开展旅游活动，那么原住居民就不可避免地要受到干扰，思维方式也会发生变化；为了追求更舒适的生活，传统的耕作模式也会发生变化，这是不可避免的，所以生态博物馆这种开发模式能不能长久地存在还是一个有待研究的问题。

2. "前台—后台"模式

"前台"指演员演出及宾客与服务人员接触交往的地方，"后台"指演员准备节目的地方，只有关系更为密切的人才被允许看到"后台"所发生的一切，它是不能向外人随便展示的。杨振之（2006）将"前台、后台"模式发展为"前台、帷幕、后台"的新模式，他认为"前台"商业化是一个事实，在这里"原生性""真实性"越来越远，是一个"表演"的空间；"帷幕"是一个文化过渡区，是后台的缓冲空间和保护性空间；"后台"既是一个文化空间，又具有独立的文化意义，保留传统的生产方式和生活习俗，保留传统的产业结构。

3. 双村模式

双村模式与台前—台后模式的不同在于，双村模式是在保护旧村镇的基础上，建立新区，而台前—台后模式则是对原有村镇进行地域分区。20世纪80年代初，"保护古城、开辟新区"的规划设想成功实施，从而保下了平遥古城与周庄古镇。双村模式实现了古村镇保护和旅游开发相结合，是保护与旅游利用良性互动的较好途径，实现了旅游开发保护与开发的双赢。

四、遗产地旅游开发策略

（一）实现遗产保护与旅游开发的平衡

世界遗产是人类文明的珍贵遗存，不是一般的旅游资源，是世界上独一无二和不可再生的，不能只供我们这一代人享用。正因如此，它的首要功能不是开发旅游活动，而是保存、展示和传承。所以在旅游开发中要以保护为主要目标，旅游业的发展应服从于遗产保护的要求。既要把世界遗产保存下来留给子孙后代，又要发挥世界遗产欣赏和教育的功能。作为世界遗产的经营管理者，应该寻找保护与旅游开发之间的平衡点，确立保护先于旅游开发的观念。例如，选择适当的时机和适当的地点进行建设，尤其是索道、住宿、娱乐场所这类商业设施的选址要尽量避开生态和文化脆弱区。

（二）让社区（遗产地）居民参与遗产地的管理

1985年，墨菲（P. E. Murphy）在《旅游：社区方法》一书中写道："旅游业从其一产生，就有着巨大的经济效益和社会效益，如果能够将它从纯商业化的运作模式中脱离出来，从生态环境和当地居民的角度出发，将旅游考虑为一种社区的活动来进行管理，那么一定能够获得更佳的效果。"1997年6月，世界旅游组织、世界旅游理事会与地球理事会联合制定并颁布了《关于旅游业的21世纪议程——实现与环境相适应的可持续发展》，明确提出"可持续发展的旅游业必须保证社区成员，包括妇女和当地人，都能享受旅游所带来的益处"。这一文件被看作全球旅游业发展行动纲领和战略的指南文件。文件明确提出将社区居民作为关怀对象，在发展旅游业的同时，必须充分尊重当地居民的意愿和传统，并把社区居民参与旅游发展当作旅游业可持续发展过程中的一项重要内容和不可缺少的环节。因此，如果让遗产地居民对旅游业持积极支持的心态，他们将以热情友好的态度善待旅游者、理解旅游者、乐于帮助旅游者，也乐于与旅游者交流和沟通。他们能自觉维护遗产地的形象，约束自己的言行，向旅游者展示遗产地居民的风采，吸引更多的旅游者。

（三）明晰遗产地的产权与经营权

景区转让经营权现在已经比较普遍，但是作为世界自然文化遗产性质的景区经营权能否转让、如何转让，还应该深思。尤其是文化遗产资源的保护、利用和管理涉及文物、文化、建设、财政、计划、教育、国土、环保、林业等部门，如果在权责利不能分清的情况下，多头多级交叉管理，是不利于遗产地的发展的。为此，需要以法律为基础理顺其权责利关系，从宏观上协调统一各方面的工作。要进一步完善文化遗产保护规划管理制度，对文化遗产保护规划与专项法规的实施情况进行经常性的监督检查。

（四）加强相关法律法规的约束

为了更好地保护遗产地的人居环境，还应该汲取国外的先进经验，因地制宜地制定出符合我国国情的相关法律法规，将遗产地的环境保护纳入法制化轨道。另外，还可以成立直接管理世界遗产的相关机构，设立国家遗产基金，依法严格管理。各地政府应该把保护遗产地环境同经济发展的整体规划结合起来，根据各自历史和自然环境的实际情况，制定相应的保护措施，规范保护程序，建立健全保护机构，落实保护责任制，使遗产地人居环境的保护工作能够健康有序地进行。任何为了追求经济利益而破坏遗产地人居环境的行为都将受到法律的严惩。

第六节　温泉旅游目的地

一、温泉旅游的概念

由于学术界关于温泉的概念尚无一个明确的界定，温泉旅游的定义更是难以达成统一的认识。我国许多学者在进行温泉旅游相关研究时，很少提到温泉旅游的概念，多是从温泉旅游的历史、温泉的功能等方面来阐述温泉旅游。通过分析整理专家学者对温泉旅游的研究成果和观点，综合各种观点，可以把温泉旅游定义为以温泉资源为核心载体，以优美的自然环境、丰富的人文风情、特色的历史传统文化、沐浴文化以及优质的服务为支撑，以体验温泉、感受文化、康体养生、休闲度假等为目的，旅游者所进行的观光娱乐、康体保健、休闲度假、商务会议、科普教育等一系列与温泉相关的休闲活动的总称。温泉旅游是温泉与旅游相结合的产物，是休闲度假旅游的重要组成，是一种集康益性、休闲性、文化性等多功能于一体的具有较强参与性、体验性的新型主题旅游，其季节性和区域性较强，重游率较高，且游客具有家庭化和商务化的特点。

温泉旅游具有一些区别于其他旅游形式的特征。

第一，体验过程中的服饰变化与增减。旅游中必须进行服饰变化的类型并不多，如滑雪、登山等，温泉洗浴中的"更衣"，尤其是"宽衣"环节是温泉旅游所独有的特征。

第二，与气温直接相关的季节性特征。温泉旅游是直接体验水温的活动，与气温的关联更为密切。历史上人们一般在春秋稍有寒意的季节去温暖身体，春秋是温泉旅游季节。而由于夏季炎热和冬季寒冷不宜远行，一般不是旅游季节。随着时代的发展，温泉旅游的季节性也在发生改变，如盛夏之际去高原温泉避暑，冬季去南方温泉地祛寒。隆冬季节温泉旅游的人气形成在很大程度上与交通工具、温馨舒适的条件的改善有关，冬季温泉旅游别有特色，正逐渐形成气候。

第三，身体感官的放松性。这是由于"更宽衣"仪式以及温泉水温、水压、物质成分共同作用的结果，从而使得旅游者温泉洗浴后的身体感到高度放松。温泉旅游多是过夜游，投宿者可以得到彻底的体力恢复，即便是一日游温泉地也需要备有浴后休息设施。

第四，与诸如滑雪等"冷"项目捆绑进行。冷热是自然界以体感为分界的对偶感知概念，温泉与滑雪、登山与洗浴、洗浴与逛街等，都有"冷暖对偶"的捆绑意义。

二、温泉旅游资源

温泉旅游资源是温泉旅游地赖以发展的主要物质基础，是产生旅游吸引力的主要因素之一，也是决定温泉旅游开发选址进而温泉旅游产业聚集的客观必要条件。资源吸引客源，由此吸引住宿企业、旅行社、旅游购物店、餐饮、娱乐等企业集聚。温泉旅游资源包括温泉资源和其他自然人文景观资源两大部分。

（一）温泉分类

泉水是一种地下水的外流，而温泉一般是指水温高于25℃的泉水。温泉的分类依据不同，划分的种类也不同。按水温，可分为微温泉（26~33℃）、温泉（34~37℃）、热泉（38~42℃）、高温泉（大于43℃）。而低于25℃的则称为冷泉，一般不把它列入温泉范围。但世界各国对温泉界定的水温临界标准不完全一样，如意大利、法国、德国等欧洲国家是20℃，美国是21℃，而我国、日本、南非则都是以25℃为标准。还有一种标准是，凡高于当地年均水温5℃以上，即可称之为"温泉"。

此外，按所含化学成分，可分为矿泉水和淡泉水，而矿泉水中又可按其盐类成分分为重碳酸盐泉、硫酸盐泉和氯化物泉等多种。按其酸碱度，可分为酸性泉（pH值2~4）、弱酸性泉（pH值4~6）、中性泉（pH值6~7.5）、弱碱性泉（pH值7.5~8.7）和碱性泉（pH值8.5~10）。按所含气体成分，可分为氡泉、碳酸泉和硫化氢泉。按活性离子成分，可分为铁泉、碘泉、溴泉、砷泉和硅酸泉等。温泉不仅具有造景、育景的特殊功能，而且有饮用、疗养、治病等医疗保健价值。自古以来，有温泉的地方往往成为人们纷至沓来的度假胜地。

（二）温泉功效

温泉水流至地表，已经过多年的地底化学变化过程，蕴藏了许多对人体有益的矿物质和微量元素。人体浸泡于温泉水中能起到舒筋活络、强身健体、美容养颜、安神定惊等作用。特别是在冬季，气候阴冷，人体活动量减少，容易产生气血凝滞、经络不畅现象，泡温泉能较好地促进血液循环、舒活经脉。近十几年来，各国都已经进入人口高龄化时期，患慢性疾病的人数大大增加；同时社会的竞争也日趋激烈，人们普遍感到压力大。事实证明，有些病症求医问药效果甚微，而泡温泉疗效显著。相对于一般的运动，泡温泉是静态的康体运动。人体在温泉水的浮力作用下，肢体和器官处于最小的负荷，在水流和水中矿物质的作用下，全身的血液循环加快，新陈代谢加强，而人本身不需要剧烈的运动，这对于不喜欢运动和处在亚健康状态下的人来说，是非常适合的康体方式。

三、温泉旅游开发原则

明确温泉旅游开发的原则，可以避免盲目开发，使温泉旅游开发过程更为有序，使温泉开发设计的产品具备一定的整体性和前瞻性。温泉旅游开发要将温泉资源、温泉地、温泉区周边环境、市场需求特点等结合起来，须遵循以下原则。

（一）针对性原则

整体来说温泉具有较好的医疗功效，但不同的泉质因其成分不同而具有不同的医疗效果。如碳酸泉主要成分为游离二氧化碳，能改善心血管功能，降血压，改善皮肤病、糖尿病、痛风、肥胖症等。此类温泉可以开发一些针对减肥、健身目的的产品；硫黄温泉主要成分为硫化氢，具有软化皮肤、溶解角质、灭菌、杀虫等功效，使植物性神经系统兴奋活跃，对神经损伤、炎症有疗效，缓解关节韧带的紧张，适用于各种慢性关节疾病，此类泉可开发一些针对美容、护肤、物理治疗等方面的产品；含氧泉对心律和血压的调节有立竿见影的功效，能有效治疗神经衰弱、失眠、各种神经痛，还有减肥效果，此类温泉可开发一些针对减肥、减压、健身为目的的产品。各种温泉的效用有所不同，所以温泉产品的设计要结合温泉自身特点科学开发。

（二）社区参与原则

在温泉旅游地开发过程中要强调社区居民的积极性，即调动温泉资源及环境保护的动力。一个人的自觉行为总是由其内在的动力驱动，保护行为也如此，保护者的切身利益是其自觉保护行为的动机。欲使所有受益于温泉旅游的人都能自觉保护温泉地资源及环境，就应该让他们明白保护能够给予他们所需的利益。让社区居民明白，当地的温泉资源和环境是他们发展温泉旅游、获取经济利益的基础，保住自己经济收入这一切身利益就成了社区居民保护温泉旅游地的动力。因此要建立社区共建机制，调动社区居民参与温泉旅游的积极性，共同保护温泉旅游资源。社区居民参与到温泉旅游开发、利用和保护中，可使社区居民真正从温泉旅游中受益。

（三）有限度开发理念

温泉是极易被污染的旅游资源，含水层的水质一旦发生变化会对温泉造成严重的破坏，甚至直接影响到温泉旅游资源的正常开发利用，而且温泉资源的储量是有限的。因此在温泉旅游开发过程中要遵循有限开发的理念，合理划分功能区，有效地保护温泉资源，做到永续利用。

（四）周边协调原则

温泉地是特殊的生态系统，它不仅包括自身的生态系统，还包括大的自然背景，它们之间相互影响，共同控制着温泉地生态系统的发展方向。因此在温泉旅游的发展过程中，一方面要协调与周边环境的关系，为温泉旅游发展提供良好的外部发展空间，为游客创造良好的旅游环境；另一方面要协调与自然背景的关系，即在温泉旅游发展过程中，要注重温泉地自然规律的变化，为游客提供良好的旅游环境。

四、温泉旅游开发模式

（一）观光娱乐开发模式

观光娱乐温泉旅游开发模式，主要优势在于靠近大中型城市，交通便利，区域经济发达，居民消费水平较高，城市居民成为其最大的潜在客源。因此，在大众观光娱乐为主导的温泉旅游产品的开发设计过程中，从客源市场方面应充分考虑到城市居民短途、经常性出游的需要，细分客源市场，开发具有针对性的产品，满足不同层次游客的需要；从文化景观方面注重温泉泡池环境与周边自然环境、人文环境的和谐统一；从产品开发方面，注重功能的多样化，从而满足不同年龄层的游客需求。

（二）保健开发模式

保健开发应该遵循现代人的保健疗养心理，以人为本，设计人性化旅游产品。注重将传统的保健养生手段与现代科学医疗技术相结合，如传统医学中的一些药浴的挖掘整理，现代医学中超声波技术、高科技美容仪等仪器运用。保健温泉旅游的旅游者主要追求娱悦身心、舒缓心情、减轻精神压力，因此温泉旅游产品的开发要不同于观光娱乐产品，强化保健和享受功能。充分挖掘温泉水保健医疗功能，利用温泉中所含的矿物元素、微量元素或在温泉水中加上花草、酒、中草药等制成不同的配方、不同功能、不同特色的温泉浴池，如名花汤、名木汤、名酒汤等。

（三）文化体验开发模式

文化是人类历史的宝贵财富，是创造温泉特色的重要因素。我国温泉旅游开发历史悠久，传承和积淀了许多独特的洗浴文化，为温泉旅游开发、特色的塑造提供了坚实的基础，同时温泉旅游无疑是展示文化的最好舞台。在众多的文化产品中民族洗浴文化、地域文化、养生文化无疑是最吸引旅游者，最能代表地方特色的温泉旅游资源。在开发过程中，主要通过一些服饰、饮食、歌舞、节庆、独特温泉水配方等形式来充分地展示地域文化特色，吸引旅游者。

(四)科普教育开发模式

科普教育型温泉是一种集旅游观光与科普科教于一体的旅游方式,越来越受到大众的喜爱,尤其是青少年正处在增长知识的年龄段,这种寓教于游的方式,正满足青少年增长知识及活泼好动天性的需求。科普教育温泉旅游期望旅游者通过旅游活动,能够开阔眼界、增长知识,而不是简单地游览,因此需要设计出融趣味性、知识性于一体的旅游产品,让旅游者在轻松、有趣的环境中获得科学知识、娱悦身心。

(五)综合开发模式

随着温泉旅游在国内的迅速升温,人们对温泉旅游的需求逐渐增多,不仅仅满足沐浴、康体等一些基本温泉旅游产品,而追求温泉旅游功能、产品的多元化,在这一需求的推动下一些综合性温泉旅游度假区出现,并迅速赢得了客源市场。综合开发温泉旅游以良好的温泉水资源为基础,利用周边优美的自然环境,开发休闲度假、康体健身、观光娱乐、商务会议等多功能旅游产品,来增强温泉旅游地的吸引力。

五、温泉旅游发展趋势

(一)温泉游憩方式创新化

从整个世界温泉旅游发展现状来看,温泉旅游地更是一个度假胜地。欧洲传统水疗法的温泉旅游发展证明,简单的温泉洗浴和饮用治疗效果有限,导致温泉旅游地减少或功能发生转变,如延伸了温泉旅游地的保健功能,增加了许多娱乐设施或服务。在西欧,温泉地设有赛马场、体育运动场、剧院、大型音乐厅等;而日本的温泉周围建设有美术馆、动植物馆、博物馆、滑雪场等。目前,国内温泉的游乐方式也日趋多样化,出现了海洋主题、大型水上表演、温泉会所、温泉别墅、温泉房、屋顶温泉等方式。

(二)温泉经营多样化

温泉经营呈现多样化趋势,如温泉与滑雪的结合,温泉与漂流的结合,温泉与拓展的结合,都是非常受欢迎的温泉多样化旅游产品。温泉已经不再是一个单一的温泉,而是一个复合型的休闲项目,温泉是其中的亮点和卖点,伴随着度假酒店、休闲地产、滑雪场、高尔夫、水游乐等产品。

(三)温泉市场细分化

根据美国温泉协会的调查,温泉旅游动机排在前三位的是减压、放松、回归自然。从世界温泉旅游市场看,休闲、度假和养生是温泉游客的出游目的。高端温泉旅游的市场调查表明,商务旅游尤其是会议会展将是温泉高端旅游的重要市场,将为温泉旅游地带来滚滚客源。在激烈的市场竞争中,细分客源市场、抢占市场份额是成功的关键,因此,温泉旅游目的地必须根据自身所处的经济区位、地理区位和旅游区位等条件细分旅游市场,以适应不同消费档次客人的要求。

知识链接：温泉产业同质化时代的突围

温泉产业在中国自古有之，西安华清池、南京小汤山、浙江承天等一大批温泉自古以来便享有盛名。时至今日，以天沐、海森等为代表的一批温泉酒店和度假村经历了二三十年的发展历程，已成为行业主流。

（一）温泉同质化时代的现状

随着温泉旅游业的发展，这一行业已进入高度同质化的时代，主要体现在以下三点。

1. 温泉规划模式同质化

多数温泉酒店和度假村的规划基本由室内外泡池、酒店客房、休息区三大部分构成，内容和格局趋同。以某温泉酒店为例，其规划方案与周边三家同类温泉几乎一致，仅在景观和客房标准上稍有不同。然而，这种小差异并不能真正形成项目的独特性。

2. 温泉业态和内容同质化

绝大多数温泉的业态内容单一，通常仅提供常规的泡池、休息区和基本的餐饮服务。以广东省某知名温泉度假村为例，尽管投资巨大，然而其泡池区域和其他设施与市场上其他温泉项目无显著差异。即使在康养功能上有所注重，却由于缺乏在康养服务上的深入延展，依然无法实现真正的突破。

3. 消费者认知逐渐趋同

由于设计和运营上的同质化，消费者对温泉的认知逐渐趋同。以国内知名温泉连锁品牌为例，其新开设的分店虽在房间设施和景观上有所改进，但在核心产品和服务内容上并无重大创新，从而导致消费者的体验趋于雷同，市场吸引力下降。

随着温泉项目的不断增加、业态内容的同质化导致市场半径逐渐萎缩，绝大多数温泉仅能覆盖本地和周边短途市场。因此，在整个文旅市场不断自我突破、消费者对文旅和温泉的消费需求不断升级的今天，温泉行业的升级迫在眉睫。

（二）温泉同质化时代突围新路径

1. 康养深度融合是升级要点

温泉的核心价值在于其独特的美容护肤和康养功能。因此，回归本质，在康养功能的深度融合上下功夫是升级的关键。例如，日本的箱根温泉通过与当地中医药结合，推出了针对不同人群的定制化康养项目，如温泉药浴、草药热敷等，吸引了大量注重健康的消费者。类似地，国内某些温泉项目可以结合中医理疗，开发针对皮肤病、关节炎等慢性病患者的特色疗程，增加温泉的附加值。

2. 淡季经营是解决运营问题的关键点

温泉的淡季运营是困扰行业的一大难题。通过与外部旅游资源结合，温泉项目可以有效延长旺季时间。例如，安徽省的某温泉度假村与周边的山地滑雪场合作，形成了冬季温泉+滑雪的双重吸引力；同时，在温泉内部设计上，增加了夏季的冷泉项目和户外水上娱乐设施，以吸引夏季游客，从而实现全年无淡季经营。

3. 餐饮服务是塑造差异化的有效路径

餐饮服务的差异化可以有效增强温泉项目的吸引力。例如，浙江某温泉度假村通过与当地著名餐饮品牌合作，推出了具有浓郁地方特色的菜肴，吸引了大量食客。同时，配合温泉的康养功能，开发了低盐、低脂、富含营养的康养配餐服务，受到了注重健康的消费者的青睐。

4. 深度研究不同人群的碎片化需求

当今，整个消费市场都已进入到精细化运营时代。针对不同消费群体的需求，可以定制化设计温泉项目。例如，日本的某高端温泉酒店设有专门为女性设计的美容温泉区域，配备各种美容护肤设施和产品，受到女性消费者的欢迎；而德国的某温泉疗养院则专注于老年人群，提供康复理疗、膳食指导等服务，吸引了大量追求健康的中老年消费者。

随着消费者需求的不断升级，未来的温泉行业必将向品质化、差异化、全季节运营的方向发展。通过康养功能的深度挖掘、淡季运营的创新、餐饮服务的差异化，以及对不同人群需求的精准把握，温泉项目将能够在激烈的市场竞争中脱颖而出。

【复习思考题】

1. 简述城市旅游的特点。
2. 如何认识乡村旅游？
3. 什么样的海滨旅游产品能够迎合海滨旅游的发展趋势？
4. 简述森林旅游的功能。
5. 在开发遗产地旅游的过程中应注意哪些问题？
6. 以你熟悉的温泉旅游地为对象，分析其属于哪种开发模式，并说明理由。

【案例分析】

《孤独星球》公布2023年世界最佳旅行目的地榜单

全球最具权威的旅游指南《孤独星球》连续第18年发布年度旅行榜单。据联合国世界旅游组织的数据显示，2022年国际游客人数将恢复至疫前的70%。与此同时，人们的旅行方式也在发生深刻改变，负责任、可持续的旅行与对独特体验的追求，将成为新时代旅行的主流。2023年的榜单不再拘泥于目的地的地理位置，而是聚焦于它们给旅行者带来的体验，致力于提供更开放的选择与更充沛的灵感。

（一）最佳休闲度假目的地榜单

1. 约旦

在中东的心脏地带，约旦以其丰富的历史和多样的自然景观著称。首都安曼的繁华与古老的遗址交相辉映，是感受约旦文化的起点。瓦迪拉姆沙漠的红色沙丘和死海的疗愈泥浴，提供了难忘的休闲体验。

2. 希腊·哈尔基季基州

位于希腊北部的哈尔基季基州，三根手指状的半岛伸向爱琴海，拥有未受破坏的沙滩和迷人的小渔村。这里的美丽景色让人联想到南部更知名的岛屿，但少了商业化的喧嚣，更多的是宁静与自然的美。

3. 牙买加

作为加勒比海的一颗璀璨明珠，牙买加不仅以其悠闲的海滩生活著称，新开的酒店让更多游客可以体验到岛上的音乐、文化和即将成为共和国的历史性时刻。

4. 多米尼克

多米尼克这个加勒比小岛，被誉为"自然岛"，它保留了大量原始雨林和热带动植物。新开通的美国直飞航班和豪华的凯宾斯基度假村，为游客探索其未受破坏的自然风光提供了便利。

5. 印度尼西亚·拉贾安帕特

位于印度尼西亚东部的拉贾安帕特群岛，是世界上生物多样性最丰富的地区之一。其珊瑚礁生态系统与纯净的海滩吸引着潜水和自然爱好者，通过船宿漂流的方式，可以深入探索这些偏远而美丽的岛屿。

6. 马耳他

地中海中心的马耳他，以其悠久的历史和美丽的风景闻名。这里的史前寺庙和世界遗产城市瓦莱塔吸引了众多历史爱好者，而其清澈的海水和丰富的潜水点则让户外冒险者流连忘返。

（二）最佳旅途榜单

1. 从伊斯坦布尔到索非亚

这条夜行列车线路重新连结了两座历史悠久的城市。伊斯坦布尔，作为东西方交会的文化熔炉，以其丰富的历史和多样的建筑闻名；索非亚，保加利亚的首都，则以其宏伟的大教堂和文化遗产而著称。

2. 加拿大·新斯科舍省

新斯科舍省位于加拿大大西洋沿岸，以其崎岖的海岸线和历史悠久的渔村而闻名。自驾穿梭于海滨村庄之间，游客可以感受到这里独特的海洋文化和令人惊叹的自然美景。

3. 不丹

不丹以其保留传统文化和环境保护著称。修复后的跨不丹朝圣之路，全长400千米，穿越壮丽的山谷和古老的村庄，是体验这个神秘国度自然和精神之美的理想方式。

4. 赞比亚

赞比亚是非洲南部的自然宝库，以其原始的野生动物保护区和世界奇观维多利亚瀑布闻名。在这里，游客可以通过徒步游猎亲近野生动物，或挑战在瀑布之巅游泳，感受人与自然的和谐。

5. 西澳大利亚州

西澳大利亚州拥有广袤的荒野、壮丽的海岸线和独特的内陆景观。无论是乘坐飞机穿梭于各大城市之间，还是花几周时间自驾，都会给人留下深刻的印象。

6. 哥伦比亚的国家自然公园

哥伦比亚拥有丰富的自然资源，其59个国家自然公园涵盖了从海滩到雪山的多样景观。泰罗纳国家公园的棕榈树和海滩，以及洛斯内华多斯的高山风景，是大自然爱好者的天堂。

（三）最佳美食目的地榜单

1. 秘鲁·利马

秘鲁的首都利马，以其独特的美食文化闻名于世，尤其是酸橘汁腌鱼和皮斯科鸡尾酒。如今，这座城市正成为新的美食热点，提供各种融合了传统与创新的菜肴。

2. 意大利·翁布里亚大区

翁布里亚位于意大利中部，虽不如托斯卡纳闻名，但它拥有同样丰富的美食和美酒。从佩鲁贾出发，游客可以品尝当地的特色菜肴，同时参与音乐节和文艺复兴大师佩鲁吉诺的纪念活动。

3. 马来西亚·吉隆坡

作为亚洲文化的交会点，吉隆坡的美食融合了马来、华人和印度等多种元素。街头小吃摊上的美味佳肴和丰富的夜生活，成为游客不可错过的体验。

4. 日本·福冈

福冈位于九州岛，是日本重要的贸易和文化中心。这里的移动小吃摊提供了令人垂涎的本地美食，尤其是博多拉面，吸引了无数美食爱好者前来品尝。

5. 南非

南非的新生代厨师正在推动美食革命，他们的创新料理与世界级的葡萄酒相得益彰，开普敦和约翰内斯堡的餐厅正在吸引越来越多的国际食客。

6. 乌拉圭·蒙得维的亚

蒙得维的亚是乌拉圭的首都，这里的美食和葡萄酒因其独特的风味而备受瞩目。随着航班线路的改善，更多游客可以轻松抵达这个融合了欧洲和南美风情的城市。

(四）最佳在地体验目的地榜单

1. 加纳·阿克拉

阿克拉是加纳的首都，拥有热闹的市场、蓬勃发展的滑板文化和丰富的艺术创意空间。夜晚，这里的音乐和舞蹈使城市充满活力。

2. 阿尔巴尼亚

阿尔巴尼亚，这个位于巴尔干半岛的小国，以其未经开发的自然风光和深厚的文化底蕴吸引着冒险家。这里的人文风情甚至比希腊更为浓厚，给人以不同寻常的感官体验。

3. 澳大利亚·悉尼

悉尼作为澳大利亚最大的城市，在疫情封锁后重新开放，吸引了来自世界各地的游客。悉尼歌剧院、海港大桥和充满活力的街头文化使这座城市焕发新生。

4. 圭亚那

圭亚那是南美洲的一个未被广泛开发的目的地，90%的土地覆盖着原始雨林。这里拥有壮丽的瀑布和丰富的野生动植物，是自然爱好者的理想之地。

5. 美国·阿拉斯加州

阿拉斯加以其雄伟的自然景观和丰富的野生动物而闻名。自20世纪70年代美国政府与原住居民达成和解协议以来，阿拉斯加已成为可持续旅行的典范，由原住居民管理的项目展示了这一点。

6. 美国·博伊西

博伊西是爱达荷州的首府，这里不仅有丰富的户外活动，如白水漂流和滑雪，还有独特的本地文化和美食体验。无论是夏天还是冬天，博伊西都为游客提供了多样的体验。

（五）最佳充电学习目的地榜单

1. 美国·新墨西哥州

新墨西哥州位于美国西南部，以其丰富的美洲土著文化、艺术和音乐而闻名。这里的博物馆和文化中心为游客提供了了解土著历史和传统的机会。

2. 法国·马赛

马赛是法国最古老的城市之一，其街头艺术和建筑风格独具特色。新开放的博物馆收藏了两万年前的洞穴壁画，吸引了大量历史爱好者。

3. 英国·曼彻斯特

曼彻斯特以其工业革命时期的遗产闻名，正在经历文化复兴。国际工厂艺术空间即将开放，改造后的Castlefield高架桥将成为曼彻斯特版的"高线"公园，吸引全球游客前来参观。

4. 德国·德累斯顿

德累斯顿在"二战"中遭到严重破坏，但近年来的翻新工程正在恢复其18世纪的辉煌。游客可以在这里欣赏巴洛克建筑和丰富的艺术文化。

5. 萨尔瓦多

萨尔瓦多以其原始的海滩和理想的冲浪条件而闻名，吸引了世界各地的专业冲浪者。这里的田园诗般的风景和友好的当地人使其成为理想的旅行目的地。

6. 英国·苏格兰南部

相比苏格兰的高地，苏格兰南部边境地区的历史更加厚重，风景也同样迷人。这里保存了许多中世纪的城堡和古老的教堂，是探索苏格兰历史的理想场所。

问题：上述旅游目的地都涉及哪些类型的主题旅游目的地？

参考文献

［1］朱跃东. 温泉旅游管理实务［M］. 北京：中国旅游出版社，2007.

［2］吴必虎，俞曦，严琳. 城市旅游规划研究与实施评估［M］. 北京：中国旅游出版社，2010.

［3］孙优萍. 浙江城市旅游目的地发展与创新［M］. 北京：北京大学出版社，2009.

［4］张红霞，苏勤. 中国海滨旅游研究进展［J］. 资源开发与市场，2005（3）：256-258.

［5］杨达源，刘庆友，舒肖明. 乡村旅游开发理论与实践［M］. 南京：江苏科学技术出版社，2005.

［6］罗金华. 基于生态伦理的森林旅游产品开发模式［J］. 长春师范大学学报，2008，27（8）：83-89.

［7］韩飞，林峰. 游在农家：沪地"农家游"模式解读［M］. 北京：中国社会出版社，2008.

［8］王婉飞. 浙江乡村旅游发展与创新［M］. 北京：北京大学出版社，2008.

［9］沈月琴，徐秀英，李兰英. 中国青年林业经济发展理论与实践探索［M］. 北京：中国林业出版社，2008.

［10］平文艺. 汶川大地震后四川旅游目的地建设战略研究［M］. 成都：四川科学技术出版社，2008.

［11］麻新华，李伟. 世界遗产地旅游产品开发设计原则探析［J］. 旅游研究，2010（3）：57-60.

［12］刘庆余，珥宁，张立明. 遗产旅游的概念与内涵初探［J］. 国土与自然资源研究，2008（1）：75-76.

［13］王晓晓，张朝枝. 遗产旅游真实性理解差异与遗产地管理［J］. 旅游科学，2007，21（1）：13-16.

［14］丁晓楠. 世界遗产地旅游业与人居环境的和谐发展［J］. 对外经贸，2012（11）：72-74.

[15] 卓跃. 东方服务：中国温泉旅游知名品牌御温泉探秘 [M]. 北京：中国旅游出版社，2006.

[16] 李勇. 重庆大都市圈前沿问题研究 [M]. 重庆：重庆大学出版社，2008.

[17] 张伟强，陈文君. 旅游规划原理 [M]. 广州：华南理工大学出版社，2005.

[18] 李明阳，菅利荣. 风景林调查规划与合理经营的理论和实践 [M]. 北京：中国林业出版社，2008.

[19] 董智勇. 中国森林旅游学 [M]. 北京：石油工业出版社，2002.

[20] 曹诗图. 新编旅游开发与规划 [M]. 武汉：武汉大学出版社，2012.

[21] 林雨庄. 海滨海岛旅游 [EB/OL]. http://www.doc88.com/p-986478617439.html.

[22] 崇婧，潘鎏. 国内外慢城旅游案例分析研究 [J]. 山西建筑，2012，38（30）：13-15.

[23] 杜江，向萍. 关于乡村旅游可持续发展的思考 [J]. 旅游学刊，1999（1）：15-18.

[24] 苏畅. 国内外滨海旅游开发对辽宁发展滨海大道旅游景观带的启示 [J]. 特区经济，2012（3）：151-153.

[25] 杨桂华. 旅游景区管理 [M]. 北京：科学出版社，2006.

[26] 杨振之. 前台、帷幕、后台——民族文化保护与旅游开发的新模式探索 [J]. 民族研究，2006（2）：39-46.

[27] Murphy P E. Tourism：A Community Approach [M]. New York：Routledge，2013.

[28] 陆利军，戴湘毅. 基于百度指数的湖南旅游目的地城市旅游者网络关注度及其空间格局研究 [J]. 长江流域资源与环境，2020，29（4）：836-849.

[29] 马勇，陈慧英. 乡村旅游目的地评价综合指标体系研究 [J]. 湖北大学学报（哲学社会科学版），2014，33（3）：137-142.

[30] 王琪延，黄羽翼. 北京市旅游竞争力研究 [M]. 北京：中国人民大学出版社，2017.

[31] 黄顺红，梁陶，王文彦. 乡村旅游开发与经营管理 [M]. 重庆：重庆大学出版社，2015.

[32] 陆利军，李浪，李成家，黄翅勤，苏圆. 省域国家森林公园网络关注度与旅游吸引力动态耦合协调关系 [J]. 经济地理，2022，42（3）：150-159.

[33] 姚亚奇. 在城市里，在森林中，尽情呼吸自然新风 [N]. 光明日报，2022-12-18.

[34] 王晓樱，王轩尧. 海南：观海玩水客如潮 [N]. 光明日报，2024-02-17.

[35] 潘立新，张可，晋秀龙. 旅游经济视域下温泉旅游网络关注度实证研究 [J]. 经济问题探索，2021（2）：156-166.

项目策划：段向民
责任编辑：张芸艳
责任印制：钱　宬
封面设计：武爱听

图书在版编目（CIP）数据

旅游目的地管理／李雪松，郭弯弯主编；张晓露，陈秀珍副主编． -- 2版． -- 北京：中国旅游出版社，2025.3． -- （国家级一流本科专业建设配套精品教材）．
ISBN 978 - 7 - 5032 - 7386 - 5

Ⅰ．F590.3

中国国家版本馆CIP数据核字第2024WZ4285号

书　　名：	旅游目的地管理（第二版）
主　　编：	李雪松　郭弯弯
副 主 编：	张晓露　陈秀珍
出版发行：	中国旅游出版社
	（北京静安东里6号　邮编：100028）
	http://www.cttp.net.cn　E - mail:cttp@mct.gov.cn
	营销中心电话：010 - 57377103，010 - 57377106
	读者服务部电话：010 - 57377107
排　　版：	北京天韵科技有限公司
经　　销：	全国各地新华书店
印　　刷：	三河市灵山芝兰印刷有限公司
版　　次：	2017年6月第1版　2025年3月第2版
印　　次：	2025年3月第1次印刷
开　　本：	787毫米×1092毫米　1/16
印　　张：	12.5
字　　数：	252千
定　　价：	49.80元
ＩＳＢＮ	978 - 7 - 5032 - 7386 - 5

版权所有　翻印必究
如发现质量问题，请直接与营销中心联系调换